再生産論研究

富塚良三 著

中央大学学術図書
64

中央大学出版部

装幀　道吉　剛

序　文

　ソ連邦体制——それは,「人間の解放」体制たるべき社会主義の本来の理念に背反する体制にすぎなかった——が崩壊するにともなって, カール・マルクスの経済学説もまた無用のものとなったかに考えてしまった人も少なくはないようであるが, 資本主義経済の構造と動態をその根底から体系的に解明することを意図した『資本論』全三巻の経済学の古典としての意義はそのようなことによって否定されてしまうものではない。それに, マルクス研究者の多くの人たちは, そうした「既存の社会主義体制」に対して, それが崩壊するかなり以前から懐疑的ないしは批判的であった。手近な例として, 例えば拙著『経済原論——資本主義経済の構造と動態——』(1976 年 4 月, 有斐閣刊)の「序説」(同書 13 ページ)や,『資本論体系』全 10 巻の巻頭に「編集委員一同」の名において掲げられているマルクス没後 100 年を記念しての 1983 年 10 月記の「刊行の辞」を見られたい。そこには明確に, 経済的困難と人間疎外の深まった現今の資本主義体制に対する批判と共に,「本来の理念に背反する」既存の社会主義体制に対しても, 厳しい批判の言葉が記され,「〈人間の学〉たる経済学の, すなわち社会科学の, 古典」としてのマルクスの『資本論』のもつ意義が更めて問い直されるべきであることが記されているのである。

　そうしてまた, 実は「似て非なるもの」であったとはいえ, ともかくも対抗してきた「体制」が消滅した 1991 年からこのかた, 先進資本主義諸国, とりわけわが国において現実に進行していることは, まことに皮肉にも, マルクスの『資本論』に記されているとおりのこと, それのまさに現代版に他ならないのである。資本主義的市場経済のメカニズムは,「改革」やら「規制緩和」やらで, 自由に存分にその本来的な作用を発揮しうるようになるや,「人間のための経済」であるべきはずのものがまさにその逆のものとなる。巨大企業の資本は増大しても, それを生みだす民は貧しくなる。アダム・スミスの『国富

論』において想い画かれていたのとは正反対の顚倒的な社会現象が，今やわれわれの眼前に容赦なく現出しつつあるのである。巨大資本が1980年代末のバブル絶頂期の頃を凌ぐほどの厖大な利得を得ている反面，働く人たちの大半の状況は，競争力，とりわけ国際競争力維持のためにと強要される極端な長時間労働と低賃銀とに苦しめられ，人間的な憩いの場であるはずの家庭をもつことも，子供を産み育てることさえも不可能なworking poorの底辺社会層が大量に形成されつつある。少子化傾向は，そうしたことの不可避的な帰結である。それによってまた，社会保障制度も次第に有名無実化を余儀なくされてゆき，こうして今や，日本社会そのものが荒廃の危機に瀕しつつあると言っても決して過言ではないのである。すでに6年も続いているという年々3万人余（9.11の同時多発テロの死者の10倍）もの自殺者，さらには過労死，また凶悪犯罪の多発等々の現実は，それを端的に物語っている。平成の大不況下で次第に顕著となり，幻の「いざなぎ景気」下でさらに拡大しつつある，まぎれもない「格差社会」。

　何故こういうことになるのか？　何故，市場経済の原理にまかせると，こういう結果が不可避的に生じてくるのか？　その根因が問われなければならないであろう。

　働く庶民にとっては全く幻の「いざなぎ景気」も，他ならぬ賃銀コスト削減の当然の帰結としての消費需要の低迷によって，黄信号が点滅しはじめているという。そして外需への依存は，深刻化する「双子の赤字」に悩むアメリカ経済の動向によって最終的には左右されるものであり，極めて不安定である。世界市場そのものが「危うい均衡」を保っているにすぎない。

　「人間のための経済」という確固不動の観点に立つ，思い切った政策転換がなされなければ，わが国の経済を安定した成長軌道に乗せることは決して出来ないのである。「緊縮財政」のもとにおいても国家の総債務額は年々累増し続け，いまやGDPの1.5倍という厖大な額となっている。すでに通常の対策によっては解決不能とされる，この巨額の国家債務は，どのようにして処理しうるのか，処理すべきであるのか，この問題を含めて考えなければならないが，

わが国の経済は依然としてなお極めて困難な状況下にあるといわなければならない。

　本書の内容を概略説明しよう。
　第1部「恐慌・産業循環論の体系構成」は，1974年7月頃から1977年1月頃までの間に行われた，久留間鮫造教授と筆者との間の論争論文3篇を収めたものであり*，第2部「再生産論の課題」は，2001年7月頃から2004年10月頃までの間に執筆された，『資本論』第2部第3篇の再生産論は恐慌・産業循環論の全体系のなかにどのように位置づけられ，どういう問題視角から，どういう問題を解明しようとしたものであるかを，第2部第1稿および第2稿と第8稿との関係に焦点を合わせながら解明しようとしたものを，主たる内容としている。第1部の諸論稿の執筆は「スタグフレーション」の時期を背景としており，論述のなかにもその問題がしばしば取り上げられている。これに対して，第2部の諸論稿は，「平成の長期不況」をその時代的背景としている。第2部所収の諸論稿は，第1部の久留間＝富塚論争の継承ないしは延長としての側面ももってはいるが，それよりはむしろ，上記の諸草稿の検討を通じて，マルクスが第2部第3章（第3篇）の再生産論において，本来はどういう問題を解明しようとしていたのかを確定することに重点がおかれている。それが明らかとなればおのずから，かねてからの論争の焦点であった問題についての決着もえられるであろうからである。

　　* 久留間鮫造編『マルクス経済学レキシコン』の第6, 7, 8巻・「恐慌Ⅰ，Ⅱ，Ⅲ」の各巻の栞の叙述は，拙著『恐慌論研究』（1962年，未來社刊）の論述に関するコメントを通じて自説を展開するという形がとられてはいたが，当初は，私としては，そうしたコメントにお答えする気にはなれなかった。だが，『レキシコン』の恐慌に関する巻の内容を検討してみると，いくつかの看過し難い重大な難点があり，とくに「恐慌Ⅰ」のⅦ「恐慌の可能性の一層の発展」の構成，諸項目の立て方と配列などは，到底マルクスの本来の考えを忠実に反映するものとは言い難い，と思われてきたので，敢てコメントに答え且つ質問を提示するという形での批判論文を発表することにした。こうして，大原社会問題研究所以来のかつての恩師とのまことに気骨の折れる論争が行われることとなったのである。

「スタグフレーション」も「平成の長期不況」も，いずれもマルクスのいうKriseの変容された発現形態に他ならない。とくに後者は，年々累積する厖大な赤字国債と史上に前例のないゼロ金利政策の事実上6年間もの持続，「リストラ」と称する容赦なき解雇と，非正規雇用者化などからも知られるように，極めて深刻であり，わが国の経済は未だそこから脱出しきれてはいないのである。しかし，この問題は，別に詳論の機会をもちたい。

　本書に収録した諸論稿の執筆にさいしては，多くの方々の御助力・御教示をいただいた。なかでも，第1部の対久留間論争の執筆にさいしては，友人の服部文男氏から極めて適切で有効的ないくつかの助言を頂いた。すでにロシア語版によって第2部第1稿の資本循環論および再生産論の概要を把握されていたかにおもわれる同氏から，第1稿の第1章における $W'\cdots W'$ の商品資本の循環形態の特質把握ならびに第3章における「生産と消費の矛盾」に関する論述展開がなされている個所の指摘を頂き，私は別途入手しえた「ＭＬ研の解読原稿」のコピーによって直ちにその所在をつきとめ，訳文を作成して久留間氏のやや一面的かとおもわれる論述展開に対してそれらを対置することができたのであった。頼りになるこの有力な助っ人なくしては，私の反論はあれほど容易に且つ速やかにはなしえなかったであろうかと思う。更めて感謝の意を表したい。なお，『資本論』第2巻第2篇註32の末尾の「次のAbschnitt」が第2部第2稿の当該個所においては「次のKapitel」であったことを夫君の福田川洋二氏と共にアムステルダムの社会史国際研究所に赴いて草稿原文のコピーを直接に見て確めて下さった福田川八重子女史に対しても，更めて深い感謝の意を表したい。

　本書第2部の諸論稿とくに第2部第2稿に関するⅢの論述を展開するにさいしては，『資本論』成立史専攻の谷野勝明氏の親切でゆき届いたお世話を頂いた。それによって私は，一般研究者として現在入手可能な限りの知見を得ることができたのであった。

　他にも感謝を申し上げなければならない御名前があるが，本文中にも記され

ているので，省略させていただくこととする。

　本書第1部所収の論稿を記していた頃からすでに30年余の歳月が流れた。現在の私の年齢は当時の久留間先生のそれと丁度同じということになる。まことに感慨無量である。

　最後に，本書の作成にあたっては，中央大学の関係者の方々をはじめ出版部の平山勝基氏ならびに松尾あずさ氏の長期に亘る忍耐と温かいご配慮に，心からの感謝の意を表したい。

　2007年1月10日

　　　　　　　　　　　　　　　　　　　　　　　　　　　著　　者

目　次

序　文

第1部　恐慌・産業循環論の体系構成

I　恐慌論体系の展開方法について
　　——久留間教授への公開書簡（その一）—— …………… 3
　1　再生産論と恐慌論との関連について……………………………… 4
　　〔補説〕　第2巻第2篇註32の問題はどこに属するか …………… 16
　2　均衡蓄積率の概念について………………………………………… 24
　3　《恐慌の必然性》の項を設けることの是非について …………… 33
　　〔補論〕　恐慌の内的必然性と恐慌の発現形態の変容…………… 48

II　再生産論と恐慌論との関連について (一)
　　——久留間教授への公開書簡（その二）—— …………… 53
　附論 I　『資本論』第2部第1稿の第3章7) における，
　　　　「生産と消費の矛盾」が恐慌の「根拠」をなすこ
　　　　との論定 …………………………………………………… 69
　附論 II　『資本論』第2巻第2篇脚註32の「覚え書」の
　　　　末尾の「次の Abschnitt」は，第2部第2稿に
　　　　おいては「次の Kapitel」であった ………………………… 72
　附論 III　$G-W<\genfrac{}{}{0pt}{}{Pm}{A}$ に係わる「独自の種類の恐慌」の歴
　　　　史的実例だとされる「棉花恐慌」は，実は本来
　　　　の「恐慌」ではなかった …………………………………… 76

III　再生産論と恐慌論との関連について (二)
　　——久留間教授の公開回答状 (二) に対する再批判—— …… 83
　1　再生産論の方法的限定…………………………………………… 84
　2　第2巻註32の「次の Abschnitt」の問題 ……………………… 86

3　蓄積率は独立変数か？……………………………………………100
4　拡張再生産の物質的基礎……………………………………………108
〔附論〕久留間鮫造編『マルクス・レキシコン　恐慌Ⅰ』の
　　　　Ⅶ「恐慌の可能性の一層の発展」の構成について……………115

第2部　再生産論の課題

Ⅰ　再生産論の課題〔1〕
　　——『資本論』第2部初稿第3章結節「再生産過程の
　　　攪乱」について——　……………………………………………127
1　問題の提示…………………………………………………………127
2　第2部初稿第9節の指示書きの大谷訳の問題点…………………131
3　大谷訳の正当性の主張に対する批判………………………………134
4　「第3章のプラン」との関連 ……………………………………140
5　「第3部第7章」蓄積過程における貨幣還流把握の意義 ………146

Ⅱ　再生産論の課題〔2〕
　　——『資本論』第2部初稿第3章「流通と再生産」——　………154
1　問題設定……………………………………………………………154
2　第2部初稿の資本循環論……………………………………………155
3　第2部初稿の単純再生産論——再生産の現実的諸条件の解明……158
　〔補説　Ⅰ〕「可変資本の循環・再生産」に関する謬見…………168
4　第2部初稿の蓄積論(1) ……………………………………………174
　〔補説　Ⅱ〕「蓄積のための貨幣源泉」に関する謬見……………176
5　第2部初稿の蓄積論(2)
　　——諸部門間の技術的＝経済的連繋と生産と消費の矛盾，
　　　過剰蓄積——　……………………………………………………177

Ⅲ　再生産論の課題〔3〕
　　——『資本論』第2部第2稿第3章の再生産論について——　……184
1　第2部の諸草稿の関連………………………………………………184

2　第2部第2稿の資本循環論……………………………………………189
　3　第2部第2稿の単純再生産論——再生産の現実的諸条件の把握………193
　4　第2部第2稿第3章は1）および2）の二節構成，
　　　その2）と初稿第3章プランの第4, 5, 6節との対応………………201
　5　エンゲルス編『資本論』第2巻第3篇の問題点，
　　　未完の大著の〈空白の一章〉の所在……………………………………207
　6　第2巻第2篇註32の叙述内容の再確認 …………………………………209
　　〔補説〕『資本論』第2巻第2篇註32の論述内容の理解について……213

Ⅳ　再生産論の課題〔4〕
　　——再生産論と恐慌論の関連に関する諸説の検討—— …………………219
　序説　再生産表式の基礎範疇 ……………………………………………………219
　1　川鍋正敏氏の見解について……………………………………………………224
　　① 恐慌・産業循環論の全体系の構成と「プラン問題」　225
　　② 「資本の一般的分析」における「恐慌の可能性の現実性への転化」　228
　　③ 信用制度の役割　230
　　④ 『要綱』以来のマルクスの「一貫した問題観点と立論構想」　231
　　⑤ 『要綱』における「生きている矛盾」の把握　236
　2　大谷禎之介氏の見解について………………………………………………244
　　① 『資本論』第2巻第2篇註32をめぐって，問題の箇所のnieは
　　　　murか？　244
　　② 第2部初稿第3章第9節の指示書きを「第3部第7章で」と訳
　　　　して良いか？　257
　　③ 「第2稿を基礎に」という「最後の改訂」は「1877年以降の第5
　　　　〜8稿」をさす　258
　　④ 「均衡蓄積率，均衡蓄積軌道」概念への大谷氏の批判に対する反論　262
　　⑤ 総生産物 W' の価値的＝素材的構成との対応において蓄積率が決
　　　　定される　267
　3　大村　泉氏の見解について …………………………………………………271
　　① 均衡蓄積総額は両部門の資本構成が等しい場合においてのみ決定され
　　　　うるとする大村氏の誤解　272
　　② 価値・素材の両面からする「真の均衡」の理解　276

③「均衡を維持する両部門の蓄積額の組合わせは無数に存在する」か？　278
　4　前畑憲子氏の見解について………………………………………………280
　　〔補説〕　再生産論における年再生産は〈発端第一年〉ではない………286

Ⅴ　再生産論の課題〔5〕
　　　　──総括と展望──　………………………………………………287
　1　$W'\cdots W'$ 循環と再生産（表式）論……………………………………288
　2　第2部第1, 2, 8稿の拡大再生産論
　　　　──未完の大著の空白の一章──　………………………………293
　3　過剰蓄積の動学的メカニズム……………………………………………300

再生産論研究

第 1 部
恐慌・産業循環論の体系構成

I 恐慌論体系の展開方法について
―― 久留間教授への公開書簡（その 一）――

　久留間先生，『マルクス・レキシコン』第6, 7分冊「恐慌〔I〕,〔II〕」を拝見しました。恐慌に関するマルクスの叙述をどう配列すればマルクス恐慌論の全貌を正確に伝えるものとなるかは全く難しい問題で，さぞ御苦心なされたことと存じます。私も以前――福島大学に赴任してたしか3, 4年後ですから，あれからもう20年ほどにもなりましょうか――同じ目的のために『剰余価値学説史』全巻および『資本論』第2巻全部の叙述のなかから恐慌に関する個所をもれなくピック・アップし，それらを体系的に整序・配列するよう指示を受け，かなりの期間にわたり文字通り苦心惨憺した覚えがありますので，御苦心の程よくわかります。完全に満足のゆくような体系的な配列は殆ど不可能とおもいますし，率直に申し上げて今回の『レキシコン』でのマルクスの叙述の整理の仕方にもいくつかの重要な点で疑問なきをえないのですが，しかしそれはともかく，これが完成すればマルクス恐慌論研究の発展のために極めて有意義な――少なくもそのための堅実な一資料を提供するものかと考えますので，どうぞ最後まで頑張って下さい。先生の文字通り半世紀余の御研究がこうして着々と発表のはこびとなり，まことに御同慶の至りです。

　ところで今日は，その『レキシコン』第6, 7分冊「恐慌〔I〕,〔II〕」での各項目の表題の立て方やそれに付された栞の叙述について，二，三御教示いただきたいことがありますので，お忙しいところを煩わせて恐縮ですが，やや長文の手紙を記させていただきます。お聞きしたいことはいろいろありますが，(1) 再生産論と恐慌論との関連について，(2) それと係わる私の《均衡蓄積率》

の概念について，また (3)《恐慌の必然性》の項を定立することの是非についてといったほぼ三点にしぼって質問し，御教示をえたくおもいます。

1 再生産論と恐慌論との関連について

先生はかねてから『資本論』第2巻第3篇の再生産表式分析から恐慌の不可避性を論証しようとするような試みにたいして批判的な見解をおもちでしたが，今回の『レキシコン』およびその栞の叙述ではそれがかなり徹底したかたちで現われております。だが，そこには，率直に申し上げて，若干のゆき過ぎと説得力を欠く論断があるようにおもえてなりません。

例えば，『レキシコン』第6分冊，「恐慌〔Ⅰ〕」の第〔Ⅵ〕章の引用〔42〕における『剰余価値学説史』第2巻第17章「リカードの蓄積論，それの批判（資本の基本形態からの恐慌の展開）」の「10，恐慌の可能性の現実性への転化。ブルジョア経済の全矛盾の現われとしての恐慌」における周知の叙述で，生産過程のなかに「即自的に」含まれていた恐慌の要素は生産過程そのもののなかでは現われることなく「それ自体同時に再生産過程であるところの流通過程においてはじめて現われうる」と記されているその「流通過程」とは『資本論』第2巻第3篇の再生産論でのそれではなく，『資本論』第2巻の全体がその分析にあてられている「資本の流通過程」一般だということを強調されていますが（栞 No. 6，8ページおよび11ページ），そういう解釈は却って無理ではないでしょうか？「価値および剰余価値の実現の問題」が本格的に問題となるのは「資本の総＝流通過程または総＝再生産過程（der Gesamt-Zirkulationsprozeß oder der Gesamt-Reproduktionsprozeß des Kapitals)」においてであって，「それ自体同時に再生産過程であるところの流通過程」とは，後に『資本論』第2巻第3篇「社会的総資本の再生産と流通」において分析対象とされる，まさにこの意味での「総＝流通・再生産過程」でなければなりません。それを単に「流通過程」一般だとするのは妥当でないようにおもわれますがいかがでしょうか？ でないとすれば，何故に，マルクスは単に「資本の流

通過程」とせずに，ことさら「それ自体同時に再生産過程であるところの流通過程」だとか，「資本の総＝流通過程または総＝再生産過程」といったような表現をとっているのでしょうか？ そうした解釈は，「発展した恐慌の可能性」が『資本論』第2巻第3篇の再生産表式分析によって解明されるとする山田盛太郎氏『再生産過程表式分析序論』以来の周知の見解に疑義を表明すべく敢えて強調されているかともおもわれますが，『資本論』第2巻第3篇が第2巻の流通過程分析を総資本の再生産過程把握の観点から総括する位置にあることを認識すれば，そうした見解自体は決して誤ってはいないようにおもいます。そうした見解を妥当とすることは，『資本論』第2巻の第3篇以外の個所でも恐慌に関連する叙述がいくつかみられ，恐慌の諸契機たりうべき問題の所在が指摘されていることをなんら否定することにはなりません。ただそれらの諸契機が「発展した恐慌の可能性」（「資本としての資本に固有な資本の形態諸規定から出てくるかぎりでの・潜在的恐慌の一層の発展」）を規定する諸契機として把握されうるのは，個々の資本の流通過程における運動がそれ自体として問題とされる『資本論』の第1,2篇においてではなく，それらの個別的諸資本の運動の絡み合いが，また資本流通と所得流通との交錯・連繋が総括把握され，かくして，価値および剰余価値の実現の問題がそこではじめて本格的に問題となるところの第3篇の論理段階においてであることを明確に把握することこそが肝要なのではないでしょうか。そもそも『剰余価値学説史』第2巻第17章——それは旧カウツキィ版では第3章「資本蓄積と恐慌」と題されていた部分ですが——は，スミス，リカードの「V＋Mのドグマ」の批判から叙述が始められている個所で，資本の再生産と蓄積の理論の観点が全体の叙述の基調をなしているとおもわれます。その点をも考慮しながら，以下のマルクスの叙述を普通に素直に読めば，『レキシコン』第6分冊の栞に記されているような解釈をことさら強調することはむしろ不自然ではないかとおもいますが，いかがでしょうか？ いま問題にしております『剰余価値学説史』第2巻第17章のマルクスの叙述は，再生産論と恐慌論との関連の問題を中心として恐慌論体系の展開方法を考えるうえで極めて重要な意味をもつものですし，《恐慌の必然性》

の項を定立することの是非を論ずるうえにも参考になる叙述かと考えますので，一般の読者の便宜の上からも，ここでやや長文の引用をさせていただきます。なお，訳文は大月書店版『全集』および『レキシコン』のそれを参考にしましたが，原文の文意をさらに正確に伝えるものとなるよう適宜変更しました。

「商品流通において発展し，貨幣流通においてさらに発展する諸矛盾——同時に恐慌の諸可能性——は，おのずから資本において再生産される。というのは，実際には，資本の基礎の上にのみ，発展した商品流通と貨幣流通とがおこなわれるのだからである。

しかし，いま問題であるのは，潜在的恐慌の一層の発展——現実の恐慌は，資本主義的生産の現実の運動，競争と信用からのみ説明することができる——を追跡することである。といっても，それは，恐慌が，資本の形態諸規定——資本としての資本に固有な・資本の商品および貨幣としての単なる定在のなかには含まれていないものとしての・形態諸規定——から出てくるかぎりにおいてである。

ここでは，資本の単なる生産過程（直接的な）は，それ自体としては，何も新しいものをつけ加えることはできない。そもそもこの過程が存在するように，その諸条件が前提されているのである。だから，資本——直接的生産過程——を取り扱う第1篇では，恐慌の新しい要素は少しもつけ加わらない。恐慌の要素は，即自的（*an sich*）にはそのなかに含まれている。なぜなら生産過程は剰余価値の取得であり，したがってまた剰余価値の生産だからである。だが，生産過程そのもののなかでは，これが現われることはありえない。なぜなら，生産過程においては，再生産された価値の実現も，剰余価値の実現も，問題にならないからである。

〔問題の〕その事象は，それ自体（an und für sich）同時に再生産過程であるところの，流通過程においてはじめて現われうる。

ここでさらに次のことを述べておかなければならない。すなわち，われわれは，完成した資本——資本と利潤（*Kapital und Profit*）——を説明

するよりも前に，流通過程または再生産過程を説明しなければならない。なぜなら，われわれは，資本がどのように生産するかということだけでなく，資本がどのように〔再〕*生産されるかということをも説明しなければならないからである。しかし，現実の運動は現存の資本から出発する——すなわち，現実の運動というものは，それ自身から始まりそれ自身を前提とする発展した資本主義的生産を基礎とする運動のことなのである。だから，再生産過程と，この再生産過程のなかでさらに発展した恐慌の基礎（Anlagen）とは，この項目そのもののもとではただ不完全にしか説明されないのであって，『資本と利潤』の章におけるその補完（Ergänzung）を必要とする。

資本の総＝流通過程または総＝再生産過程は，資本の生産部面と流通部面との統一であり，両方の過程を自己の諸部面として通過するところの一過程である。この過程のなかに，恐慌の一層発展した可能性または抽象的形態が在る。」(K. Marx, Theorien über den Mehrwert II. *Marx-Engels Werke*., Bd. 26. 2, SS. 513-4. 大月書店刊『全集』第26巻第2分冊，692-4 ページ，角括弧内は引用者による補足。なお，以下原典ページのみを記す。訳書のページの上欄に（ ）を付して原典ページが記されているので，訳書のページはそれによって知ることができる。）

*　この個所の原文は „..., da wir darzustellen haben, nicht nur wie das Kapital produziert, sondern wie das Kapital produziert wird." となっており，或いは語呂のうえからそう書かれたのかもしれませんが，内容的には „.... wie das Kapital *re*produziert wird." とした方が文意が正確になるのではないかとおもいます。何故ならば，「如何にして資本が生産されるか」としてあるだけでは，『資本論』第1巻第7篇第22章「剰余価値の資本への転化」における論述内容と区別し難いからです。「資本と利潤」の章における資本の現実の運動を展開する前に，如何にして資本が再生産されるかが，その意味での「流通過程すなわち（oder）再生産過程」が論じられなければならない，というのがマルクスのいわんとするところであろうかと考えます。

商品・貨幣流通のうちに含まれる諸矛盾——恐慌の諸可能性の資本の基礎上での単なる再現とは区別されるものとしての「潜在的恐慌の一層の発展」，す

なわち，資本としての資本に固有な——資本の商品および貨幣としての単なる定在のなかには含まれていないものとしての——資本の形態諸規定から出てくるかぎりでの・「潜在的恐慌の一層の発展」，これを追跡することが当面の問題であるとされ，剰余価値の生産としての資本の生産過程のうちに「即自的（an sich）に」含まれていた「恐慌の要素」はその生産過程そのもののなかでは現われることなく，「それ自体同時に再生産過程であるところの流通過程」——「再生産された価値および剰余価値の実現」がそこにおいて問題となるところの——においてはじめて現われうると述べられております。この「流通過程」を「資本の流通過程」一般であり，『資本論』第2巻第3篇の「社会的総資本の再生産と流通」における総資本の「総＝流通・再生産過程」ではないとする栞の叙述は，果して妥当であるといえるでしょうか？「資本の生産部面と流通部面の統一」であり「両方の過程を自己の諸部面として通過するところの一過程」たる「資本の総＝流通過程または総＝再生産過程」のなかに「恐慌の一層発展した可能性または抽象的形態」が在ると述べられている最後のパラグラフを普通に読めば，さきの「流通過程」がまさにこの意味での総資本の「総＝流通・再生産過程」にほかならないことがおのずから納得できるのではないでしょうか？ 何故にことさらそれを『資本論』第2巻第3篇の再生産論における流通過程ではないとされるのでしょうか。率直に申し上げて，そういう解釈は『剰余価値学説史』の当該個所で，マルクスのいわんとしたことを正確にとらえたものではないと考えます。或いはあの栞のあたかも当然自明のことをいうかのような断定的な叙述は，久留間説を正確に伝えるものではないと解すべきなのでしょうか。この点，再生産論と恐慌論との関連を考えるうえで極めて重要な論点ですので，明確にお答えいただきたく思います。

　なお，「剰余価値の生産」としての「資本の生産過程」のうちに an sich に含まれていた「恐慌の要素」が「それ自体同時に再生産過程であるところの流通過程においてはじめて現われうる」と述べられているわけですが，そのいわんとするところは，「剰余価値の生産」としての資本制的生産の本質そのものによって一方では「資本制的生産の諸制限」が規定され，他方ではその「諸制

限」を突破して生産が「無制限的に」発展する傾向が規定されるが，その両者の矛盾——資本制的生産の本質そのものに根ざす矛盾（いわゆる「生産と消費の矛盾」はそのうちの最も規定的な要因をなすものとおもわれますが）は，生産過程そのもののなかではそういうものとして，すなわち「恐慌の要素」として現われることなく，「価値および剰余価値の実現」の問題がそこで問題となるところの「資本の総＝流通・再生産過程」においてはじめて，そういうものとして現われる，というにあるかとおもいます。「恐慌の要素」が資本の生産過程のうちに an sich に含まれているというのは，まさにそういう意味ではないかと考えます。すなわち，資本制的生産の本質そのものに根ざす（その意味で「資本の生産過程」そのもののなかに含まれる）ということと，「価値および剰余価値の実現」の問題が問題とならない生産過程そのもののなかではそういうものとして，すなわち「恐慌の要素」として「現われない」ということと，この二面の意味でいわれているとおもわれます。その意味で資本の生産過程のうちに an sich に含まれていた「恐慌の要素」が，「生産過程と流通過程の統一」としての「資本の総＝流通・再生産過程」においてはじめて，そういうものとして「現われる」というのが，マルクスのいわんとするところかと思います。

そういうわけで私はやはり，「資本の総＝流通過程または総＝再生産過程」のなかに「恐慌の一層発展した可能性」が在ると『剰余価値学説史』第2巻第17章の前掲の叙述で述べられている場合のその「資本の総＝流通過程または総＝再生産過程」とは，——無限定に「資本の流通過程」一般ではなく，——後に『資本論』第2巻第3篇で分析対象とされる「社会的総資本の再生産と流通」の過程にほかならない，とする解釈が依然として妥当であると考えます。ただし，「再生産過程と，この再生産過程のなかでさらに発展した恐慌の基礎（Anlagen）とは，この項目〔すなわち，価値および剰余価値の実現の問題を主題とし，どのようにして資本が再生産されるかを明らかにするこの項目，『資本論』第2巻第3篇の再生産論〕＊そのもののもとではただ不完全にしか説明されないのであって，『資本と利潤』の章におけるその補完を必要とする」わけであります。

ここに『資本論』第2巻第3篇の再生産(表式)論の恐慌論体系における意義と限界をみるべきではないでしょうか。

> * 『レキシコン』のような見解をとる場合には、この個所に記されている「この項目」（diese Rubrik）とは『資本論』ではどの部分をさすと考えられるのでしょうか？ 特定の項目ではなく、『資本論』第2巻の全体なのでしょうか？「再生産過程と、この再生産過程のなかでさらに発展した恐慌の基礎」といった表現からしても、私のような解釈をとる方がむしろ自然なのではないでしょうか？ なお、この点とも関連して、『レキシコン』では「『資本と利潤』の章」の個所に、「マルクスがこう言っているのは、彼の研究のうち、その後膨脹して『資本論』第3巻になった部分のことである。」という Werke の編者註にならった脚註が付されていますが、「『資本と利潤』の章」は（信用論、地代論等をすべて含む）現行の『資本論』第3巻の全体というよりはむしろ、1861年8月—63年7月執筆の23冊のノートのうち、『剰余価値学説史』（ノートⅥ—ⅩⅤ）に続く、「第3章。資本と利潤」という表題が付されたノートⅩⅥからノートⅩⅦのはじめにかけて展開された論述内容、すなわち現行『資本論』第3巻の第1—3篇、とりわけ第3篇がそれにあたるのではないかと思われます。私は、『資本論』第1巻第7篇、第2巻第3篇、第3巻第3篇のそれぞれの分析視角の差異と対応のもとに、マルクスの再生産と蓄積の理論（マルクス的動学体系）が構成されていると考えますが、そういう観点からみると、「『資本と利潤』の章におけるその補完を必要とする」という文章がよく理解できるように思います。このマルクスの再生産と蓄積の理論の体系（再生産論・蓄積論体系）は『資本論』全体系の根幹部分をなすと同時に、恐慌論体系を支える基礎的な骨骼となっていると私は考えます。

このように申し上げれば或いは先生は、『剰余価値学説史』の前掲の論述の少し手前の個所で、商品流通における販売と購買との対応は「一方の資本の商品形態から貨幣形態への転化は他方の資本の貨幣形態から商品形態への再転化に対応しなければならず、……一方の資本の生産過程からの離脱は他方の資本の生産過程への復帰に対応しなければならない」という形態において資本の運動のもとに再現されることが述べられてのち、「諸多の諸資本の諸再生産過程または諸流通過程のこうした絡み合いと縺れ合いは、一方では分業によって必然的であり、他方では偶然的である。こうしてすでに恐慌の内容規定は拡大されている。」というマルクスの文言を引き合いに出してこられるかもしれません。しかし、その叙述は、「この形態〔商品流通という形態変換運動〕に含ま

れている恐慌の一般的可能性——購買と販売との分離——は，資本が商品でもあるかぎり，そして商品以外のものでないかぎり，資本の運動のなかにも含まれている。」ということを言おうとしているにすぎません。そういうものとは区別されるものとしての，「資本としての資本に固有な，——資本の商品および貨幣としての単なる定在のうちには含まれていないものとしての——資本の形態諸規定から出てくるかぎりでの」・「潜在的恐慌の一層の発展」がいま問題なのだとして，さきの論述が展開されていることは，前掲の引用文の前段の部分を注意して読めば，おのずから明らかではないでしょうか。拙著『恐慌論研究』の前編序論第 2 章「『資本論』体系における恐慌論の基本構成」の〔Ⅱ〕「発展した恐慌の可能性」において，「恐慌の基本形態は，『資本の再生産過程』において，『単に反復されるか，あるいはむしろここではじめてその形態が内容，すなわちそれが自己を顕現しうる基礎をうる』。このことは，一応，二段に分って考察される。」として，先ず，「恐慌の一般的可能性——購買と販売との分裂——は，資本が商品でもありまた商品に他ならないかぎりにおいては，資本の運動のなかにも含まれている」という前記のことを述べてのち，「だが，単純な商品流通は資本流通の一側面をなすが，後者を前者に解消せしめることはできない。諸資本の姿態諸変換の絡み合いの関係には，資本制的生産の一般的・専一的支配を前提しても，労働者階級の個人的消費を媒介する A－G－W，および資本家階級の個人的消費を媒介する剰余価値の流通 w－g－w が介在し，『ある個別的資本の流通過程の内部で現われる各姿態変換が演ずるところの機能的に規定された役割』が直ちに『他の資本の循環における照応的な反対姿態変換を表示するとは……決して云えない』〔『資本論』第 2 巻 110 ページ〕。『種々の個別的諸資本の諸姿態変換の現実的関聯』は，『事実上，社会的総資本の再生産過程の諸部分運動としての個別的諸資本の諸循環の関聯』にほかならないのであるが，かかる関聯は，『貨幣と商品との単なる形態変換』にとどまらない関係を含んでいるのであって，まさしくその点にこそ資本流通上の固有の問題が伏在しているのである。かくして，『個別的諸資本がそれの自立的に機能している構成部分たるにすぎないところの，社会的総資本の相異なる構成

諸部分が——資本についても剰余価値についても——流通過程において如何にして相互に補塡されるか』という関係，すなわち，社会的総資本の流通過程を貫く再生産の諸条件のうちに，『潜在的恐慌』の真の『内容規定の拡大』の根拠がもとめられなければならない。……」〔『恐慌論研究』26-7 ページ。〕と述べてありますのは，右の点を考慮してであります。

しかし『レキシコン』第 6 分冊の栞のそうした論断は，『資本論』第 2 巻第 3 篇の再生産表式分析の意義に関する先生の独自の見解——といっても，久留間先生だけに固有のものではなく，例えば宇野弘蔵氏や山本二三丸氏などもこの点ではほぼ同様の考えをもたれているわけですが，——に根ざしているようにおもわれます。すなわち，『レキシコン』の第 7 分冊の栞で先生は次のように述べられております。

「……たしかに個別資本にとっては固定資本の償却の場合にも蓄積基金の場合にも，W－G と G－W とは現実に分裂する。しかし，社会的総資本を考えるならば，それらの総体としての供給と需要とは一致しうる。一致しうるだけではありません。社会的総資本の再生産の正常な進行を考察するかぎりでは，両者の一致がその『条件』として析出されることになるわけです。2 部 3 篇のように，社会的再生産がいかに行なわれるかということを解明するときには，それらがどのようにして不一致におちいるかということは問題にならない。問題にすべきではありません。」(『レキシコン』第 7 分冊の栞 3 ページ。)

この文章は一見わかりやすいように見えますが，その表現が余りに簡略にすぎるため，よく読みよく考えてみると正確には何を言わんとされているのかその意味をとらえ難いところがあるように，私にはおもわれます。先ず右文中，「社会的総資本の再生産の正常な進行を考察するかぎりでは，両者〔総体としての需要と供給〕の一致がその『条件』として析出される」というのは，社会的総資本の再生産が正常に進行してゆくという想定のもとに「再生産の諸条件」の析出がなされるというのと，ほぼ同様の意味でいわれているのでしょうか？ もしそういう意味でいわれているのならば，それは全くそのとおりで何

らの異論もありません。しかし，もし正確にそういう意味でいわれているのであれば，そのことから，『資本論』第2巻第3篇では「不一致」ないしは「不均衡」は「問題にならない。問題にすべきではありません。」という結論は自動的には出てこないはずです。なお，ここで「その『条件』として析出される」という場合の「その『条件』」とは，「再生産の正常な進行」の条件と解してよいかとおもいます。『資本論』第2巻第3篇では，「均衡」の前提のもとに，社会的総資本の再生産の正常な進行の諸条件が析出される。だが，「均衡」は再生産の正常な進行の諸条件を析出するために前提ないしは想定されているだけであって，その「均衡」がつねに保たれ，したがってまたその諸条件がつねに且つ予め充たされるという保障は全くないわけです。そういう意味での「再生産の諸条件」の析出がおこなわれるわけです。だからこそマルクスもまた再生産の正常な進行の「諸条件はまた，それと同数の，異常な経過の諸条件に，すなわち恐慌の可能性に転変する。」（『資本論』第2巻500-1ページ）と述べているわけであります。「2部3篇のように，社会的再生産がいかに行なわれるかということを解明するときには，それらがどのようにして不一致におちいるかということは問題にならない。問題にすべきではありません。」という御主張は，右のマルクスの命題とどのようにして斉合的でありうるのでしょうか？ また，『資本論』第2巻第3篇第20章第11節「固定資本の補塡」で社会総体としてみた固定資本の「貨幣補塡」と「現物補塡」との乖離が再生産過程にどのような不均衡と攪乱をもたらすかをマルクス自身が論述し，さらにまた，そうした乖離が拡張再生産の場合には「無条件的に現われうる」と述べているのを（『資本論』第2巻462ページ）どう解されるのでしょうか？ そうした論述はすべて第2巻第3篇の論理段階からの逸脱にすぎないと言われるのでしょうか？ この点，御教示いただきたくおもいます。それとも，「それがどのようにして不一致におちいるか」というさきの御発言の論旨は，どういう現実的な過程を通じて「不一致におちいるか」という意味で言われているのでしょうか？ つまり，不均衡化の現実的・具体的な過程そのものは第2巻第3篇では「問題にならない。問題にすべきではありません。」と言われているのでしょ

か？ もし，そういうことを言われているのであるならば，それは全くそのとおりであるとおもいます。だが，そのことは，第2巻第3篇では「不均衡」や「不一致」を論じえない，ということとは別のことではないでしょうか？ <u>第2巻第3篇では，一定の方法的に限定された視角からのみ，「不均衡」や「不一致」が論じられうるのであって，その不均衡化の必然性の論証や不均衡化の具体的な過程そのものの解明は第2巻第3篇の課題ではない</u>，というように考えるべきではないでしょうか？『レキシコン』の栞の叙述でみるかぎりでは，どうもこの点に関する先生の御主張は充分に説得的ではないように感じられてなりません。第2巻第3篇の再生産表式の方法的限定を無視してそこから直接に且つ機械的に恐慌の必然性を論証しようとする論者を批判しようとする余り，再生産表式分析の恐慌論体系においてもちうべき積極的意義を全く否定してしまうのは，妥当な方法的態度ではないと私は考えます。そうした方法的態度を貫こうとするならば，結局は「再生産論なき恐慌論」に帰着せざるをえないのではないでしょうか？

　右の論点と関連するのですが，第2巻第3篇の再生産論では「生産と消費の矛盾」の問題は論じられていない，論じられるべきではない，という論断もやはり説得的でないようにおもわれます。この問題は，『資本論』第2巻第2篇脚注32の，労働者階級の「消費制限」によって「商品資本のしたがってまた，剰余価値の実現」が限界づけられていることを論じた周知の叙述の最後のところで，「しかし，これは，次篇に入ってはじめて問題にすべきことである (Dies gehört jedoch erst in den nächsten Abschnitt.)」と記されてある，その「次のAbschnitt」とはどこをさすのか，というかたちで提起されておりますが，あれは，――大谷禎之介氏が「『内在的矛盾』の問題を『再生産論』に属せしめる見解の一論拠について――『資本論』第2部注32の『覚え書き』の考証的検討――」（東洋大学経済経営研究所研究報告 1973年 No.6）と題する論文のなかで，Abschnitt という言葉を各種の辞典を駆使してまことに詳細に検討されたあとでいわばその結論として，その論文の結びに近い個所（189ページ）で述べておられますように，「次のAbschnitt」がどこをさすかは，Abschnitt

という言葉自体の意味の詮索によってではなく，最終的には「理論的な内容の検討にもとづく証明」によって決せられるべき問題であると考えます。「次のAbschnitt」を「次の部分」と読み，「この『次の部分』とは，『資本論』の現行版では第3部をさすものであろう。」という脚註が『レキシコン』第7分冊の167ページに付されておりますが，これは余程の論拠がないとそう断定できないのではないでしょうか？　大谷氏の論文では肝心のその「理論的な内容の検討にもとづく証明」が全くみられませんし，「次のAbschnitt」は2巻3篇をさすとするレーニン以来の通説をくつがえすに足る文献考証にもとづく論証はおこなわれていないようにおもいます。たしかに「生産と消費の矛盾」が矛盾として発現すべきその必然性の解明や，矛盾の発現態様そのものは第2巻第3篇では論じえませんが，しかし，社会的総資本の総生産物 W′ の価値的・素材的相互補塡運動が分析されることによって，資本流通と所得流通との交錯・連繫が明らかにされる第2巻第3篇の再生産論なくしては，如何にして「生産と消費の矛盾」が全生産物・全商品資本の実現を制約するかを理論的に解明することはできないのではないでしょうか。「しかし，これは，次篇に入ってからはじめて問題にすべきことである。」というのは，その問題が第2巻第3篇にすべて包括されるという意味ではなく，第2巻第3篇に入らなければ論じえない問題，第2巻第3篇に入ってから先の問題，そういう意味で第2巻第3篇以降で論ぜられるべき問題だという意味だと解すれば「次のAbschnitt」を普通に「次の篇」，すなわち第2巻第3篇と読んでも差支えはないのではないかと考えますが，どうでしょうか？〔補説〕私は，「生産と消費の矛盾」——これは「生産の無制限的発展への傾向」と「労働者階級の狭隘な消費限界」との間の矛盾と云い換えてもよいかとおもいますが——は，『資本論』第1巻第7篇において資本主義的生産および蓄積の本質把握の観点から基礎的に明らかにされ，第2巻第3篇の再生産(表式)論を不可欠の媒介環として，第3巻第3篇，とくにその第15章の論理段階において，ここではじめて「恐慌の窮極の根拠」としての規定を与えられるものと考えております。「生産と消費の矛盾」が第3巻第3篇においてのみ論じられているという暗黙の前提が先ずおかれ，その

前提のうえで『レキシコン』の前記の断定がなされているようにおもわれますが，第3巻第3篇は，第1巻第7篇および第2巻第3篇の論述を，「総過程」把握の視角から，資本蓄積と利潤率変動の相互規定関係というより具体的な視角から，総括すべき位置にあるわけで，その点を考慮すれば，その暗黙の前提自体が再検討を要するのでないかとおもいます。

〔補説〕 第2巻第2篇註32の問題はどこに属するか

　問題とされている第2巻第2篇脚註32の叙述を注意して読めば，「次のAbschnitt」はやはり「次の篇」であり，第2巻第3篇だと解する方が自然ではないかと考えます。念のため脚註32の叙述の全文を掲げてみましょう。

「原稿では，ここに，将来の詳論のための次の覚え書が挿入されている。——『資本主義的生産様式における矛盾。——商品の買い手としての労働者は，市場にとって重要である。しかし，彼らの商品——労働力——の売り手としては，資本主義社会は，これを価格の最低限に制限する傾向をもつ。——さらに次の矛盾。——資本主義的生産がその全潜勢力を発揮する時代は，きまって，過剰生産の時代であることが示される。なぜならば，生産の潜勢力は，それによってより多くの価値が生産されうるだけでなく実現もされうる，というようには決して充用されえないのだからである。商品の販売，商品資本の，したがってまた剰余価値の，実現は，社会一般の消費欲望によって限界づけられているのではなく，その大多数の成員がつねに貧困でありまたつねに貧困であらざるをえないような社会の消費欲望によって限界づけられているからである。しかし，これは，次篇に入ってはじめて問題にすべきことである。』」

　みられるように，「商品資本の，したがってまた剰余価値の実現は，……その大多数の成員が……つねに貧困であらざるをえないような社会の消費欲望によって限界づけられている」から，より多くの価値が「生産」されたからといってそれが「実現」されるわけでは決してない。だから，「資本主義的生産がその全潜勢力を発揮する時代は，きまって，過剰生産の時代である

ことが示される」ことになるのだ，というのがその論旨であります。「商品資本の・したがってまた剰余価値の・実現」という文言が明記されていることからしても，「次のAbschnitt」は「次の篇」すなわち「商品資本の実現」の問題が主題となる第2巻第3篇だと解する方が自然なようにおもわれますが，どうでしょうか？　少なくも，絶対に第2巻第3篇ではありえないという論拠はないようにおもいます。なお，右の脚註の叙述は「生産と消費の矛盾」を，先生のいわれる「生きた矛盾」として充分に表現したものであるとするには若干の無理があるかとおもいます。「商品資本の・したがってまた剰余価値の・実現」が労働者階級の消費制限によって――（正確にいえば）窮極的には――限界づけられているということが述べられているにすぎないようにおもわれます。そうしたことが，第2巻第3篇では論じえない，論じてはならない，と断定するのには，率直にいって，疑問を感じないわけにはいきません。むしろ，そうしたことは，資本流通と所得流通との交錯・連繋が明らかにされるべき第2巻第3篇の再生産論を経過しなければ論じえない問題ではないでしょうか。脚註の最後の言葉はそういう意味で書き添えられているのではないかと考えます。なお，第2巻第3篇はいわゆる「第8稿」で，『資本論』の最後に書かれた未完の部分であることを考慮すれば，そこで当初に予定されていた論述が展開されていないからといって，本来そこで論じられるべき問題ではなかった，論じてはならない問題だ，とはいえないのではないでしょうか。そういうわけで，「次のAbschnitt」が第2巻第3篇ではなくて第3巻であるという断定は，やはりどう考えても説得的ではないと思います。

　なお，そうした説を立てられるのに示唆的であったとされている『経済学批判要綱』323ページの叙述は，「正常な均衡を乗りこえてしまうような結果をひき起こすのは，諸資本の競争であり，彼ら相互のあいだの無関心性と独立性なのである。」ということを述べているだけであって，「生産と消費の矛盾」の問題がすべて「競争」の篇においてのみ展開されるということを主張したものではないようにおもいます。或いは『要綱』の右の本文に付され

た註の部分で,「正常な均衡を乗りこえさせるこの外見もまた, 資本の本質に——競争のところでくわしく展開するように, 互いに反撥しあうものであり, 互いに全く無関心な多数の諸資本であるという資本の本質に——もとづいているのである。(Auch dieser *Schein*, der über die richtige Proportion hinaustreibt, im Wesen des Kapitals begründet, das, wie bei der Konkurrenz näher zu entwickeln, sich von sich repellierendes, viele gänzlich gegeneinander gleichgültige Kapitalien *ist*.)」と述べてあるところからそうした立論をされたのかもしれませんが, ここで「競争のところでくわしく展開するように」といっているのは,「互いに反撥しあうものであり, 互いに全く無関心な多数の諸資本であるという〔傍点, 原文イタリックの個所に注意〕資本の本質」についての論述を「競争」のところで展開する, という意味ではないかとおもいます。なお, 右の『要綱』の註の部分の『レキシコン』の訳文は,「正常な均衡を乗りこえさせるようなこの外見もまた, 競争のところでくわしく展開するように, たがいに反撥しあうものであり, たがいにまったく無関心な多数の諸資本である, という資本の本質にもとづいているのである。」となっており, ほぼ高木幸二郎氏監訳のものと同文ですが,「競争のところでくわしく展開するように」というのがどこにかかるのかが読みとりにくいという意味で, 必ずしも充分に正確ではないようにおもいます。したがって,『レキシコン』No.7の栞の6ページで,『要綱』のその個所で「この問題〔生産と消費の矛盾の問題〕は『競争』のところで詳しく展開するのだ, と言っています。」と述べられているのは, 納得的ではありません。また, それを当然の前提として, 次のように述べられているのも, 妥当ではない, 少なくとも充分に説得的ではないようにおもいます。——「『次の 部 分(アブシュニット)』は第2部第3篇か, それとも第3部か, ということで言えば——『資本論』第3部はマルクスの『経済学批判』6部作プランのなかの『諸資本の競争』にあたるものではないけれども,『要綱』の当時『競争』に属するとされていた多くの問題がこの第3部にもちこまれることになった, という事情をも考えあわせて——やはり第3部のことだろうと思

いますね。」なお，同様の指摘をしたものとして Roman Rosdolsky, *Zur Entstehungsgeschichte des Marxschen ＞Kapital＜——Der Rohentwurf des＞Kapital＜1857-58——*, Frankfurt am Main 1968. S. 569. 時永・平林・安田訳『資本論成立史』第4分冊722ページがあります。すなわち，同書のその個所でローマン・ロスドルスキーは，「マルクスの指示している『次の篇』というのは，第2巻第3篇のことではなく，最初の構成プランで予定された『競争の篇』のことであり，まさにのちの『資本論』第3巻に相当するものであった。」とかなり断定的に述べておりますが，その論拠は——レーニンが実現問題に関する論文を書いたときには『剰余価値学説史』も『要綱』も知らなかったという以外何も——示されておりません。或いは，先生の場合と同じく，『要綱』のその個所から示唆をえたのかもしれません。プラン変更説に立つロスドルスキーが「競争の篇」とは『資本論』第3巻だとしている点が異なりますが，「生産と消費の矛盾」の問題は第2巻第3篇では論じえず「競争」のところでのみ論じられるとしている点で両者は共通しております。なお，ことのついでに指摘しておきたいのですが，大谷氏が前掲の論文の192-3ページのところで「次の Abschnitt」は第2巻第3篇ではなく第3巻だという久留間説を論拠づけるものとして，さきの『要綱』の叙述の他にもう一つ引合いに出している『剰余価値学説史』の叙述も，実は，いわゆる「内在的矛盾」の問題が「すべて諸資本の競争に属する」という趣旨を述べたものではないようにおもわれます。すなわち，『剰余価値学説史』第16章「リカードの利潤論」の末尾に近いところ（*Werke* 26.2, S. 469.）で，マルクスはリカードの過剰生産否定論を批判するにさいして，「資本家と労働者とだけが相対しているだけでなく，資本家，労働者，地主，金融業者，国家から定額所得を受け取る者などが相互に相対している現実においては，産業資本家と労働者との両方に痛手を与えるような商品価格の低下が他の階級には利益になる」こともあるといったようなことや，「資本主義的生産は，……それが発展すればするほど，ますます，直接的需要にはなんの関係もないような・そして世界市場の不断の拡大によって左右

されるような・規模で生産することを余儀なくされる」といったことを述べた後で，商品の貨幣への転化のためには，「労働者の需要では十分ではない……資本家相互間の需要でも同様に十分ではない。過剰生産は利潤の永続的な低下をひき起こさないが，しかしそれは永久(パーマネント)に，周期的(ペリオーディッシュ)である。」と述べ，さらにそれに続けて，「過剰生産は，まさに，人民大衆が必需品の平均的な量よりも多くを決して消費しえないということ，したがって彼らの消費が労働の生産性に一致して増大しないということから，生ずるのである。」とし，「だが，この部分はすべて諸資本の競争に属する（Doch dieser ganze Abschnitt gehört in die *Konkurrenz der Kapitalien*.）」といっているのであって，過剰生産の周期的な発生をもたらす具体的な諸契機を念頭におき，そうしたことの論述は「すべて諸資本の競争に属する」と指摘しているので，いわゆる「内在的矛盾」の問題のみをとりあげ，それが「すべて諸資本の競争に属する」といっているわけではないようにおもいます。大谷氏の『剰余価値学説史』のこの部分の読み方も，やや主観的な判断によって左右されているところがあるのではないでしょうか？　率直にいって，そういう印象を受けます。

さて最後に，再生産論と恐慌論との関連について御質問申し上げたい点は，次の点であります。すなわち，単純再生産から拡大再生産への移行にともなう2部門間の比率の変化の問題を極めて重要視され，それを云わば一般化して，蓄積率の変動にともなって部門間比率が変化し，その変化には「一定の諸困難」がともなうという命題を立てられ，それが第2巻第3篇の再生産論の主題であり，再生産論の恐慌論にたいしてもつ意味もまたそのことを明らかにするにある，と主張されている点であります。

「……拡大再生産の考察のなかでは，単純再生産から拡大再生産にどのようにして移行するかということが重大な問題ですが，……恐慌の可能性の内容規定という点では，この移行のさいに，従来の第一部門と第二部門の比率が変化して第一部門がまず拡大されなければならない，そしてこの

変化には一定の困難がともなう，このことが重要です。これはもっと一般化して言えば，蓄積率が変動すれば両部門間の比率が変動しなければならない。そこに一定の困難が生じてくる，こういう問題です。蓄積率が一定であれば両部門間の比率もコンスタントです。ところが蓄積率はさまざまの要因によって決定され，変動する。とくにそれが急激に低下したような場合には，大きな問題が生じます。けれども，2部3篇ではこうしたことの可能性は——これはやはり，恐慌の抽象的形態が内容規定を与えられるものと言ってよいでしょうが——説かれても，いったい蓄積率が何によって変動するのか，変動せざるをえないのかということは，まったく問題になりません。

　恐慌の抽象的形態が内容規定を受けとるというのは，だいたいこういったことです……。」(『レキシコン』No. 7の栞3-4ページ。)

　「……蓄積率が何によってどのように決定されるか，ということは，およそ『資本論』第2部第3篇を超える問題だから，それは問わないとしても，とにかく蓄積率が変動する。すると，どうなるか。社会的再生産のなかでもろもろのフリクションを引きおこすことになるだろう。変化と困難。こういうことを明らかにすることによって恐慌の抽象的形態に内容規定を与えること，可能性の現実性への発展に基礎を与えること，——ここに第2部第3篇における再生産論が恐慌論にたいしてもつ意味がある……。」(『レキシコン』No. 6の栞18ページ。)

蓄積率の変動にともなって部門間の比率が変化する。その部門間比率の変化には「フリクション」と「困難」がともなう。こうして，「恐慌の抽象的形態に内容規定が与えられる」と論じられております。だが，そういう論述は結局のところ，もっぱら部門間資本移動にともなう困難にのみ「発展した恐慌の可能性」の内容をみようとする見解に帰着するのではないでしょうか？　そういう論述の基調になっているのは，蓄積率が「独立変数」であって部門間比率はその「従属変数」だとする考え方(『レキシコン』No. 6の栞19ページ)であります。だが，蓄積率は任意の——といっても利潤率や利子率などの諸要因によっ

て規定されるわけですが,「再生産の諸条件」によって制約されていないという意味では任意の——値をとりえ, その値に応じて部門間比率が変化すればよい (その変化にはフリクションや困難がともなうにせよ) といった議論は, 果して全面的に正しいといえるでしょうか? もしそういう議論が全面的に正しいとすれば,「過剰蓄積 (Überakkumulation)」なる概念——これもまた, マルクスの恐慌論体系において, 重要な位置を占めるべき概念であるかとおもいますが——は,「再生産の諸条件」に係わる「実現」の問題側面からは, 規定しえないものとなってしまいます。蓄積率がどんなに高くなっても, それに応じて部門間比率が変化すればよいという命題を無条件的に成立するものとして認めるとすれば,「過剰な蓄積」ということ自体がありえないわけです。逆にまた蓄積率が「急激に低下したような場合」には「大きな問題」が生ずるといっても, その論理からすれば, これもまた部門間比率の逆方向への変化 (第一部門から第二部門への資本移動) によって処理されうるはずではないでしょうか? だから, そういう論理を一般的且つ無条件的に成立するものとして認めてしまうと, 先ず「蓄積率の急激な低下」をもたらすべき「過剰蓄積」をそういうものとして把握しえなくなりますし, またその「蓄積率の急激な低下」によって全面的過剰生産が顕在化する次第も明らかにしえないものとなってしまいます。それ故, その命題自体が検討を要するのではないかとおもいます。しかしその反面, 資本主義経済の現実過程において, 蓄積率が絶えず変動しその変動に応じて部門間比率が変化するという現象がみられることもまた事実であります。したがってそのかぎりでは, その命題は資本主義経済の現象過程の一側面を反映するものといってよいかとおもいます。そのことは私も敢えて否定はいたしません。しかし, その命題が一般的に且つ無条件的に妥当し, それが「実現の一般法則」をなすものと考え, そういうことを明らかにするのが『資本論』第2巻第3篇の主題であるとするのは, やはり問題ではないかとおもいます。と申しますのは, それは, 表現方法は若干異なりますが, 事実上, ツガン・バラノフスキィが主張していることと内容的には殆ど全く同一事に帰着するからであります。すなわち, ツガンは,『英国における恐慌の理論と歴史』

の第1篇第1章「資本主義経済における恐慌の根本原因」において，単純再生産の場合と拡大再生産の場合の表式展開を——両者の社会的生産物の総価値額が等しく，また資本構成や剰余価値率などの諸条件も同じといった前提のもとに——おこない，両者の「唯一の相違点は，社会的生産の配分が異なること」だけであるとしたのち，次のような論述を展開しております。

「社会的資本の単純再生産と，規模拡大によるその再生産との比較から，次のきわめて重要な結論を引出すことができる。それは，資本主義経済においては，商品の需要が社会的消費の総規模とは，ある意味で無関係であるという結論，すなわち，『常識』の見地からすれば，いかに不条理に見えようとも，社会的消費の総規模が縮小しながら，それと同時に，商品に対する社会的総需要が増大することがあり得るという結論である。社会的資本の蓄積は消費手段に対する社会的需要の減退をもたらすが，それと同時に，商品に対する社会的総需要の増大をもたらす。」(Michael von Tugan-Baranowsky, *Studien zur Theorie und Geschichte der Handelskrisen in England*, Jena 1901, S. 25. 救仁郷繁訳『英国恐慌史論』33ページ。)

なお，ここで，社会的総需要の増大が述べられているのは，拡大再生産表式の第2年度の社会的総商品は単純再生産表式におけるそれに比べて「かなり大幅に増加したが，消費手段の生産は減退している。しかも供給と需要の均衡はこれによって少しも乱されていない。」とする論述と関連しております。ツガンが社会的需要構造の変化という側面から論述を展開しているのに対して，久留間先生の場合は蓄積率が「ゼロからプラスの値になる」という視点から論述を展開しておられ，その点表現方法において若干の相違はありますが，内容的にはほぼ同一事に帰着するかとおもいます。けだし，社会的需要構造の変化は蓄積率の値の変動にともなって生ずるものにほかなりませんから。<u>単純再生産から拡大再生産への移行の論理を一般化するという点でも，また，蓄積率の変動——それにともなう社会的需要構造の変化にともなって，「社会的生産の配分 (die Einteilung der gesellschaftlichen Produktion)」すなわち「部門間比率」の変更がなされればよい——それは「全く容易でない」こと</u> (*Ibid.*, S.

22.),「困難」をともなうことであるにせよ——としている点においても，両者は全く共通しております。蓄積率が「独立変数」で部門間比率はその「従属変数」だとする説を立てられるにさいして，どの程度ツガン説を意識されたかを先日のお手紙でお聞きしましたのは，こうした事情によります*。もちろん，実質上ツガン説と同巧異曲のものであるからといって，それだけの理由で先生の御主張が全面的に誤っているなどというつもりはありません。ツガン説もまた資本主義経済の現実の一側面を強調的に明らかにしようとしたものとして，評価される必要はあると考えます。だが，その命題を，『レキシコン』No.6栞に記されてありますように，それのみが「資本主義経済の現実のあり方」だとして一面的に固持するならば，それはやはり，誤りではないかとおもいます。『資本論』第2巻第3篇の再生産論が明らかにしているのは，そういう命題とはまさに逆の側面，——すなわち，「再生産の諸条件」を充たすためには蓄積額は，したがってまた蓄積率は任意の値をとりえないという側面ではないかと考えます。この点は，「均衡蓄積率」の概念を定立することの是非に関する議論と密接に関連しますので，次項でその問題をとりあげながら私見を述べさせていただきます。

  * いただいた御返事によりますと，ツガン説は全く念頭におかれていなかったよしですが，しかしすでにツガン・バラノフスキィが御説と酷似した議論を展開しているという事実がある以上，先生の御見解がどの点でツガンと等しくどの点でツガンと異なっているかを（私だけでなく一般読者のためにも）御説明いただきたく思います。

2　均衡蓄積率の概念について

　前節の，とくに最後の論点と関連して，「均衡蓄積率」の概念を定立することの意義について疑問をおもちのようですが，そのさい，私のいう「均衡を維持しうべき蓄積率」と，マルクスの析出した「再生産の条件」との間には，現実の蓄積率が前者と一致する場合には後者の「条件」がおのずから充たされ，一致しない場合には充たされえない，という関係があることを，御理解いただ

けているのでしょうか？

　すなわち，

$$\begin{cases} \text{I}. \ C+V+\overbrace{Mc+Mv}^{M\alpha}+M\beta=W'_I \quad 〔生産手段〕 \\ \text{II}. \ C+V+\underbrace{Mc+Mv}_{M\alpha}+M\beta=W'_{II} \quad 〔消費資料〕 \end{cases}$$

　　$M\alpha$…剰余価値のうち蓄積に充てられる部分　　Mc…追加不変資本
　　Mv…追加可変資本　　$M\beta$…剰余価値のうちの消費支出分

において，現実の蓄積額が各部門の不変資本の補塡に要する以上の，その意味で余剰な生産手段を過不足なく吸収すべき「均衡蓄積額」と一致する場合には，

$$W'_I - (IC+IIC) = IMc + IIMc$$

という関係式が成立することになります。この式から

$$IV + IMv + IM\beta = IIC + IIMc$$

という関係式は簡単に導き出すことができます。それ故，現実の蓄積額が均衡蓄積額に一致する場合には，その蓄積額が両部門にどういう割合で配分されようとも（実はこの点にも，もう一つの重要な問題がありますが，当面の肝要な論点を御理解いただくために一応それは措くとして），マルクスの再生産の条件は充たされます。この関係は，数字例でやってみてもすぐにわかります。だから「均衡蓄・積率」を析出することとマルクスの「再生産の条件」を明らかにすることとは，その限りにおいては，殆ど同一事に帰着するのです。だが，マルクスが事実上，部門間の均衡関係――といっても，資本の流通と所得の流通との交錯・連繋の問題が絡むわけですが――に重点をおいて議論を展開したのに対して，先ず「均衡を維持しうべき蓄積総額」を明らかにし，次いで，その蓄積額が両部門にどういう割合で配分されるべきかを論ずるという方法をとったのが，私の試みであったわけです。では，なんのためにことさらそういう方法をとったかと言いますと，それは，さきに関説しました《過剰蓄積》の概念を明確にするためです。「全般的過剰生産」は，商品が，単に「消費に対して過剰に」で

はなく，「消費と価値増殖＊との間の正常な比例関係（das *richtige* Verhältnis zwischen Konsum und Verwertung）を保つには過剰に」生産され，かくして，「価値増殖のための生産が価値増殖に対して過剰となる」ことによって生ずる，という『経済学批判要綱』347ページの示唆的な叙述の含意は，《過剰蓄積》の概念を明確にすることなしには把握しえない，と考え，ああいう方法をことさら試みたわけです。すなわち，「均衡を維持しうべき蓄積率」とは，「消費と価値増殖との間の *richtig* な比例関係」を保つような蓄積率だ，ということなのです。こういう理論的基準なしには，「過剰蓄積」といっても，いったい何に対して過剰なのかがはっきりしませんし，結局，「過剰蓄積」の概念は，宇野理論におけると同じく搾取率低落による資本の資本としての絶対的過剰という側面からのみ，一面的に規定されるにすぎないものとなります。

大谷氏執筆の『レキシコン』No. 6の栞での御批判（或いは，あの「批判」は，——久留間先生の本来の学風とはおよそ相容れないようにおもわれるあの超越的な論調の「批判」の仕方は——もっぱら執筆者の文責に属するものかもしれませんが），こうした点を充分御理解いただいたうえでのものではないようにおもわれますが，いかがでしょうか？

　　＊　この場合の「価値増殖（Verwertung）」とは，単に「剰余価値の生産」を意味するだけでなく，「蓄積」——それによるヨリ多くの剰余価値の生産——をも意味しているものと解されます。

さて，「均衡蓄積率」の概念に関連させて，いま一度，「蓄積率が独立変数で，部門間比率はその従属変数」だとする命題を検討してみましょう。この命題が栞の論述の軸になっているように見うけられますが，それは，蓄積率は利潤率や利子率などの諸要因によって規定されるが「再生産の条件」によっては全く制約されず，その意味において任意の値をとりえ，それに応じて部門間比率が——部門間均衡を維持するように——変化するから問題はない，せいぜい部門間資本移動による部門間比率の変化は「フリクションと諸困難」をともなうにすぎない，という意味でいわれているのでしょうか？　もしそうであるとして（実際，そう解さざるをえないのですが），この命題を実現の一般法則に

関する命題として一面的に固持するならば，さきに述べましたように，それはまさにツガン説に他なりません。いや，或る意味ではツガン以上のツガン説を主張していることになります。と言いますのは，通常ツガン説とされているのは，ともかくもマルクスの再生産の条件が充たされる範囲内での，したがってまた——私の理論構成に引きもどしていえば——蓄積総額が「均衡蓄積額」に一致する範囲内での，第一部門の独立的発展を考え，それが無限界に可能だとする理論構造なのですが，栞の命題の場合は，そういう<u>全体としての蓄積率の実現の条件による被制約関係</u>をも無視し否定して，それが自由に独立的に任意の値をとりうるとしているからです。（尤も，単純再生産から拡大再生産への移行の論理を一般化するという，前項でみたツガンの論述からすれば，久留間説はまさにツガン説そのものということになりますが。）なるほど，そのように考えてしまえば，「均衡蓄積率」などといった概念をことさら定立することなど全く無用となるでしょうが，しかしそれと同時に，「過剰蓄積」の概念も「第一部門の独立的ないしは自立的発展」の概念も，ともに不明確となってしまう（いや，<u>規定しえないものとなってしまう</u>）でしょうし，<u>「生産と消費の矛盾」が全生産物の実現を制約するという論旨のマルクスの恐慌に関する基本命題もまた事実上において否定される</u>こととなるでしょう。蓄積率のいかんに応じて部門間比率が，ツガンのいう「社会的生産の配分」が，自由にかつ無限界に変化しうるとするならば，「消費制限」が全商品資本の実現を制約するという関係は，当然否定されることになるからであります。さきの命題を，それが「資本主義経済の現実のあり方だ」として一面的に固持するならば，その論理的帰結として，当然そうならざるをえないはずです。だから，ツガンが「消費制限」が全生産物の実現を制約するというマルクスの命題を誤りだとして全面的に否定しているのは，それなりに論理的には首尾一貫しているわけです。

念のため，さらに数字例によって説明いたしましょう。社会の総資本の総生産物が左記のような価値的・素材的構成であったとします。

$$\begin{cases} \text{I.} \ 6000\,C + 1500\,V + 1500\,M = 9000\,W'_I & 〔生産手段〕 \\ \text{II.} \ 2000\,C + \ 500\,V + \ 500\,M = 3000\,W'_{II} & 〔消費資料〕 \end{cases}$$

両部門の不変資本の補塡に要する以上の余剰の生産手段は

$$9000\,W'_1 - (I\,6000\,C + II\,2000\,C) = 1000\,\varDelta P_m$$

これを過不足なく吸収すべき均衡蓄積額は

$$1000\,Mc + 250\,Mv = 1250\,M\alpha$$

となります。現実の蓄積額——それは利潤率や利子率などの諸要因によって規定され，個々の資本家の投資行為の総結果として決まります——が，この均衡蓄積額に一致する場合には，その蓄積額が両部門にどういう割合で配分されようと（実はこの点にもいま一つの重要な問題があるのですが，それはひとまず措くとして），マルクスのいう再生産の条件は充たされますが，現実の蓄積総額が均衡蓄積額に一致しない場合には，その蓄積額が両部門に如何なる割合で配分されようとも，再生産の条件は充たされえません。例えば，現実の蓄積額が1250ではなくて1500であったとした場合，剰余価値総額2000のうち蓄積されるもの以外はすべて消費支出に充てられるものとすれば，それは $500\,M\beta$ で，1500の蓄積額の構成は $1200\,Mc + 300\,Mv$ ですから，200の生産手段の需要超過と200の消費資料の需要不足が生ずることになります。したがって，$IV + IMv + IM\beta = IIC + IIMc$ というマルクスの「再生産の条件」は充たされえないわけです。だから，均衡蓄積率に一致しない蓄積率は，マルクスのいう「再生産の基本条件」を充たさない蓄積率，その意味で「不均衡」を生ぜしめるような蓄積率だということになるわけです。それゆえ，もしマルクスの析出した「再生産の条件」の理論的意義を認めるのならば，蓄積率は「独立変数」，すなわち独立的に任意の値をとりうるという命題は，少なくとも無条件的には主張しえないはずです。だが，さきのような不均衡は第二部門から第一部門への資本移動によって処理され（その結果として $IV + IMv + IM\beta = IIC + IIMc$ という関係が充たされるようになる）から差支えないではないか，といわれるかもしれません。いや，おそらくは，それこそが栞の命題のいわんとするところでしょう。たしかに，200の消費資料の過剰生産はその部門から資本が引上げられることによる供給減少によって解決され，他方，200の生産手段にたいする需要超過はその部門への資本移動によるそれだけの供給増加によって埋合わされる

から問題はないかに見えます。だが，その増加した生産手段は——紙の上の算術計算としてではなく現実の経済問題として考えた場合——いったい誰によって買われるのでしょうか？ 過剰生産に直面して縮小を余儀なくされた第二部門の資本家ではありえません。するとそれは第一部門の資本家自身によって第一部門の拡張のために買われるとされなければなりません。たしかに，そういう場合も一時的には，或いはある局面においては，ありうるでしょう。その意味では，そういう推論も資本主義経済の現実過程の一側面，ないしは一局面を反映するものといってもよいかもしれません。けれども，そういう論法が一般的に成立し，そういう過程がつねに展開され，または永続的に反復されうると主張するのは無理ではないでしょうか？ 現実に蓄積率が高く，しかもその蓄積率が絶えず上昇しつつあり，第一部門が第二部門よりもはるかに急速に拡張する好況過程（第一部門の自立的発展に主導されての顛倒的な拡張過程）の現象を念頭において，さきの命題も主張されているのでしょうが，その加速度的な蓄積過程自体が，（過剰生産をもたらすべき）過剰投資がなお一層の過剰投資によって蔽われてゆく「矛盾の累積過程」に他ならないことを，把握するためには，先ずもってさきに述べましたような関係を明確にしておく必要があるのではないでしょうか？《均衡蓄積率》の概念は，そういう意図をもって定立されたのです。資本主義経済はおのずから均衡径路に収斂する傾向があるとか，その径路をめぐっての上下の波動運動が景気循環の過程だといったような「近代経済学的発想」によるものでは絶対にありません。その種の先入観をもっておられるとすれば，それは全くの誤解にすぎません。それよりも，「蓄積率が独立変数だ云々」というさきの命題を，それが「資本主義経済の現実のあり方」だとして，一面的に固持し，それをもって実現の問題をすべて割切ろうとするならば，前述のように，過剰蓄積ということ自体が云えなくなりますし，したがってまた全面的過剰生産が周期的に発生すべきその必然性の解明は断念せざるをえなくなってしまうのではないでしょうか？ その論法で割切ってしまえば，部門間の一時的なアンバランス以外は「暴力的に均衡化」されるべき（部分的でなく全面的な）「不均衡」そのものがありえないわけですから，或る

意味では徹底した均衡論的思考ということになってしまいます。

　第一部門の拡張のあとを或る時間的なずれをもって第二部門のそれが追ってゆくのでなければ第一部門がやがて過剰生産におちいらざるをえないであろうことは見やすい道理なのですから，もちろん，部門連関の弾力性は認められなければなりませんが，しかし，生産部門間には本来，技術的＝経済的な連繋がなければならないことを，先ずもって認識する必要があるのではないでしょうか？　そう考えることが，何故誤っているのでしょうか？　この論点については高田保馬氏と久留間先生との論争がありますが，率直にいってどうも先生の高田氏批判は充分に説得的ではないようにおもいます。少なくもあの論争によって「とうに解決ずみの問題だ」という云い方は当らないとおもいます。むしろ逆に，生産部門間の技術的＝経済的連繋という観点をマルクス的再生産論・蓄積論体系のうちに包摂することが可能ですし，そうする方が正しいのではないでしょうか。先生御自身も，高田保馬氏批判の二論文のうちの後の方の論文，「蓄積理論の修正」の「補説」の(3)では，次のように述べられています。すなわち，「『消費財にまで成熟する力の生産財』であるべきが故に，生産財の生産は消費財の生産と無関係に拡張さるべき筈がないという博士の主張は，それ自体としてはあくまで正当である。がそれは決してマルクス的蓄積理論と矛盾するものではない。」*（久留間鮫造『恐慌論研究』昭和24年刊・北隆館版，256ページ。）この発言から両部門の均等発展の命題の容認へは，まさにほんの一歩のことであろう。

　なお，ここで念のため記しておきたいが，高田保馬氏の場合は，「生産と消費の矛盾」に係わる・《社会総体としての生産と消費の均衡》に関する問題意識は欠落しているのであって，その点において私見とは異なる。

* この叙述に続けて，「問題の場合に第一部門の拡張率が第二部門のそれに比してヨリ大であるのは，この場合社会的生産の累進的拡張が前提されるからであり，……社会的生産の累進的拡張が前提される限り，第一部門の拡張率が第二部門のそれに比してヨリ大であるのは当然である，……」（同上，同ページ）と述べられてあるのは，若干の混乱を含むかとおもわれます。すなわち，拡大再生産がおこなわれるためにはその物質的前提として先ず余剰の生産手段が生産されていなければな

らない，ということと，第一部門の拡張率が第二部門のそれよりも大であればあるほど，次期の余剰生産手段の量も大となり，ヨリ急速な拡張が展開されるための物質的前提が与えられることになるということとが，いっしょくたに論じられているようにおもいます。小生と井村喜代子さんとの間の最近の論争は，部門構成すなわち部門間比率は，所与の生産力水準に照応するところの・生産部門間の技術的＝経済的連繋を表現するものであるというさきの命題と，右に記しました命題との関係をどうとらえるべきかという論点をめぐっておこなわれているわけです。その私なりの解答は，『経済学原理』(1970年，三和書房刊) 第二編第三章第二節(2)の(c)(および(2)の(a)) で展開してあります。すなわち，その論点は，さきに留保した蓄積額の両部門への配分割合の問題に係わるのですが，『経済学原理』においては，部門構成は本来，生産諸力の社会的構成を表現するものであり，各部門の資本構成や剰余価値率などと共に所与の生産力水準に照応すべきものであるから，「生産力水準が不変の場合は，原則として両部門の蓄積率は等しく蓄積額の部門間配分は元投下資本の部門間配分比率に照応するのでなければならないが，部門連関の弾力性 (それは各部門における建設期間の介在によって自乗化される) が許容する一定の期間，一定の度合において部門Ｉの蓄積率は部門Ⅱのそれよりも大でありえ，そしてその蓄積率の較差が大であればあるほど翌期の均衡蓄積率が部門連関の弾力性による許容度ゼロの場合の本来のそれよりも大でありうる。」(したがってまた《均衡軌道》自体が一定の幅をもったものとなる) というように，一定の表現上の修正が加えられております。そうした修正を加えれば，私の定立した命題は，それほどの違和感もなく容認されうるのではないでしょうか？「蓄積理論の修正」の「補説」——あの「補説」の方が，圧縮した表現のうちに示唆的な論点がいくつか提示されていて，その本文よりも私には興味深くおもわれますが，——で展開されていた前記の叙述からすれば，当然そのように認められるべきものと私は考えます。

　なお，生産部門間の技術的＝経済的連繋とは所与の生産力水準に照応する生産諸力の社会的編成にほかならず，くだいていえば，例えば自動車１万台を生産するには何がどれだけ生産されなければならないかという関係があり，社会の総生産はそうした関係の複合体にほかならないわけで，そのことは単純再生産の想定のもとでは何人にも端的に把握できることであるとおもわれますが，拡張再生産の場合にも，例えば自動車１千台を増産するには何がどれだけ増産されなければならないかという関係が，原則として，或いは結局のところ貫かれなければならないわけで，さきに「第一部門の拡張のあとを或る時間的なずれをもって第二部門のそれが追ってゆくのでなければ第一部門がやがて過剰生産におちいらざるをえないであろうことは見やすい道理」だと述べましたのも同様の理由によります。それ故，再生産過程をその実体的・物質的な基礎において把握するならば，部門間比率は全く任意で，蓄積率に応じて自由に変動しうるとすることはできないようにおもいます。

さて,「均衡蓄積率」の概念に関連して最後に, いま一つふれておきたい論点があります。すなわち, 久留間先生は, 高田保馬氏批判の2論文のなかで,「両部門の規模の割合の一定性は, 各部門の資本構成と剰余価値率との一定性のみによっては, 決して与えられない。それは更に, 前年度における第一部門の蓄積率の一定性を前提する。」ということを主張され, そうなる次第を数字例をもって示されておりますが,(そして先日いただきました先生のお手紙に記されてありましたことも同様の趣旨のものかと存じますが,) その命題は, 比較的最近, 吉原泰助氏および高須賀義博氏によって「均等化法則」と呼んで強調された下記の命題, すなわち,「第一部門の蓄積率がいかように定められようとも, その蓄積率が次年度も維持されれば, それは, 次年度の均等発展蓄積率であって, 次年度には両部門は均等に発展し, しかも, この均等発展成長率は次年度の第一部門の成長率に一致する。」という命題とほぼ同様のことに帰着するかと思います。そういう論点の先駆的な指摘が昭和7, 8年の頃にすでに先生によってなされていたことはまことに注目すべきことと考えますが, しかし, その命題は, 固定資本要因を考慮すれば成立しえなくなります。その理由とそのことの論証につきましては, 前掲拙著『経済学原理』293-7ページ(『増補改訂 経済原論』では299-303ページ) の註(3)で展開してありますので, 御参照いただければ幸です。

　なお, 私の「均等化法則」論批判に対しては, 吉原泰助氏の「拡大再生産表式と部門間成長率開差」(一橋大学『経済研究』Vol.22 No.3) と題する論文での反論がありますが, 複雑な数学式を用いてのその反論は, 第一部門の蓄積率が一定のまま維持されると翌年度から第二部門の蓄積率もそれに等しい値となるという命題は, 固定資本要因を考慮すれば, 成立しえなくなるということをいったんは認めながら, しかし第一部門の蓄積率が「多年にわたって」一定のまま経過するならば, 第二部門の蓄積率の値がやがて次第に第一部門のそれに収斂してゆくであろうことを主張されたものですが,「多年にわたって」というその期間は, 吉原氏自身が試算された数字例によってみても, 実はかなりの長期間(産業循環の3周期余もの長期間)であり, そのように修正された命題が果して経済学的に有意味的でありうるか疑問です。先生の場合も, 第一部門の蓄積率が一定のまま維持されると何故に翌年度から「両部門の規模の割

合」が一定となるかの経済学的な論証は全くなされていないようにおもいます。それは，少なくも経済学上の法則というようなものではないと考えます。いやむしろ，そういう「均等化」の「法則」や「内的メカニズム」が作用しないところにこそ資本主義的蓄積過程の特色があるのであって，吉原氏や高須賀氏のいうようにその種の「法則」や「内的メカニズム」が絶えず作用しているとするならば，資本制的蓄積過程はまことに強力な自動調整機能をそのうちに内包していることになります。それ故，問題は，「両部門の規模の割合」すなわち「社会的生産の配分」が資本構成や剰余価値率などと共に（それらの諸要因ほど rigid にではないにせよ）所与の生産力水準に本来照応すべきものであることを先ず明確にしたうえで，しかしその関係を無視して第一部門が独立的にないしは自立的に発展する傾向があることを明らかにし，その第一部門の自立的発展に主導されての顚倒的な拡張過程として，蓄積過程が——「過剰蓄積」の累積過程が進展してゆく次第を展開すべきではないかと考えます。そういう理論構造をもってはじめて，好況過程が，（過剰生産をもたらすべき）過剰投資がヨリ大なる過剰投資によって蔽われてゆく「矛盾の累積過程」にほかならないことが明らかにされうるのではないでしょうか。

3 《恐慌の必然性》の項を設けることの是非について

《恐慌の必然性》という項を設けることに対して，先生はだいたい以下の三点を問題とされています。第一に，なぜマルクス自身が使っていない《恐慌の必然性》という言葉を「マルクスの恐慌理論の解明を目的とする著書のなかで，しかもその重要な項目の表題として使っているのか」という点，第二に，《恐慌の必然性》という場合，「その《必然性》というのはどういう意味をもっているのか」という点，第三に，「1870年代以降従来のような激烈な周期的恐慌が久しく見られなくなった場合」，《恐慌の必然性》は「もはや妥当しなくなるというのか，それとも何らかの意味でやはり妥当するというのか」という点，ほぼこの三点について疑問を表明されています。その順にお答えしながら，再度先生の御教示をえられればと存じます。

第一の点は，——敢えて率直にお答えいたしますが——私の『恐慌論研究』

は単にマルクスの恐慌理論を解説しようとしたものではなく，マルクスの方法と理論によりながらも私なりの恐慌論体系を展開しようと試みたものですので，その御批判はそのままは当てはまらないようにおもいます*。マルクスの恐慌論体系がマルクスによってすでに完成されていれば，それをできるだけ正確に解説すればよいし，またそれを用いて独占段階以降の産業循環の変容を明らかにしてゆけばよいのですが，マルクスの恐慌論体系は——先生が「マルクスの恐慌論の確認のために」という御論稿（大月書店刊『増補新版 恐慌論研究』に所収）で強調しておられますように，——未完成のままに残されているのですから，それを深め発展させるという仕事が当然われわれに課されているわけです。それ故，「マルクス恐慌理論の解明」とは，すでに完成されている体系を正確に再現すればよいということではなく，マルクスの方法によりながらその体系をわれわれ自身の手で構築し展開することでなければなりません。そういう観点からするならば，その意味内容さえ明確に規定しておけば，《恐慌の必然性》という概念を用いても差支えないように私はおもいます。また逆に，その意味内容が必ずしも明確でないならば，マルクスが用いた言葉であってもそのままは用いるべきではないのではないかと私は考えます。例えば，「恐慌の原因（Ursache der Krise）」という言葉を『レキシコン』の独文ページの柱(ヘダン)に用いられ，栞のなかの論述でも重要な概念として使われておりますが，それはマルクスがときに用いた言葉であっても，その意味内容が必ずしも一義的に明確ではなく，適切でないように思います。栞の論述で先生は，「実際に恐慌がおきる場合に積極的に，アクティヴな働きをする要因，すなわち恐慌の原因」（『レキシコン』No.7 の栞 12 ページ）というようにその言葉を使われておりますが，マルクスが「恐慌の原因」という場合，つねにそういう意味でその言葉を用いているわけではないようにおもいます。例えば，『剰余価値学説史』第 17 章の周知の個所で，次のように述べております。——「誰でも恐慌の原因を問う場合には，その人はまさに，何故に恐慌の抽象的な形態，恐慌の可能性の形態が，可能性から現実性になるのか，を知ろうとしているのである。」（Werke. 26.2, S. 515.）そして，その意味での「恐慌の原因」，すなわち「何故に

(warum) 恐慌の抽象的な形態，恐慌の可能性の形態が，可能性から現実性になるのか」を明らかにするのが，すなわち，《恐慌の必然性》の解明にほかならないわけです。これが，先生の指摘される第二の疑問点に対する私の答でもあります。恐慌の可能性を現実性に転化せしめるその内的必然性の解明というように，その意味内容を明確に規定しておきさえすれば，《恐慌の必然性》という言葉を用いることは一向に差支えないのではないでしょうか？ むしろそれに代えて，何故にことさら，その意味内容が必ずしも一義的でない「恐慌の原因」というような言葉を用いられるのでしょうか？『レキシコン』のような仕事をされる場合，マルクスの用いた用語だけを用いるという原則を立てられているのならば，それはそれで結構だとおもいますが，恐慌論をwissenschaftlichに厳密な体系として展開しようとするような場合には，そういう言葉は却って不都合ではないかと考えます。しかし問題はむしろ，用語の是非にあるよりは，恐慌論体系のうちにそうした問題領域ないしは理論の構成部分を必要とするかどうかの認識にあるようにおもわれますが，その点については，先生と私の間に基本的には食違いはないように思います。「抽象的な恐慌の可能性」および「発展した恐慌の可能性」の解明の後に，また「恐慌の現実性」すなわち現実の周期的恐慌そのものの展開に先立って，恐慌の可能性を現実性に転化せしめるべき諸契機の内的連繫を明らかにしておく必要があるとする点では，先生も御異論がないようにおもわれます。尤も，先生の場合は，「恐慌の可能性を現実性に転化させる諸契機(モメント)」・「それによって恐慌の可能性が現実性に成るところの諸契機(モメント)」„Momente, wodurch die Möglichkeit der Krise zur Wirklichkeit wird."というように，諸契機それ自体にアクセントがおかれているのに対して，私の場合は，それらの諸契機がどのように相互に有機的に関連しあい規定しあって恐慌の可能性を現実性に転化させるかその内的必然性の解明という点に重点がおかれている点，微妙なニュアンスの違いはありますが，そういう固有の問題領域ないしは理論の構成部分がなければならないという認識においては大きなずれはないようにおもいます。すなわち，一方においては「循環過程を問題にするまえに，恐慌が一般的に解明されていなければな

らない」(『レキシコン』No. 6の栞3-4ページ)ことが強調され，他方，「〔恐慌の〕抽象的形態が内容規定を受けとるということと，可能性が現実性に転化するということは，いわば，次元のちがう問題」だということが指摘されている(『レキシコン』No. 7の栞2ページ)わけで，しかもその問題領域は『資本論』第3巻第3篇「利潤率の傾向的低落法則」第15章「……内的諸矛盾の開展」の論理段階にほぼ該当するとみておられる(『レキシコン』No. 7の栞13ページ)点も，私見と異ならないようにおもいます。ただ，私の場合は，商業資本の運動の介在や信用制度の役割は，恐慌の必然性を規定する基本関係を補足する要因として位置づけられているのに対して，先生の場合は，可能性を現実性に転化させる他の諸契機とほぼ同列におかれているかにみえる点，若干の相違があります。なお，私の場合は，最初に掲げた『剰余価値学説史』の叙述のなかの，「再生産過程と，この再生産過程のなかでさらに発展した恐慌の基礎とは，この項目〔私見によれば『資本論』第2巻第3篇がそれに該当する〕そのもののもとでは，ただ不完全にしか説明されないのであって，『資本と利潤』"Kapital und Profit" の章における補完（Ergänzung）を要する。」とあった，その「『資本と利潤』の章における Ergänzung」がまさに，『資本論』第3巻第3篇第15章の論理段階に対応するところの・恐慌諸規定の「資本の一般的分析」のもとでの総括としての・《恐慌の必然性》の論定にほかならないわけで，総資本の総＝流通・再生産過程把握，「発展した恐慌の可能性」の解明とは「次元を異にする」ものであるとはいえ，それを不可欠の前提とし，且つそれを資本蓄積と利潤率変動との相互規定関係というより具体的な過程把握において包括するものとして，それと密接不可分の連繋をもつものとしているのであって，その点においてもまた，先生の場合と若干の微妙な食違いがあるように思います。総じて『レキシコン』恐慌の篇は，——先生の苦心の作にたいして勝手を申し上げ恐縮ですが，——網羅的に列挙されている恐慌の諸契機の内的連繋や相互連関を読みとりにくい構成になっているようにおもいます。或いは，この点は，『レキシコン』編纂という仕事の性質上やむをえないことかもしれませんが，しかしせめて栞においてでも，マルクスの恐慌論を理解しようとする場合

にわれわれを悩ます難問を解く hint だけでも与えていただきたかったようにおもいます。例えば、恐慌の可能性を現実性に転化させるものとして「生きている矛盾」という概念をもち出され**、いわゆる「生産と消費の矛盾」はその「生きている矛盾」の展開のなかに「きちんと位置づけられる必要がある」（『レキシコン』No.7 の栞 14 ページ）と述べられておりますが、いったいどのように位置づけられるべきかについては全く何も説明がありません。また、「生産者大衆の消費制限」と「利潤による制限」との関連についても、「この生産様式は欲望の充足が停止を命じる点ではなくて、利潤の生産と実現とが停止を命じる点で停止するのである。」ということが述べられている『資本論』第 3 巻 268-9 ページの周知の叙述を掲げて、「これをよく読めば、『利潤による制限』の意味がはっきりすると同時に、この『利潤による制限』と『生産者大衆の消費の制限』との関連もはっきりするのではないかと、思うのです」（『レキシコン』No.7 の栞 13 ページ）といわれておりますが、あの『資本論』の叙述をいくらよく読んでも、それだけでは、「利潤による制限」の意味も、それと「生産者大衆の消費制限」との関連もはっきりはしないようにおもいます。栞の座談会の出席者たちもどうしてその点をさらに掘り下げて尋ねようとされないのでしょうか？ そういう点こそが、われわれの先生からお聞きしたい最も肝要な点であったのに、えらくあっさりと片づけられてしまっており、正直いってひどく期待はずれな残念な気持がいたします。こういう諸点は、『レキシコン』恐慌Ⅲの栞ででも、是非とも立入った論述を展開していただきたくおもいます。資本主義的生産は「利潤の生産と実現が停止を命じる点で停止する」とは、どういうことを意味するのか、それと「生産者大衆の消費制限」とはどう関連するのか、そうしたことを明らかにするのが「恐慌の可能性の現実性への転化」を解明することにほかならず、また《恐慌の必然性》の論定にほかならないと私は考えます。その問題に対する私なりの一応の解答は、『恐慌論研究』前編本文第 3 章で展開いたしましたが、先生はどのように考えられるのか、肝要なこの論点についての御教示をいただきたくおもいます。そうしたことを明らかにしなければ、恐慌の可能性を現実性に転化させる諸契機の「全体

としての有機的な関連」を明らかにしたことにはならないのではないでしょうか？

* 尤も，拙著の序論第2章「『資本論』体系における恐慌論の基本構成」は，本論で私なりの恐慌論体系を展開するに先立って『資本論』体系においてマルクスによって展開されているかぎりでの恐慌論の基本構成を要約的に述べたものですので，そこでは，〔Ⅲ〕恐慌の必然性〔恐慌の「可能性」の「現実性」への転化〕としてあるのを，——『レキシコン』No.7の栞16ページに指摘してありますように，——逆にして，〔Ⅲ〕恐慌の「可能性」の「現実性」への転化〔恐慌の必然性〕とした方が或いは良かったかもしれません。実は，最初は，序論のその個所はそういう表現にし，本論の方はそれを逆にして，「恐慌の必然性——『恐慌の可能性の現実性への転化』——」としようとしたのですが，序論と本論と表題のつけ方が違っているのもどうかと考え，現行のようにした次第です。ただ，〔Ⅰ〕「恐慌の一般的・抽象的可能性」〔「恐慌の原基形態」〕や〔Ⅱ〕「発展した恐慌の可能性」〔「潜在的恐慌の内容規定の拡大」〕には引用符がつけてあるのに，Ⅲ恐慌の必然性　だけ引用符をつけなかったのは，この概念はマルクスの用いた言葉ではないが，それは「恐慌の可能性の現実性への転化」（何故に恐慌の可能性が現実性に転化するかを解明すること）と同義なのだということを表現しようとしたものにほかなりません。そうして，恐慌の必然性という項を敢えて設ける理由については，序論第2章の末尾（拙著30-1ページ）で私見を述べておいたわけです。それは同時に，この問題に関連する宇野・久留間論争に対する私の答でもあります。

** この「生きている矛盾」という概念を『レキシコン』No.7「恐慌Ⅱ」の主題だとして，その意義を強調されていますが，その概念が久留間先生の解釈するところと正確に同一の意味でマルクスによって使われていたかどうかは，やや疑問の点があります。すなわち，先生は，「生きている矛盾」を，「ただ潜在的に矛盾があるというのではなくて，それがアクティヴに活動する。対立的な要因が実際に相反する運動をする。そしてそれがある程度まで進むと極度の緊張が生じ，矛盾が爆発することになる。」（『レキシコン』No.7の栞4ページ）というような意味をもつものと解されておりますが，その言葉が出てくる『経済学批判要綱』の原文をみてみますと，それとは若干ニュアンスを異にする意味で，その言葉が使われているようにおもいます。すなわち，その原文は

„Es〔Das Kapital〕setzt also seiner Natur nach eine *Schranke* für Arbeit und Wertschöpfung, die im Widerspruch mit seiner Tendenz steht sie ins Maßlose zu erweitern. Und indem es ebensowohl eine ihm *spezifische* Schranke setzt, wie anderseits über *jede* Schranke hinaustreibt, ist es der lebendige Widerspruch." (*Grundrisse*, S. 324.)

「だから資本は，その本性上から，労働と価値創造にたいして一の制限を――それら〔労働と価値創造〕を無際限に拡大しようとする資本の傾向と矛盾しているところの制限を――措定する。そして，資本は，それに特有な制限を措定するとともに，他方では，どんな制限をものりこえていくのだから，それは，生きている矛盾なのである。」

ここに，「資本が労働と価値創造にたいして一の制限を措定する」という場合の「制限」とは，資本のもとでは剰余価値がえられるかぎりにおいて「労働と価値創造」がおこなわれるという「制限」を意味しますが，資本は一方でそういう「制限」を措定するとともに，他方ではそれをのりこえて「労働と価値創造」を無際限におこなわせようとするのであるから，「それ〔資本〕は，生きている矛盾なのである。」というのが，論旨であります。すなわち，資本そのものが「生きている矛盾」なのだ，というのが，その言わんとするところです。「〔潜在的な矛盾〕がアクティヴに活動する。対立的な要因が実際に相反する運動をする。」というのは，久留間先生が「生きている矛盾」という概念に与えられた内容なのであって，マルクス自身が『要綱』のあの個所で，「生きている矛盾」という言葉を正確にそういう意味で使ったとは必ずしもいえないようにおもいます。「資本そのものが資本主義的生産にとっての制限となる。」というのとほぼ相似たような意味でいわれているように解されます。但し，「生きている矛盾」という言葉に先生のような意味内容をこめて使われるのは，それはそれで一向に差支えないと思います。「〔潜在的な矛盾〕がアクティヴに活動する。対立的な要因が実際に相反する運動をする。」というのは，まさに，『資本論』第3巻第3篇第15章の論理段階での資本主義的生産の「内的諸矛盾の開展」――そこで「内的諸矛盾」がはじめて現実に「矛盾」として自己を開展する――に対応するものであり，私の《恐慌の必然性》の項に該当します。それを，マルクスの本来の語義からやや離れ，或いはそれを拡大解釈して「生きている矛盾」と呼び，その展開だとすることは――そういうことわり書きがしてありさえすれば（「恐慌の必然性」という言葉を用いるのが差支えないのと同様に）――差支えないのではないかとおもいます。

さて，第三の論点に移りましょう。この問題は，1870年代の独占段階への移行ののちにも「恐慌の必然性」が妥当するかどうかということですが，先生の疑問のもたれかた自体が，どうも私にはわかりにくいところがあります。

「富塚氏の場合のいわゆる必然性は……1825年以来周期的恐慌がげんに生じたかぎりでは，それは偶然にではなく，資本の内在的矛盾から必然性をもって生じたのだ，という見解を表明するためのものと思われるのですが，そうだとすれば，たとえば1870年代以降従来のような激烈な周期的

恐慌が久しく見られなくなった場合，氏のいわゆる『恐慌の必然性』はどうなるのか，もはや妥当しなくなるというのか，それとも何らかの意味でやはり妥当するというのか，こういう疑問が生じざるをえない。」（『レキシコン』No. 7 の栞 17 ページ。）

というように述べられているわけですが，前段に記されている「1825 年以来周期的恐慌がげんに生じたかぎりでは，それは偶然にではなく，資本の内在的矛盾から必然性をもって生じたのだ」ということを，先生御自身は肯定されるのでしょうか？ それとも否定されるのでしょうか？ その点を先ず明確にしていただきたくおもいます。1825 年恐慌以来，「規則的な周期性」（regelmäßige Periodizität）をもって「周期的恐慌」（periodische Krise）が発生したという事実そのものを否定しうるものはなく，またいやしくもマルクス理論の立場をとる者ならば，それが「資本の内在的矛盾から必然性をもって生じたのだ」ということを否定するものはないのではないでしょうか*？ そうだとすれば，それが独占段階以降どうなるかということは，「恐慌の必然性」という言葉を用いる者だけにとっての問題ではないはずで，1870 年代以降は「氏のいわゆる『恐慌の必然性』はどうなるのか」というように，いかにも他人事のような表現をとられるのは，どうかとおもいます。それは，マルクス理論の立場をとるものにとって（周期的恐慌が「資本の内在的矛盾から必然性をもって生じた」とするものにとって），回避できない問題ではないでしょうか。「『恐慌の可能性を現実性に転化させる諸契機』という問題のたて方をすれば，そういう厄介な問題は生じない」というようなことを（質問者に答えるかたちで）いっておられますが（『レキシコン』No. 7 の栞 17 ページ。），ほんとうにそうでしょうか？「恐慌の必然性」と言おうと「可能性の現実性への転化」と言おうと，その「厄介な問題」なるものは当然答えられなければならないのではないでしょうか？

  ＊ マルクスもまた，『剰余価値学説史』第 17 章で，（1825 年以前の「諸恐慌」はリカードによって「貿易の経路における突然の変動」から説明されえたが，）「その後の歴史的な諸現象，とりわけ世界市場恐慌のほとんど規則的な周期性（die fast regelmäßige Periodizität der Wertmarktkrisen）は，リカードの後継者たちにたいして，その事実を否定するか，または，それを偶然的な事実として解釈する，ということをもはや許すものではなかった。」(Marx-Engels, *Werke*, 26. 2, S. 498.) と述べ，また，「恐慌の規則的な反復（die regelmäßige Wiederholung der Krisen）は，事実上セーなどのたわごとを好況時にだけは利用されるが恐慌時には放棄される一つの空文句にまで引き下げてしまったのである。」(*Ibid.*, S. 500.) とか，「世界市場恐慌において，ブルジョア的生産の諸矛盾と諸対立は一挙に暴露される。そのときに，弁護論者たちは，破局となって爆発する抗争する諸要素がどこにあるのかを研究するのではなく，そのかわりに，破局そのものを否定し，そして破局の規則的な周期性（gesetzmäßige Periodizität）に相対しながら，もし生産が教科書どおりにおこなわれていたならば，けっして恐慌にはならないであろう，と主張し続けることによって満足するのである。」(*Ibid.*, SS. 500-501.) といったようなことをくり返し指摘しているのであって，1825年以降，恐慌が規則的・合法則的な周期性 regelmäßige od. gesetzmäßige Periodizität をもって生じていること，そしてその恐慌は資本主義的生産の「内的諸矛盾の爆発」であり，「生産過程そのものから」(*Ibid.*, S. 498.) 生じたものであることを主張しております。すなわち，内発的に，それ故にまた必然性をもって，まさに「周期的恐慌」として，恐慌が発生したとマルクスがみていたことは，疑いえないところかとおもいます。

　先生はさきの叙述に続けて，「1825年以来，十年内外の規則的な周期をもって資本主義経済をとらえてきた恐慌は，1870年代以降の独占段階への移行とともに，特異な形態変化を受けることとなる。独占段階における資本主義の構造変化と運動法則の変容にともなって，恐慌となって現われるべき内的諸矛盾の発現形態が独自の変容をうけるのである。……」という拙著『恐慌論研究』序論第1章「恐慌論の基礎視角」(13ページ) からの引用を掲げられ，「こういうふうに富塚氏は言うのですが，これを読んでみても，『恐慌の必然性』が，右にいわゆる『変容』以後も妥当するのかどうか……どうもぼくにはよくわからない。」(『レキシコン』No. 7の栞17ページ) と述べられていますが，どうおわかりにならないのか，どうもその辺が私にはわかりにくいところがあります。「独占段階における資本主義の構造変化と運動法則の変容にともなって，恐慌となって現われるべき内的諸矛盾の発現形態が独自の変容をうける」といっているのですから，《恐慌の必然性》は「もはや妥当しなくなる」のではなく，

独自の変容をうけた形態において貫徹される，と私は考えているわけです。拙著序論第1章の〔補註Ⅰ〕で,「過剰生産は不可避だが，恐慌は回避しうべきものである」とするシュピートホフの見解や,「恐慌，すなわち，パニック・破産・信用体系の破綻等」の突発は「不況過程の異常的経過」を惹起するが，それは「必然的には出現せず，ただ可能的に出現しやすいにすぎない。不況過程の正常的経過こそが原則である。」とするシュムペーターの見解を批判して,「独占段階における恐慌の発現形態の変化が，恐慌の資本制的必然性否定の論拠とされる。問題は，『過剰生産は不可避』だというその『過剰生産』が，資本制的生産の形態的矛盾に根ざすものとして把握されうるか否かにある。」(前掲拙著17ページ)と述べておりますのも，全く同様のことを言おうとしたものにほかなりません。先生は，シュピートホフやシュムペーターのような見解を是とされるのでしょうか，それとも否とされるのでしょうか？　後者であるとすればどういう理由によって否とされるのでしょうか？　その点もおうかがいしたく思います。「恐慌の必然性」とは，好況過程が「矛盾の累積過程」であり，したがって挫折反転の必然性をそのうちに含む，ということにほかならないのであって，突発的で激烈ないわゆる「恐慌現象」が顕著にみられなくなっても，恐慌となって爆発すべき内的諸矛盾そのものがなくなってしまうのではなく，むしろそれは独占段階において却って激化しているので，その発現形態が「長びく不完全燃焼へと転化する傾向をもつ」(拙著19ページ)にすぎない，というように考えるべきではないでしょうか。そうした観点を堅持するのでなければ，現今のいわゆる「スタグフレーション」といったような事象も，——恐慌論体系の基礎づけのもとに，或いはその展開として，——理論的に解明することはできないのではないかと考えます。拙著の「はしがき」で,「ここにいう恐慌論とは，本来，産業循環の特定の段階に生ずるいわゆる『恐慌』現象だけを（ましてやいわゆる『パニック』現象だけを）とり出して，それを説明するといったようなものではなく，そもそも何故に産業循環なる周期的運動が資本制的蓄積にとっての必然的形態であるのかを，資本制生産の本質（歴史的形態規定）と資本制経済の構造によって規定される蓄積の基本法則そのものから，

理論的・体系的に解明しようとするものにほかならない。」と述べてありますのも，同様の趣旨にほかなりません。資本が資本であるかぎり作用すべき《蓄積の基本法則》ないしは《資本の一般的な運動法則》は，独占段階においても，また，現代資本主義的な諸政策のもとにおいても，一定の屈折と変容を受けながら，自己を貫徹する，とみるべきではないでしょうか。そうとらえたうえで，その《屈折と変容》の態様を考察し，展開してゆくべきではないかと，私は考えます。

もっと簡潔に記すつもりが，大変に長いものになってしまいました。「学問上のこと，いっさい遠慮はいりません」という先生のお言葉に甘えて，いろいろと勝手を記しました。失礼の段，なにとぞお許し下さい。先生の御健康と『レキシコン』の完成を，切に祈ります。

1974年6月10日　　　　　　　　　　　　　　　　　　　　　　富塚　拝

久留間先生　机下

　追　記

㈠ 『剰余価値学説史』第17章513-4ページの叙述において，「〔問題の〕その事象〔恐慌の要素〕は，それ自体同時に再生産過程であるところの流通過程においてはじめて現われうる。」と記されてあるその「流通過程」とは，後に『資本論』第2巻3篇で分析対象とされる「社会的総資本の再生産と流通」の過程にほかならない，ということを主張しましたが，そういう主張をするさい或いは問題となるのは，『剰余価値学説史』のその叙述を記していた頃——1861年8月〜63年7月執筆の23冊のノートのうち『剰余価値学説史』の部分（ノートⅥ〜ⅩⅤ）が書かれたのは1862年1月〜11月頃であり，そのうちリカード理論がとりあつかわれているノートⅩ〜ⅩⅢが執筆されたのは1862年夏頃と推定される——，どの程度まで明確に，マルクス自身によって後の『資本論』第2巻第3篇の再生産論の問題が意識されていたかであるとおもいますが，(1)すでに『経済学批判要綱』（1857-8年執筆）の343-6ページにおいて再生産表式の原型とみられる注目すべき論述が展開され，しかもそれとの関連において（346-51ページに）恐慌の問題についての極めて示唆的な叙述がみられること，また，(2)『剰余価値学説史』においても，ケネーの経済表の検討（ノートⅩ）とアダム・スミスの「V+Mのドグマ」批判（ノートⅥ）がおこなわれていること，（し

かも，そのドグマ批判に関連して，ノートⅥ 273ページに，当面の論点にとって決定的な意味をもつ次のような文言がみられます。——「不変資本の再生産に関する問題は，明らかに，(資本の再生産過程または流通過程についての篇に属するが，しかし，それはここで主要な事柄を片づけておくことを妨げるものではない。Die Frage über die Reproduktion des capital constant gehört offenbar in den Abschnitt vom Reproduktionsprozeß oder Zirkulationsprozeß des Kapitals, was jedoch nicht hindert, hier die Hauptsache zu erledigen.」）さらに，(3) 当面の，リカード蓄積論批判に関連して資本蓄積と恐慌の問題を論ずる第17章の叙述自体が，さき程も述べましたように，スミスからリカードに引き継がれた「V＋Mのドグマ」批判から書き始められ，資本の再生産と蓄積の理論の観点が全体の叙述の基調をなしていること，こうした諸点からすれば，(個別諸資本の流通の単なる総計とは区別されるものとしての，それとは「別の研究方法」を必要とする)「社会的総資本の再生産と流通」の問題が——少なくも，そういう問題領域の所在が，すでにマルクスによってかなりはっきりと意識されていたであろうことは，確定的にいえることではないかとおもいます。

　㈡ 『資本論』第2巻第2篇脚註32の「覚え書」の最後の部分に，„Dies gehört jedoch erst in den nächsten Abschnitt."と記されてあるその「次のAbschnitt」は，やはり第2巻第3篇をさすと考えて差支えないのではないか——但し，「生産と消費の矛盾」の問題が第2巻第3篇の再生産(表式)論にすべて包括されるという意味ではなく，第2巻第3篇の再生産論なくしては，如何にして（究極的には）「生産と消費の矛盾」によって「商品資本の，したがってまた剰余価値の，実現」が限界づけられるかは解明しえない，という意味において——という私見を述べましたが，「次のAbschnitt」は第2巻第3篇だとする見解に対しては，大谷禎之介氏の次のような反対意見があります。すなわち，大谷氏は，前掲の論文において，問題の「覚え書」が記されてあるのは『資本論』第2巻用のマルクスの原稿のうちの「第2稿」であり，その「第2稿」の執筆時期 (1868年～1870年)には，第2巻の3章構成（「Ⅰ，資本の循環，Ⅱ，資本の回転，Ⅲ，流通と再生産」）はすでに確立していたが，それを3篇構成に改める構想はまだなかったのだから，「AbschnittをKapitelの上位区分としての『篇』の意味にとるかぎり，『次のAbschnitt』は第2部の内部には存在しなかったのである。」（前掲論文185ページ）という主張を展開されております。だが，その主張は，(1) AbschnittとKapitelとは『剰余価値学説史』の頃にはマルク

スによってかなり自由に互換的に用いられており,「次のAbschnitt」が「次の章」を意味する場合もありえた*。それと同様のことがすでに3章構成が確立していた第2部の第2稿においても言えることが,大谷氏がその論文の前半の部分で強調しているごとくであると仮定するならば,「『次のAbschnitt』は第2部の内部には存在しなかった」とは逆に言えなくなるはずですし,さらにまたとくに,(2)第2部の第2草稿においてマルクスが「次のKapitel」としてあったのを,編者エンゲルスが第2巻の3篇構成への変更に応じて「次のAbschnitt」と訂正したということも充分に考えられるところですので,大谷氏の主張は必ずしも説得的ではないようにおもいます。
(2)の点に関して,大谷氏はそういうことがありえない理由として,「エンゲルスの第2部理解からすれば,彼が『覚え書』の内容を一見して第3章(現行第3篇)に属するものと考えた,とは思われない。」(前掲論文194ページ)と論断し,エンゲルスの1883年9月18日付カウツキー宛の手紙,1884年2月5日付ラヴロフ宛の手紙,1885年6月3日付ゾルゲ宛の手紙に記されている,第2巻では「資本家階級そのものの内部でおこなわれている事柄」についての「純粋に科学的」な研究がおこなわれているだけで「扇動的なものはあまり含まれていない」といった文言を論拠として引き合いに出しておりますが,そうした文言は,第2巻第3篇において,資本流通と所得流通との交錯・連繋が(「純粋に科学的」に)解明され,それによって,労働者階級の「消費制限」のもとでの生産の無制限的発展の傾向によって全商品資本の実現が限界づけられる次第が明らかにされるべき理論的基準が与えられるべきであったことをなんら否定するものではありません。ただ,第2巻第3篇では,資本関係そのものの再生産や資本主義的生産の「総過程」における「諸矛盾の開展」,さらには階級対立の激化の問題などは論述されていないので,その意味で「扇動的なものはあまり含まれてはいない」にすぎません。そうしたことをエンゲルスが理解していなかったはずはなく,大谷氏の前記のような論断は,実は,大谷氏自身の(エンゲルスの,ではなく)第2巻第3篇理解に問題があることを示しているにすぎないようにおもいます。「次のAbschnitt」が第2巻第3篇をさすとするような解釈はエンゲルスの「予想外のことであった」というようなことを大谷氏は断定的に述べていますが,果してそうでしょうか?** 3篇構成をとっている第2巻の第2篇で「次のAbschnitt」としてあれば第3篇ととられる可能性が充分にある,いやむしろそれが普通だということぐらいは,編者エンゲルスが承知していなかったはずはないと私は考えますが,どうでしょうか。また仮りに,「次のAbschnitt」が第3巻をさすとする久留間説をエンゲ

ルスもまたとっていたとすれば，何故にそれを「次の Buch」とか「第 3 巻」とかに書き改めなかったのでしょうか？ そういう設問を大谷氏自身も前掲論文の 196 ページでしながら，それには全く答えておらず，前記のような断定をくり返されているだけです。こうした諸点について，御教授をいただければ幸いです。

なお，拙著『恐慌論研究』後編第二，第三論文「再生産表式論の意義と限界〔Ⅰ〕，〔Ⅱ〕」の趣旨は，「内在的矛盾」の問題が第 2 巻第 3 篇の再生産（表式）論のなかにすべて包括されるとする諸理論を批判的に検討しているのであって，その逆ではありません。この点について『レキシコン』No. 6 の栞の叙述には明白な誤解がありますので，適当な機会に御訂正いただきたくおもいます。なお，同書同編の第四論文「再生産論と有効需要論」の後半の部分は，その「附記」に記してありますように，久留間先生の高田保馬氏批判の二論文の論旨を「意識しながら執筆」したものです。この点も，念のため書き添えておきます。

＊　例えば，『剰余価値学説史』第 1 分冊冒頭の Allgemeine Bemerkung において，「すべての経済学者が共通にもっている欠陥は，彼らが剰余価値を，純粋にかかるものとしてではなく，利潤および地代という特殊な諸形態において考察していることである。このことからどんな必然的な理論上の誤りが生ぜざるをえなかったかは，第 3 章で（im Kapitel Ⅲ），剰余価値が利潤としてとる非常に変化した形態を分析するところで，さらに明らかになるであろう。」（Werke, 26. 1, S. 6. ノート Ⅵ 220）と記され，その同じ『剰余価値学説史』第 1 分冊の第 3 章「A. スミス」のなかでは，「これ〔剰余価値を利潤と直接に混同することから生ずる矛盾・撞着〕を，リカード学派の人たちは（のちにわれわれが利潤に関する Abschnitt において見るように）ものの言い廻しによってスコラ哲学的に解決しようとするのである。」（Ibid., S. 60. ノート Ⅵ 258）と記されており，大月書店版『全集』ではこの「利潤に関する Abschnitt」を「利潤に関する章」と訳しています。また，同じ第 3 章「A. スミス」のもう少しさきの個所では，「ラムジがここで利潤率について言っていることは，利潤に関する第 3 章で（in ch. Ⅲ über den Profit），考察すべきである。」（Ibid., S. 77. ノート Ⅵ 271）と記されてあります。しかもさらに，第 4 章「生産的および不生産的労働に関する諸学説」では，「ローダデールによる利潤の弁護論的な根拠づけは，あとになってから検討すればよい。第 3 篇で。(In Abschnitt Ⅲ.)」（Ibid., S. 236. ノート Ⅸ 398）となっており，Kapitel と Abschnitt とは自由に互換的に同じ部分をさすものとして（しかもその大半は同じノートのなかで，殆ど同一執筆時期に），使われています。前項㈠の⑵でみた der Abschnitt vom Reproduktionsprozeß oder Zirkulationsprozeß des Kapitals （Ibid., S. 81. ノート Ⅶ 273）の Abschnitt も同様に篇とも章とも訳しうるもので

あるわけです。しかし，それと同様のことが，すでに3章構成が確立していた第2部の第1,2稿においても言えるとしてよいかどうかは，大いに疑問です。

** 「覚え書」の「次のAbschnitt」をやはり第2巻第3篇だと解するM. リュベルの『資本論第2巻資料 (*Matériaux pour le deuxième volume du capital*, Paris 1968)』の，この「覚え書」に付された註解に対する大谷氏の批判の仕方も，率直にいってdogmatischにすぎるようにおもいます。大谷氏は，前掲論文の「むすび」に近い個所（197ページ）で，リュベルの，「エンゲルスは，この註が『将来の詳論のために』挿入されたものである，と注意書きをしている。にもかかわらず，この詳論は存在していない。正しくいえば，この註が予告している第3篇〔la section Ⅲ〕には存在していない。いな，もっと正確にいうならば，マルクスはこの第3篇では，この註のなかで示された諸点をくりかえしているにすぎないのである。おそらくマルクスは，1861-1863年の原稿で素描された恐慌論を土台にして，この主題を深めるつもりだったのであろう……。」という叙述を引用され，それに対して次のような「批判」を加えられています。――「リュベルが『第3篇』とみているのは，原稿でKapitelになっているためではないであろう。彼が『次のAbschnitt』を『次篇』と読み，そこからこれは『第3篇』のことだ，と考えるとは思われないから，おそらく彼は，Abschnittを『区分』と読み，『次の区分』を第3篇だと考えたのであろう。この判断が何にもとづくものかは明らかではないが，誤りであろう。」

ここに記されていることはすべて，単なる憶測による断定にすぎません。アムステルダムの社会史国際研究所に保存されている遺稿を直接に見，したがって「覚え書」がどういうふうに「第2稿」のなかに挿入されているかその第2稿ではin das nächste Kapitelと書かれていたのがin den nächsten Abschnittと後にエンゲルスによって書き改められたのかどうか，といったような，大谷氏が重要視しなければならないはずの文献考証的な事柄を承知したうえで，リュベルは「次のAbschnitt」は――従来の通説のように――「第3篇」だと判断していると解されますし，また，第2巻第3篇が拠る第2部第8稿が未完の草稿であったことをおもえば，『剰余価値学説史』で「素描された恐慌論を土台にして，この主題を深めるつもりだったのであろう。」という指摘も妥当であろうかとおもいます。大谷氏は「次のAbschnitt」が第3巻だと思い込み，それを強引に「論証」しようとされるので，その無理が，一見綿密な考証によるかにもみえる折角の労作を，肝要な点で説得力のないものにしてしまっているようにおもいます。文献考証に予断は禁物のはず。或いは，「道標を見るのをリーダーまかせに」しすぎた結果ではないでしょうか？

（福島大学経済学部機関誌『商学論集』第41巻第7号（1974年7月刊））

〔補論〕 恐慌の内的必然性と恐慌の発現形態の変容

『レキシコン』第8分冊『恐慌Ⅲ』の栞で久留間教授は恐慌の必然性論に関してさらに論述を展開されているので，それを手がかりとして私見を補足しておきたい。すなわち，教授は『恐慌Ⅲ』の栞で，「恐慌の可能性を現実性に転化させる諸契機」と題されていた『恐慌Ⅱ』の主題は，「抽象的な理論の段階」で，「純資本主義的な閉鎖的な社会を想定して，そこではどのような条件のもとで恐慌が必然的に起るか，という問題を解明することを主眼とした」のだと述べられ，さらにそれに説明を加えられて，「どのような条件のもとで恐慌が必然的に起るかを究明することと，資本主義が続くかぎり恐慌は必ず起ると主張することとは同じではない」ということを強調されているのであるが，その場合，「どのような条件のもとで恐慌が必然的に起るか」というさいのその「条件」を，資本主義的生産の本質そのものに根ざすもの，資本主義的生産の内部に「根拠（Grund）」をもったものと考えるか，或いは，資本主義的生産にとって単に外的なそれ故にまた偶発的なものと考えるかで，決定的に議論が分かれてくることになる。もし前者であるとすれば，「恐慌の可能性を現実性に転化させるその内的必然性」の解明がなされなければならないとする私見と全く異ならないものとなる。だがもし後者であるとすれば，恐慌の可能性が現実性に転化するかどうかは資本主義的生産にとって単に外的な条件に依存することとなり，そういうとらえ方は，既述のシュピートホフ＝シュムペーター的な把握と事実上区別し難いものであるばかりでなく，「恐慌の可能性」の理解においても疑問があるようにおもう。すなわち，「恐慌の可能性」というのは，単に「恐慌が起るかもしれない（起らないかもしれない）」というほどの意味でいわれているのではなく，それをマルクスが「潜在的恐慌（*Krise potentia*）」と云い換え，また「恐慌の可能性」とは「そこに恐慌にとっての形態（*Form*）そのものがある，ということにほかならない」というように述べているところからして，その「可能性（Möglichkeit）」という言葉は，アリストテレスのいわゆる《*dynamis*》のような意味のものとして用いられているのではないかと考えられ

る。マルクスがアリストテレスをよく読み高く評価していたことは良く知られていることであるが，具体的な事物事象をその発展の相において把握すべきことを主張し，「すでに弁証法的思惟の最も根本的な形態を研究した」（エンゲルス）とされるアリストテレスは，あらゆる事物を，そのような事物に形作り規定している《形相，eidos, forma》とそのように形作られ規定される素材すなわち《質料，hyle, materia》との，二要因の結合体としてとらえ，しかも動的・発展的に，あらゆる事物はかく成ってかく存在するのであるとし，その事物の生成を「質料」のなかに可能態において含まれている「形相」の実現ないしは現実化の運動として，「《可能性 dynamis》の《現実性 energeia》への転化」として把握しているのである。マルクスが「恐慌の可能性」という場合の「可能性」は，このアリストテレスの《dynamis》のような語感をもつものとして理解すべきではないかとおもわれる。それはいわば《現実化されるべき可能態における forma》なのである。なお，《可能性 Möglichkeit》，《必然性 Notwendigkeit》《現実性 Wirklichkeit》の三者の関連については，ヘーゲルの『大論理学』の第2巻「本質論」の第3篇「現実性」の第2章において，「実在的可能性 reale Möglichkeit」は「必然性」であり，また「実在的必然性 reale Notwendigkeit」は「現実性」であるという趣旨のことが述べられ，さらに「必然性をその即自有 Ansichsein として含む」ところの「現実性」は「それ以外のものではありえない」ところの「絶対的現実性」であると記されていることが参考になるであろう。「恐慌の現実性」すなわち「周期的恐慌」そのものを真に wissenschaftlich に begreifen するためには，先ずもってその内的必然性の解明がなされていなければならないのである。

　だが，こういったからといって，資本主義が存続するかぎりどういう現実的諸条件のもとでも典型的な形態のままの恐慌が一定期間ごとに必ず起るといったような機械的必然性論を主張しているわけでは，もちろんない。また，「恐慌の必然性」という場合の「恐慌」とは，本来の意味での Krise であって単なる panic ではない。久留間教授の恐慌の必然性論批判には，こ

の二点において誤解が含まれているようにおもわれる。但し，恐慌の可能性を現実性に転化させる諸契機ないしは諸条件の把握そのものにおいては，例えばとくに「消費制限」の位置づけや，それと関連して「利潤のための生産」であることによって賃銀の上昇限界が劃されていることの意味のとらえ方等においては，レキシコン No. 8 の栞において，拙著『恐慌論研究』の第3章「恐慌の必然性」における論述と事実上は殆ど異ならない内容の議論が展開されているようにおもわれるのである。

なお，右の点と関連して久留間教授は，「資本主義の終局を意味する恐慌」の到来の必然性は認めうるが，「一定の規則性をもって勃発する周期的恐慌」の必然性は認めえない，と論じられているが（『レキシコン』No. 8 の栞，8ページ），しかし理論的に論証可能であるのは後者であって前者ではないようにおもわれる。そもそも教授のいわれる《「資本主義の最期」ないしは「終局」を意味する「恐慌」》とは正確には何を意味するのか必ずしも明らかではないし，またそうした「終局」の到来の必然性のみを強調することは一種の自動的崩壊論におちいるおそれなしとしないようにおもわれるが，いずれにせよ，「周期的恐慌」の必然性なくしては，その意味での《恐慌》の到来の必然性も言えないのではなかろうか？　資本主義的生産の発展につれてその内的矛盾も深まり，したがってまた周期的恐慌も次第に激化し，やがて労働者階級をはじめとする広汎な生産者大衆にとって耐えがたいものとなってゆくであろうという長期的展望をマルクスがいだいていたであろうということはいえるとしても，それは前記のような内容の久留間教授の所説を論拠づけるものではない。

なお，そうした長期的展望は，資本主義の独占段階への，さらには国家独占資本主義体制への移行にともなう・その運動法則の作用形態の変容——それにともなう恐慌の形態変化につれて，当然，一定の修正を要するものとなる。資本主義の歴史的傾向ないしは趨勢をとらえるためには，その意味での段階論的な認識が加えられなければならない。だが，独占段階に移行すると，一般に恐慌が緩和されるとか，或いは恐慌の内的必然性そのものがなく

なってしまうというように考えることは誤りであろう。マルクスもまた，1870年代以降の「大不況」を，monetary panic ないしは monetary (or financial) crash をともなわない chronische Krise, chronic crisis と規定しているのであって（1878年11月15日付，1879年4月10日付，1880年9月12日付，1881年2月19日付のダニエルソン宛のマルクスの手紙），それが Krise であることを否定しているわけではない。そうではなく，<u>Krise の変容された発現形態</u>とみているのである。エンゲルスはときにそれを chronische Depression, chronic depression と呼ぶが（1885年11月13日付，ダニエルソン宛，および1886年2月3日付，ケリー・ヴィシネヴェツキー宛のエンゲルスの手紙），事象の本質そのものの把握においてはマルクスと異なるところはない（1886年1月20, 23日付，ベーベル宛エンゲルスの手紙——なお，これらの手紙はいずれも『レキシコン』No. 8 の X 項にも収録されている）。すなわち，マルクスもエンゲルスも，<u>1870年代以降の長期的沈滞を《変容された発現形態における恐慌(クリーゼ)》として把握していたのである</u>。この点を明確に認識しておくことは，「スタグフレーション」と呼ばれる現今の事態の本質をとらえるうえにも，重要な意味をもつようにおもわれる。

　久留間教授は，最近「かなり長いあいだ恐慌らしい恐慌がみられないというような事態」が生じたのは，「恐慌の勃発を必然たらしめる諸条件のうちのなにかが欠けたから」であるとされ，そういう結果をもたらすものとして，国家による厖大な公共事業投資，軍事支出等の国家による巨額の浪費的支出，それらをまかなうためのインフレ政策といったような諸要因を挙げられ，さらに，そのインフレ政策の効果と限界について，「〔インフレーション〕をやめれば猛烈な恐慌が起こるか，あるいは大変な不景気がやってくる。それを防ぐためにはますますインフレ政策を進めるほかはない。だがインフレ政策を進めていけばうまくいくかというと，やはりそうはいかない。」その結果「どんな困った事態が生じるかは，こんにち誰でも承知しているところであろう」，と論じられているのであるが（『レキシコン』No. 8 の栞, 2-4ページ），《恐慌(クリーゼ)の内的必然性》を否定してしまっては，何故「インフレ政策

を進めていけばうまくいくかというと，やはりそうはいかない」のか，何故こんにち誰でも承知しているような「困った事態」が生ぜざるをえないのかは，説明しえないのではなかろうか？「兌換制度の廃止」によって「仮空的購買力の造出は無限度に行なわれうる」ことになり，それによって「資本主義的生産に本来固有な制限」が乗り越えられることになるとすれば，またそれが「恐慌の勃発を必然たらしめる諸条件」の欠如をもたらすものとすれば，インフレ政策のそのような限界はないはずであり，こんにちの「困った事態」も生じないはずではなかろうか？

「恐慌の可能性の現実性への転化」を「必然たらしめる諸条件」は，資本主義的生産そのものに内在的なものであるから，それはインフレ政策等によって除去されたり解消されたりするものではない。インフレ政策は，それらの内的諸条件によって規定される《恐慌（クリーゼ）》の発現形態を単に変容させるにすぎないのである。インフレ政策もまた「打出の小槌」ではありえない。それは，「仮空的購買力の造出」によって投資活動を活潑化させると同時に，利子その他の確定所得者層とりわけ賃銀労働者階級の実質所得の減少をもたらし，それ故にまた，資本の利子負担を絶えず実質的に低減せしめると同時に，賃銀の実質的低下によって，資本の資本としての絶対的過剰化を回避させる有力な要因として作用するのであるが，しかしそのことによって同時にまた，《恐慌の必然性》の最も規定的な要因をなす《生産と消費の矛盾》を却って激化せしめる側面をもつのである。

　　　　　　　（『増補　恐慌論研究』1975 年 7 月刊に〔付論Ⅰ〕として所収）

II 再生産論と恐慌論との関連について㊀
―― 久留間教授への公開書簡（その二）――

　久留間鮫造教授の編纂されている『カール・マルクス　レキシコン』「恐慌」の篇およびそれに添えられた栞に示された恐慌論に対する考え方について，さきに私は，福島大学経済学会『商学論集』第41巻第7号に，「恐慌論体系の展開方法について ―― 久留間教授への公開質問状＊ ―― 」と題する書簡体の論文を発表し，⑴再生産論と恐慌論との関係について，⑵均衡蓄積率の概念について，⑶《恐慌の必然性》の項を設けることの是非について，の三点について，久留間教授の私見批判にお答えしながら質問ないしは疑問を提示した。これに対して，久留間教授はこのほど法政大学経済学部機関誌『経済志林』第43巻第3号に「恐慌論体系の展開方法について㊀」と題する「公開回答状」を発表され，私見の上記三点に関する質問のうち，第一の質問点のなかの，はじめの方部分である，『剰余価値学説史』第2巻第17章，Werke 版 Bd. 26. II, SS. 513-4 の叙述の解釈に関する部分について，詳細な論述を展開された。小論は，それに対する私見を再度述べたものである。私の第一の質問点は，⑴『剰余価値学説史』第2巻第17章，Werke 版 Bd. 26. II, SS. 513-4 において，「それ自体同時に再生産過程であるところの流通過程」とか「資本の総＝流通過程または総＝再生産過程」という表現であらわされているのは，現行『資本論』第2巻第3篇の再生産論における《社会的総資本の再生産と流通》の過程ではなくて，『資本論』第2巻の全体がその分析にあてられている「資本の流通過程」一般だとする，『レキシコン』の栞 No. 6 の8ページおよび11ページに記された見解に対する疑問，⑵『資本論』第2巻第3篇の再生産表式分析の

意義に関して，社会的再生産がいかに行なわれるかを解明する再生産論では不均衡や不一致の問題は論じえないし論じてはならない，という，『レキシコン』の栞 No. 7 の 3 ページに記された見解に対する疑問，(3) 上記の点と関連して，第 2 巻第 3 篇の再生産論では「生産と消費の矛盾」の問題は論じえないし，論じてはならないとする見解を裏付けるために，第 2 巻第 2 篇脚註 32 の「覚え書」の最後の部分に „Dies gehört jedoch erst in den nächsten Abschnitt." と記されてある，その「次の篇（Abschnitt）」は第 2 巻第 3 篇ではなく，第 3 巻だとする説に対する疑問，(4) 単純再生産から拡張再生産への移行の問題を重要視し且つそれを一般化して，蓄積率の変動にともなって部門間比率が変化し，その変化は「一定の諸困難」をともなう，そうしたことを明らかにするのが再生産論の主題であり，そこにまた，再生産論の恐慌論に対する意義があるとする，『レキシコン』の栞 No. 7 の 3-4 ページ，および No. 6 の 18 ページに示されたツガンと類似の見解に対する疑問の，以上の相関連する 4 点の質問からなっているのであるが，今回の久留間教授の「公開回答状」は第一の質問点のなかの 4 点のうちの最初の質問点に対して答えようとされたものであり，小論はそれに対する再度の批判的質疑である。第一の質問点のうちの残る三点，および第二，第三の質問点については，徐々に回答がよせられることとおもわれるので，その都度それについての私見を発表し，研究者の方々に恐慌論体系の展開方法を考えるうえでの参考資料にでもしていただければ，と考えている。

 ＊ 後に副題を「久留間教授への公開書簡」と改め，若干の措辞上の訂正を加え，また「附記」を追加して，拙著『増補　恐慌論研究』（1975 年，未來社刊）の「附論一」として収録した。

はじめに，一般読者の便宜のために，問題となった『剰余価値学説史』の叙述を掲げておこう。

 「商品流通において発展し，貨幣流通においてさらに発展する諸矛盾——同時に恐慌の諸可能性——は，おのずから資本において再生産される。というのは，実際には，資本の基礎上でのみ，発展した商品流通と貨

幣流通とがおこなわれるのだからである。

　しかし，いま問題であるのは，潜在的恐慌の一層の発展——現実の恐慌は，資本主義的生産の現実の運動，競争と信用からのみ説明することができる——を追跡することである。といっても，それは，恐慌が，資本の形態諸規定——資本としての資本に固有な・資本の商品および貨幣としての単なる定在のなかには含まれていないものとしての，形態諸規定——から出てくるかぎりにおいてである。

　ここでは，資本の単なる生産過程（直接的な）は，それ自体としては，なにも新しいものをつけ加えることはできない。そもそもこの過程が存在するように，その諸条件が前提されているのである。だから資本——直接的生産過程——を取り扱う第一篇では，恐慌の新しい要素は少しもつけ加わらない。恐慌の要素は，即自的（an sich）にはそのなかに含まれている。なぜなら，生産過程は剰余価値の取得であり，したがってまた剰余価値の生産だからである。だが，生産過程そのもののなかでは，これが現われることはありえない。なぜなら，生産過程においては，再生産された価値の実現も，剰余価値の実現も，問題にならないからである。

　〔問題の〕その事象は，それ自体（an und für sich）同時に再生産過程であるところの，流通過程においてはじめて現われうる。

　ここでさらに次のことを述べておかなければならない。すなわち，われわれは，完成した資本——資本と利潤（Kapital und Profit）——を説明するよりも前に，流通過程または，再生産過程を説明しなければならない。なぜなら，われわれは資本がどのように生産するかということだけでなく，資本ががどのように〔再〕生産されるかということをも説明しなければならないからである。しかし，現実の運動は現存の資本から出発する——すなわち，現実の運動というのは，それ自身から始まりそれ自身を前提する，発展した資本主義的生産を基礎とする運動のことなのである。だから，再生産過程と，この再生産過程のなかでさらに発展した恐慌の基礎（Anlagen）とは，この項目そのもののもとではただ不完全にしか説明さ

れないのであって,『資本と利潤』の章における補完（Ergänzung）を要する。

　資本の総＝流通過程または総＝再生産過程は，資本の生産部面と流通部面との統一であり，両方の過程を自己の諸部面として通過するところの一過程である。この過程のなかに，恐慌の一層発展した可能性または抽象的形態が在る。」(K. Marx, Theorien über den Mehrwert II. *Marx-Engels Werke, Bd. 26. II*, SS. 513-4. 大月書店刊『全集』第26巻第2分冊，692-4ページ，訳文は適宜訂正。なお〔　〕内は引用者による補足。)

　拝啓　寒くなってまいりましたが，先生にはその後もお変りございませんか。この度は拙論に対する「公開回答状」をお送りいただき，有難うございました。さっそく三度ほど熟読いたしましたが，率直に申し上げまして，私の論述のなかに或いは誤解をまねくやもしれぬという意味で不適切な表現の個所が一，二あったかもしれないことをお教えいただきました反面，議論の大筋においてはやはりどうも納得がいきません。しかしこれは，或いは私の読み方が充分でないせいもあるかもしれませんので，なおよく検討し，またこうした見解の相違が何故に生じてくるかについて深く掘り下げて考えてみたいとおもっております。『レキシコン』のお仕事でお疲れのところを無遠慮な質問——と申しましても，批判にお答えしながらの半ば反論めいた質問ですが——をし，お疲れを増す結果となりましたことを深くお詫びいたします。批判にはお答えするのが礼儀であり，また学問の発展のためにもそうすべきだと考えましたので，失礼とは存じながら，敢えて反論し且つ御質問申し上げた次第。悪しからず御諒解下さい。しかし，私の質問の仕方がまずかったせいか，ときおりやや感情的ともとれる誤解をなされている個所もあり，残念におもいます。例えば，玉稿の24-25ページで，先生が『レキシコン』の編集にさいして「山田盛太郎氏以来の見解」を意識しそれを批判する意図をもっておられたのではないかと私が述べているかのようにいわれておりますが，そうではなくて，『レキシコン』の栞No. 6の当該個所でのあの立言は，「発展した恐慌の可能性」が

『資本論』第2巻第3篇の再生産表式分析によって解明されるとする見解を批判するためになされたという事実を申し上げたにすぎないのでして、『レキシコン』自体が特定の意図のもとに編纂された、などといっているのではありません。「『レキシコン』で山田説批判などやりようがない、そんなケチな考えは毛頭なかった。」ことは、いうまでもないことではないでしょうか。しかし、マルクスの叙述を一定の構成と順序をもって配列するさい、おのずから久留間先生に固有のお考えなり理論なりが表現されることになるであろうことは当然のことであり、そのことはお認めいただきたくおもいます。

　内容的なことでとくに納得し難いように感ずる点は、『剰余価値学説史』の問題のその個所で、「それ自体同時に再生産過程であるところの流通過程」とか「資本の総＝流通過程または総＝再生産過程」といっているのは前後の文脈からして、「価値および剰余価値の実現」が、そこではじめて本格的に問題となるところの、《社会的総資本の再生産と流通》の過程にほかならない、というのが私の主張であるわけですが、それに対して、先生は「それ自体同時に再生産過程であるところの流通過程」という表現一般は、「生産過程と流通過程との統一」という表現一般と同様に、《社会的総資本の再生産と流通》以外の意味でも用いられるということをくり返し強調されているわけで、どうも私のいわんとするところとすれ違っているようにおもいます。（そういう字句だけを論拠として前記のような考えを主張しているかのようにもとれるような表現の個所が一、二あったのかもしれませんが、しかし、私の本来の論旨がそういうところにないことは、比較的容易におわかりいただけるのではないでしょうか？）それから、『剰余価値学説史』のその個所のなかで、「〔問題の〕その事象は（die Sache）、それ自体（an und für sich）同時に再生産過程であるところの、流通過程においてはじめて現われうる。」と記されている部分に関して、私が die Sache を「〔問題の〕その事象」というように訳しているのは、「その事象」とはすなわち「価値および剰余価値の実現」のことだと解しているからだとされて私見を批判されておりますが、私自身は、「〔問題の〕その事象」とは、拙論の「追記」の第一行目に「〔問題の〕その事象〔恐慌の要素〕」としてあることから直ちにおわか

りになりますように，資本の生産過程のなかに an sich に含まれ，「価値および剰余価値の実現」が問題となる局面ないしは論理段階においてはじめて「現われる」ところの，「恐慌の要素」であると解しているわけで，こうした点も微妙にずれた受けとり方がなされているようにおもいます。

　それから，内容的に一番理解し難くおもわれるのは，「生産資本への再転化のさいに，生産資本の諸要素の価値変動によって起る恐慌」というのをひどく強調されている点です。凶作等の事情による生産資本の諸要素の価値変動だけで，（再生産過程の局部的攪乱や「部分的恐慌」ならばともかく，）全面的過剰生産恐慌が起る，といえるでしょうか？　凶作等を契機として全面的過剰生産恐慌が起りうるということはいえるとしても，全面的過剰生産恐慌それ自体はもっと資本主義的生産様式の本質そのものに根ざす内的な要因によって規定されるものと考えるべきではないでしょうか？　たとえマルクスが述べていることであっても，それだけとり出して強調すると，下手をすると太陽黒点説にもなりかねないような叙述は充分注意を要するのではないでしょうか？　先生が今回のお手紙でとくに重要なものとして強調されている，『学説史』の Werke 版 Bd. 26. II. の SS. 516-8 の部分に記されている，$G-W<^{Pm}_{A}$ に係わる《凶作による原料の不足とその価値騰貴》および《追加資本の過大部分の固定資本への投下》という二様の不均衡要因に関する叙述は，「価値および剰余価値の実現」に係わる本来の恐慌と「別種の恐慌」と解すべきではなく，単に再生産過程の攪乱をもたらしうべき相似た二様の要因に関する論述がなされているものと解すべきではないでしょうか？　『学説史』のその個所で「3種類の恐慌」が指摘されており，$G-W<^{Pm}_{A}$ に係わる「第一，第二の種類の恐慌」は第2巻第3篇では論じられていないから，「発展した恐慌の可能性」を第2巻第3篇にのみもとめるのは誤りだというのが，先生のいわんとされるところかと思いますが，$G-W<^{Pm}_{A}$ に係わる第一，第二の不均衡要因は，$W'-G'$ しかも社会総体としてのそれ，すなわち社会的総資本の総生産物 W' の価値的・素材的相互補塡運動に攪乱をもたらすかぎりにおいて，《恐慌》をもたらす契機たりうるのであって，本来の実現恐慌とは「別種の恐慌」があるとするのは誤りではない

でしょうか*?

　　*　久留間教授が《原料の価値騰貴による恐慌》の一事例として挙げられている「棉花恐慌なるものは，実は，本来的意味での恐慌ではなかったのであって，この点については，付論Ⅲで，歴史的事実およびマルクスの論述にもとづいて論ずる。

　なお，当面の『学説史』のSS.513-4の個所に関して私見のような解釈をとると，同じ『学説史』のSS.516-8の叙述（マルクスのもとのノートではSS.513-4にすぐ続く叙述）とつながらなくなるのではないかという御指摘がなされておりますが，私は，さきの$G-W<{Pm \atop A}$に係わる第一，第二の不均衡要因に関する叙述は，社会総体としての$W'-G'$の問題を主題とする論述の途上，しかし，$W'-G'$の攪乱は単にその過程，その局面においてのみ生ずるのではなく，$G-W<{Pm \atop A}$の過程に関連する諸々の不均衡からも生じうる，例えば，凶作による原料の不足および価値騰貴（ないしは労働力の価値・賃銀騰貴），また例えば追加資本の過大部分の固定資本への投下といったようなことも，再生産過程の攪乱を，$W'-G'$の攪乱をもたらしうると論じ，それから再び本題に返って，S.518以降の個所で社会総体としての$W'-G'$過程の攪乱がどのようにして生ずるかの立入った考察が展開される，という文脈になっていると，解します。それ故，前記の『剰余価値学説史』の個所における「資本の総＝流通過程または総＝再生産過程」は《社会的総資本の再生産と流通》の過程を意味するとする私見をとっても充分に筋が通りますし，むしろそう解してこそ，さきの第一，第二の攪乱に関するマルクスの叙述も正しく位置づけることができるのではないかと考えます。

　先生は，さらに，「『資本論』第2巻第3篇が第2巻の流通過程分析を社会的総資本の再生産過程把握の観点から総括する位置にある」とする私見に批判を加えられて，「生産資本への再転化のさいに，生産資本の諸要素の価値変動によって起こりうる恐慌」についての考察が，「はたして第3篇のうちに『総括』されているでしょうか？　総括はもとより，論じられてもいないようにぼくには思えるのです。」と述べられていますが，さき程も申し上げましたように，その種の「恐慌」なるものを「価値および剰余価値の実現」に係わる本来の恐

慌とは全く別種の恐慌と規定すること自体に疑問を感じますし，また，その種の $G-W<\genfrac{}{}{0pt}{}{Pm}{A}$ に係わる攪乱が社会的再生産過程にどのような攪乱をもたらすかは，——それを本格的に論じようとするならば，——やはり，W'…W' 基準の再生産表式分析による（或いは，それのみでは充分でないにしても，表式によって析出される再生産の諸条件との関連において考察する）以外に方法がないのではないか，と私は考えます。現行の『資本論』の未完の第 2 巻第 3 篇のなかにその種の論述がみられないからといって，そういう問題をそこで（その論理段階で）論じてはならない，とはいえないのではないでしょうか？

まだいろいろ理解できかねる点や疑問の点がありますが，また長い手紙になって先生のお疲れを増すのも恐縮ですので，今日のところはこのくらいにしておきます。続稿をお待ちしております。御無理でない時期に続いての御教示をいただければ幸いです。折角の詳細な御回答にたいして再度御無礼を申し上げ，学問上のことやむをえぬとはいいながら，失礼の段お許し下さい。寒さに向かいます。くれぐれもお大切に。

  1975 年 11 月 10 日

久留間先生   富塚　良三

追伸　久留間先生が引用されました『資本論』第 2 部の初稿の第 3 章の初めの方の個所の文章*と全く同じ文章を松尾純氏が『経済評論』の今年（1975 年）10 月号所載の「『資本論』第 2 部『第 1 草稿』（1864～65 年）について」と題する紹介論文で引用され，それに関連して，久留間＝富塚論争に対して次のような論評を加えられています。「……だが，さきに見たマルクスの説明〔先生の引用されたのと同じ第 2 部初稿の文章をさす〕からすれば，『資本論』第 2 部第 3 篇においてのみ再生産過程の問題が取扱われているという理解を前提にした富塚氏の所説も，『資本論』第 2 部の第 1，2 篇に対する第 3 篇の独自性をそれ相当に認めない久留間氏の所説も，ともに問題があるといわざるをえないのではなかろうか。また，そもそも，資本循環論，回転論と再生産論の理論的連関が

II 再生産論と恐慌論との関連について㈠

マルクス自身まだ明確になっていないころ（『学説史』）の文言に依拠して，自己の『資本論』理解を論拠づけようとすること自体——そのこと自体は決して誤りではないが，両者を直結しようとすること自体——問題であろう。」（『経済評論』同上，111ページ。）決め手にならないことを決め手にしようとして平行線の議論をたどってみても仕方がないではないか，という意味では，この人の評言も或る程度は当っているのかもしれませんが，しかし私としては，——おそらく久留間先生もそうだろうと思いますが——「資本循環論，回転論と再生産論の理論的連関がマルクス自身まだ明確になっていないころ（『学説史』——後にみるように第2部第1稿においてはすでに三章構成が確立している——）の文言に依拠して，自己の『資本論』理解を論拠づけよう」としているわけではなく，その反対に，自己の『資本論』理解によってまだ理論構成の不確定な『学説史』の文言を解読ないしは解釈しようとしているのであって，その意味ではこの評言は当らないと考えます。『学説史』の文言をどう読むかの相違は，結局のところ『資本論』理解の，或いはさらにつきつめていえば各自の理論構成そのものの，相違に根ざしているのであり，したがって最終的には理論的に決着をつける以外に方法がないのではないかと思います。（解釈がその人の理論によるということは実は何人においてもそうなのであって，それは「信念の披瀝」とか「プロクルステスのベッド」というのとは別のことではないでしょうか。）

* 『資本論』第2巻初稿の第3章の初めの方の個所（草稿107ページ）にみられるとして久留間教授が引用された叙述は，下記のごとくである。
　„Bei der bisherigen Betrachtung des gesamten Zirkulationsprozesses＝Reproduktionsprozess des Kapitals, haben wir die Momente oder Phasen, die er durchläuft, nur *formell* betrachtet. Wir haben jetzt dagegen die realen Bedingungen zu untersuchen, unter denen dieser Prozeß vorgehn kann."
　「資本の総流通過程＝再生産過程に関するこれまでの考察では，§その過程が通過する諸契機あるいは諸局面が単に形態的に考察されたにすぎない。いまやこれに対して，この過程が進行しうるための現実的な諸条件が研究されなければならない。」
　前掲『経済評論』110ページの松尾氏の訳文は，ロシヤ語訳からの重訳であるためか，いくらか不適切な個所もある。例えば，§を付した個所が「……資本が通過

するところの諸契機あるいは諸局面……」となっているが,「その過程が」とすべきであろう。er は das Kapital をではなく der～Prozeß をうけるのであるからである。こうした点もドイツ語原文が一般に公開されてさえいれば生じないわけで,早くそうした措置がとられることを強く希望する。

　なお，第 2 部初稿第 3 章のはじめの方の個所（前掲の註）の叙述のなかにみられる「資本の総流通過程＝再生産過程」なる字句が何をさすのか，それは『学説史』の問題の個所の「資本の総＝流通過程または総＝再生産過程」と全く同義と解してよいかどうか。また，――「いままでの考察」というのが，第 3 章以前の考察をさすとして――その第 3 章以前の部分において，その「過程が通過する諸契機あるいは諸局面が単に形態的に考察されたにすぎない」にせよ，ともかくすでにそこで考察されたという，その「資本の総流通過程＝再生産過程」とは，正確には，或いは現行『資本論』の概念規定からいえば，そもそも何を意味するのか，個別諸資本の循環運動の総体という程の意味か，もしそうだとすれば，第 3 章（第 3 篇）においてその「過程が進行しうるための現実的な諸条件が研究されなければならない」と述べている場合のその「過程」は，個別諸資本の循環運動の総体と同義と解されるさきのその「過程」と全く同じものを意味すると考えてよいか，それとも，それが「進行しうるための現実的な諸条件が研究されなければならない」としているのであるから，「社会的総資本の総再生産過程」がすでに念頭におかれているとすべきか？　そのへんのところがどうも私には，あの文章からだけでは判断できかねるようにおもいます。「第 1 篇でも，第 2 篇でも，問題となったのは，つねにただ個別資本だけであり，社会的資本中の自立した一部分の運動だけである。しかるに，個別的資本の循環は相互に絡み合い相互に前提しあい条件づけあうのであって，そしてまさにかかる絡み合いにおいて社会的総資本の運動を形成する。」(*Das Kapital* II, S. 355.) このように，現行『資本論』では第 1, 2 篇と第 3 篇とでは分析対象そのものが個別資本と社会的総資本というようにはっきり区別されているのであって，同じ過程，同じ対象の，一方は「たんに形式的ないしは形態的な考察」，他方は「現実的諸条件の研究」という区別ではありません。そ

ういうわけで,『資本論』第2部初稿のその個所の「資本の総流通過程＝再生産過程」という字句が,現行『資本論』の概念規定からみて何をさすとみるべきか,軽々には断定できないように思います。或いは,第2部初稿の頃のマルクスにおいては《社会的総資本の再生産と流通》という意味における《再生産過程》に関する問題意識自体がまだ充分明確でなく,さきのような字句もかなり漠然とした意味で用いられているのではないか,というように考える人もいるかもしれませんが,――そして先生の御論旨も或いはそういうところにあるようにもおもわれますが,――しかし,必ずしもそうはいえないことは,例えば第2部初稿の第1章,草稿28ページに記されている下記のマルクスの叙述によって知ることができます。これは,私の友人の服部文男氏にその所在を御指摘いただいたものですが,当面の問題に関して極めて示唆的な意味をもつ叙述と考えますので,ここに記して参考に供させていただきます。

「……そして第一の局面であるW′－G〔原文ノママ〕は,Gが,W′が生産条件として入ってゆく他の資本のある局面の転化形態であるか,または収入の転化形態であるかのいずれかを前提する。個別資本の再生産過程および回転においては,これらのモメントは現われない――けだし,ここには互いに交換される貨幣と現存商品とがあるだけだからである。それ故にこの〔個別資本の〕再生産過程――それ自体として孤立した――は,単なる形態的な過程にすぎないのである。現実的な再生産＝および流通過程は,多数の資本の,すなわち種々な産業部門の特殊的資本に分かれている総資本の,過程としてのみ把握されうる。それ故に,これまでの考察方法とは異なって,この過程は現実的再生産過程として考察されなければならない。そして,それは,この部〔第2部〕の第3章で行なわれる。」〔下線はマルクスが草稿に付したもの。圏点は引用者。〕

みられるように,《再生産過程》が《単なる形式的ないしは形態的な過程》としてではなく《現実的な再生産および流通過程》として把握されるのは,それが《総資本の過程》(この場合の「総資本」とは云うまでもなく「社会的総資本」の意)として把握される場合であり,そこにおいてはじめて実現の問題――

「資本としての資本に固有な，資本の形態諸規定にもとづくかぎりでの」実現の問題——が問題として明確に把握されるものとなるということ，そしてそうした過程は「第3章で考察される」ことが，ここにはっきりと述べられております。商品資本 W′ の実現を制約する諸モメントは「個別資本の再生産過程——それ自体として孤立した——」においては，そういうものとしては「現わ
・・
れない」ことも，ここにはっきりと記されております。この第2部初稿第1章の叙述との対応からしても，『学説史』の問題の個所における，「価値および剰余価値の実現」の問題がそこではじめて問題として現われるところの「再生産過程」とは，《総資本の過程》としてのそれであり，すなわち《社会的総資本の再生産と流通》の過程にほかならないとする私の解釈が，決して無理な解釈ではないことを確言することができるようにおもいます。また，先生が引き合いに出された第2部初稿第3章のはじめの方の部分の叙述も，前記の第2部初稿第1章の叙述との対応においてみれば，「再生産過程」は第3章以前のどこでも論じられている（ただ若干観点が相違するだけだ）というようなことをいわんとしたものではなく，<u>《再生産過程》が本格的に現実の《再生産過程》として把握されるのは，その「過程が進行しうる現実的諸条件の研究」がおこなわ</u>
                                                   レアール
<u>れる第3章においてである</u>ということを言おうとしたものである，と解されます。（なお，第3章以前においては，「〔再生産〕過程が通過する諸契機あるいは諸局面が単に<u>形式的ないしは形態的に考察されたにすぎない</u>」というのは，
         ・・・・・・・・・・・・・・・・・・・
再生産過程は貨幣資本，生産資本，商品資本という諸局面・諸循環形態を通過するものであるということ，——およびそれらの諸循環形態の転換運動の総体——が，単に「形式的ないしは形態的に考察されたにすぎない」，その意味で
             ・・・・・・・・・・・・・・・・
第3章以前は文字通り形式的ないしは形態的な考察にとどまる，ということを述べたものと解されます。）

　以上のようなわけで，私はやはり，『学説史』の問題の個所において，「それ自体同時に再生産過程であるところの流通過程」とか，「資本の総＝流通過程または総＝再生産過程」とか記されているのは，前後の文脈からして，(「価値および剰余価値の実現」の問題がそこではじめて本格的に問題となるところ

の)《社会的総資本の再生産と流通》の過程にほかならない,とする私見は,決して「偏見」によるものでも「早計」なものでもなく,また,第2部初稿の叙述の部分的引用によってくつがえるようなものでもないように考えます。『学説史』の頃にはまだ再生産論が明確なかたちでは展開されていませんが,しかしそういう問題領域の所在はすでに『学説史』の頃からかなりはっきりと意識され把握されていたことは確定的にいえるのではないでしょうか。

なお,久留間先生はこの論点に関連して,「『表式論』をやる人の参考のために付言すると,この初稿では『表式』は全然使われていません。」と述べられておりますが,表式的考察は第2部の初稿においてもかなり明確なかたちでおこなわれているというのが,事実ではないでしょうか。生活手段を生産する「部面A」と生産手段を生産する「部面B」の二部門分割のもとに,部面A内の「収入と収入の交換」,部面Aと部面Bとの間の「収入と資本の交換」,部面B内の「資本と資本の交換」が数字例をもって展開され,表式そのものこそ書かれていないにしても,下記のように容易に表式化しうる考察がおこなわれております。(この点はすでに前掲の松尾氏の論稿でも紹介されております。)

A：400 C＋100 V＋100 M＝ 600
B：800 C＋200 V＋200 M＝1200

二部門の構成は――1863年の《経済表》におけると同じく――現行の再生産表式とは逆になっておりますが,しかし第2部初稿の第3章に表式論にあたるものがないとはいえないのではないでしょうか? いなすでに,《総資本の過程》としての《現実的再生産過程》に関するかなりに立入った論述が――拡張再生産に関するそれをも含めて――なされている,というのが事実ではないでしょうか? そこにむしろ第2部初稿のマルクス再生産論の形成過程における意義をみるべきではないでしょうか? なお,第2部初稿の第3章の最終節は「再生産過程における攪乱(Störungen im Reproduktionsprozess)」と題されているが,その題名だけで内容は全く記されておらず,„Zu betrachten ch. VII, Buch Ⅲ"と記されているだけですが,しかし草稿を書きおえたすぐ後に引続き記されたと推定される「第3章」のプラン(第2部初稿第3章の149ペー

ジ）には，その第6節に「再生産過程の攪乱」という表題が付されているという点，極めて注目すべきことのようにおもわれます。このことは，「再生産過程の攪乱」の具体的な考察そのものは第2部第3章の再生産論ではおこないえないとしても，しかし再生産論との関連において，それに固有の問題視角から，「再生産過程の攪乱」が論じられなければならないとマルクスが考えていたことを示しているように私は考えます。

　以上，またもや長文の手紙になってしまって恐縮ですが，私の申し上げたいことは，要するに「資本の総＝流通過程または総＝再生産過程」という字句だけからは，それを《社会的総資本の再生産と流通》と即断しえないであろう，ということを先生はくり返し強調されましたが，しかし，『学説史』のあの個所のその字句が，前後の文脈からして，「価値および剰余価値の実現」がそこではじめて本格的に問題となるところの《社会的総資本の再生産と流通》の過程にほかならないと解してはならない積極的な理由は（少なくとも納得のゆくかたちでは）示されえなかったのではないか，と私は思います。恐慌の抽象的形態が「内容規定を受けとる場」が『資本論』第2巻の第1，2篇で与えられているのだということを指摘されている個所がありますが，そのような意味での「場」の措定ならば，すでに第1巻第2篇第4章「貨幣の資本の転化」における自立化した価値の自己増殖運動たる資本の形態規定にはじまり，第3，4，5篇の資本の生産過程分析（とくに「機械制大工業」論）をへて，第7篇における資本の蓄積過程の把握においてもなされている，或る意味では，第2巻第1，2篇よりもヨリ規定的な意味においてなされている，といえるのではないかと私は考えます。価値形態論や交換過程論が《恐慌の原基形態》の把握に対して不可欠の理論的前提としての意味をもつことからも知られますように，要するに『資本論』の全体系が恐慌の基礎理論をなすわけで，ただその恐慌論を体系的に展開し再構成するためには，単に恐慌の諸要因や諸契機を平面的に羅列するだけでなく，いくつかの理論の結びめをとらえ，またそれらの内的連繋と立体的な対応関係を明確にする必要があるというのが私の考え方であります。この考え方自体には，先生もそれほど御異存がないのではないでしょう

か？

　最後に,『学説史』の問題の個所に「『資本と利潤』の章における補完を要する」とある,その「『資本と利潤』の章」が何をさすのかについて,私は,問題の個所の「総＝流通過程または総＝再生産過程」が社会的総資本のそれだと解するのと対応して,その「『資本と利潤』の章」は1861年8月～63年7月執筆の23冊のノートのうち『学説史』(ノートⅥ～ⅩⅤ)に続く,「第3章 資本と利潤」という表題が付された,ノートⅩⅥからノートⅩⅦのはじめにかけて展開されたとされる論述内容,現行『資本論』の第3巻第1～3篇にあたるもの,とりわけ第3篇がそれにあたるのではないか,すなわち,「『資本と利潤』の章における補完を要する」(「直接的生産過程を取り扱う第1篇」に対して「資本と利潤の章」)と書くにさいして,マルクスの念頭にあったのではないか,と推測するのですが,それに対して,先生は,ノートⅩⅧのなかに見出されたあの周知のプランにおける,現行『資本論』の第3巻にあたる「第3篇『資本と利潤』」がそれにあたるのではないかと推測されるわけで,それは『学説史』の問題の個所が,広くやや漠然と第2巻全体をさすとする解釈と照応しているのであって,私見との相違は結局のところ,『資本論』および恐慌論の体系構成に関する見解の相違からおのずから生じてくるわけです。そうした解釈の相違が生じてくるのは当然で,それはいずれの側が「強引」だからだ,ということではないようにおもいます。しかし,これはいずれにせよ,あくまでも推測の域を出ないことで,『学説史』の頃(ノートⅥ～ⅤⅩ,1862年1月～11月)には同じ個所を指定するのにKapitelとしてあったりAbschnittとしてあったりもしますので,「『資本と利潤』の章」と書かれているからといって私見が絶対に正しく先生が誤っているとは言いきれないわけで,ただ前記の個所についての私のような解釈からすれば,そうも考えうるのではないか,私としてはそう考えた方が自然のようにおもえるのだが,というほどの意味で脚註に書きそえたまでです。なお,この章・篇の表題に関連してことのついでに申し上げておきたいのですが,先生の今回とりあげられた第2部初稿(マルクス＝レーニン主義研究所の推定によれば1864年後半～1865年半ば頃執筆,但しエンゲルスは1865年または

1867年執筆と推定)の頃以降には，第何部の第何章というようにマルクスによって指定はすべてKapitelに統一されているようで＊，それを章別構成から編別構成への転換にともなってエンゲルスがAbschnittと訂正したのでして，これから類推してみれば，例の第2巻第2篇脚註32の覚え書の「次のAbschnitt」も，マルクスが，„... in das nächste Kapitel." としてあったのを，エンゲルスが編集にさいして „... in den nächsten Abschnitt." と訂正したということも充分考えられるとおもいますし，それを目下アムステルダムの社会史国際研究所に所蔵のマルクスの遺稿によって確かめてもらっているところですが，そういうことがありえぬことの立証なしには，「次のAbschnitt」が第3巻をさすとされる御説は到底客観的ではありえないのではないでしょうか？ 第2巻3篇では不均衡や，生産と消費の矛盾の問題は論じえないし，論ずべきではない，というのが以前からの先生の確固不動の「信念」で，その信念にもとづいて首尾一貫した議論を展開され，私見およびその他の諸説に対する御批判も，その観点からおこなわれているわけですが，しかし，その信念はあくまでも久留間先生の信念なのであって，必ずしもそれがそのままマルクスのそれだとはいいきれないのではないか，したがって，それと背反する見解を「偏見」だときめつけることはできないのではないか，と思います。

　いろいろ勝手を申し上げまして恐縮ですが，そういうわけで，議論の大筋においては，私見は依然として誤っていないのではないかと，考えております。しかしなおよく勉強し，何度も考えなおしてみなければなるまいとも思っております。それはともかく，詳細な御説明をいただきましたことをここに重ねて厚く御礼申上げます。　　　　　　　　　　　　　　　　　　　　　　　敬具

　　　　1975年11月20日

　　＊ 第2部初稿，9，22，28，29，38，76，93，97，100，108，118，134，141，149草稿ページをみられたい。

附論 I 『資本論』第2部第1稿の第3章7)における,「生産と消費の矛盾」が恐慌の「根拠」をなすことの論定

論争は目下のところ一,二の字句の解釈をめぐっての文字通りに訓詁学的な穿鑿立てに堕してきているきらいがあり,必ずしも productive であるとはいえないかもしれないが,しかし一見 trivialism ともみえるような論議を通じて,恐慌論体系を展開するにさいして考慮されなければならない方法的諸問題がおのずから浮かびあがってきているようにもおもわれる。私としては,この論争を通じて再生産論の恐慌論に対してもつ意義をますます強く確信するにいたったといってよい。久留間教授の回答が,次第に残された他の諸論点に及んでくるにつれて,論争もおのずから発展的になるのではないかと期待される。以下に今後の論議の一つの参考資料にもなるかと考えられる第2部初稿第3章7)の終りの部分の「生産と消費の矛盾」を論じた叙述を引用しておこう。それは,「生産と消費の矛盾」の問題は第2巻第3篇では論じえないし,論ずべきではない,とマルクスが考えていたのではないことを知る一つの手がかりにもなるであろう。

第2部初稿第3章「流通と再生産」における拡張再生産に関する論述のなかの7)「並行,段階的序列,上昇線,再生産過程の循環 (*Parallelismus, Stufenfolge, Aufsteigende-Linie, Kreislauf des Reproduktionsprocesses*)」(この表題は草稿の最終部分に付された第3章に関するプランでは,4)*Parallelismus, Stufenfolge in aufsteigender Linie, Kreislauf des Reproduktionsprocesses* となっている) と題する個所——私の問題意識からは,この表題からして極めて興味あるものであるが——の最終部分(「再生産における資本の現実的メタモルフォーゼ Reale Metamorphose des Kapitals in der Reproduktion」という小見出しが付された部分)に,「生産と消費の矛盾」に関する下記のような注目すべき論述がみられる。

「しかし,たとえ個人的消費が再生産過程の必然的かつ内在的なモメントであるにせよ,消費と生産とは決して同一ではない,そして個人的消費は決して資本主義的生産様式の規定的かつ主導的なモティーフではない。

後者〔すなわち，個人的消費が規定的かつ主導的なモティーフをなすということ〕は，生産者と消費者とが同一であるような場合にのみ生じうることなのだが，それに反して，資本主義的生産様式は，直接的生産者であり生産者大衆である労働者の消費と生産とが相互にまったく無関係であること，その反対にむしろ，資本主義的生産様式の発展に比例して相互に乖離してゆくこと，にまさしくもとづいているのである。これらの〔生産と消費という〕モメント相互の疎外（*Entfremdung*）および，それらの内的関連ないしは相互一体性は，他面では，それらのモメントの暴力的な均衡化（*gewaltsame Ausgleichung*）たる恐慌（*Krise*）において自己を貫徹する。かくして，生産と消費とが相互に或る一定の内在的な限度および比例関係のもとになければならず，生産量は終局的には消費量によって規制されなければならない，という恐慌に対立する根拠（der Grund *gegen* die Krisen）は，まさしく，恐慌にとっての根拠（ein Grund *für* die Krisen）にほかならないのである。なぜならば，資本主義的生産の基礎上では，この相互規制は直接的には存在するものではないからである。」*

（下線はマルクスのもの，〔 〕内は引用者による補足。）

拡張再生産の正常的進行のためには，諸要因，諸契機の《並行，上昇線における段階的序列（Parellelismus, Stufenfolge in aufsteigender Linie)》が保たれなければならないという，生産諸部門間における技術的＝経済的連繋に関する論述の結びの個所で，そうした論述との関連において，《生産と消費の矛盾》に関する論述がなされていること，また，「生産と消費とが相互に或る一定の内在的な限度および比例関係のもとになければならず，生産量は終局的には消費量によって規制されなければならない」という《恐慌に対立する根拠》がまさしくそのまま《恐慌にとっての根拠》にほかならない，とされていることは，まさに注目すべきことであり，均衡蓄積率・均衡蓄積軌道の概念を定立することによって逆に過剰蓄積とその累積メカニズムを明らかにしようとする，私見を強く根拠づけるものであるようにおもわれる。「生産諸部門間の技術的＝経済的連繋」と社会総体としての「生産と消費の均衡」とが一体をなす

ものとして把握され，その観点から「生産と消費の矛盾」による「恐慌」の問題が論じられていることが読みとられなければならないのである。

なお，この第2部初稿第3章「流通と再生産」(それは現行『資本論』の第2巻第3篇に該当する)における生産と消費の矛盾に関する論述は，《均衡を維持しうべき蓄積率》およびそれを基準としての《過剰蓄積》の概念を定立するにさいして，そうした立論の想源となったところの(拙著『恐慌論研究』102-6 ページ)，„Grundrisse" SS. 347-8 における《消費と価値増殖との間の *richtig* な比例関係》を保つには過剰に蓄積がおこなわれることによって《全般的過剰生産》が生ずるのだとする論述との関連において，その延長線上にあるものとして，把握することにより，なお一層明確にその意義を理解することができるであろう。《消費と価値増殖との間の *richtig* な比例関係》を保つには過剰に蓄積がおこなわれるということ，すなわち，《過剰蓄積》の累積過程それ自体が，「生産と消費の矛盾」の激化の過程にほかならないのである。

　　* 第2部初稿第7章におけるこの論述個所が本邦において日本文で紹介されたのは，拙論におけるこれが最初なのであった。そして，この叙述の所在をロシア語版によって最初に指摘したのも，私の友人の服部文男氏であったようにおもわれる。「本邦初公開」だなどと言って，共に笑いあったような記憶がある。

附論 II　『資本論』第 2 巻第 2 篇脚註 32 の「覚え書」の末尾の「次の Abschnitt」は，第 2 部第 2 稿においては「次の Kapitel」であった。

　『資本論』第 2 巻第 2 篇脚註 32 の「覚え書」の最後の部分に，„Dies gehört jedoch erst in den nächsten Abschnitt." と記されてある，その「次の Abschnitt」が，『資本論』のどの部分をさすとみるべきか，という問題が，久留間教授と私との間の論争における一つの重要な論点をなしていたことは，小論のまえがきにおいて記したとおりであるが，その論争点に決着をつけるには，マルクスのもとの手稿にはその個所がどう記されていたかを知る必要があるように考え，目下御夫妻で留学中の福田川八重子女史に，アムステルダムの社会史国際研究所におもむいて同研究所に所蔵されているマルクスの手稿またはそのコピーを直接に見て，問題のその個所がマルクスのもとの手稿においても „in den nächsten Abschnitt" となっているか，それとも „in das nächste Kapitel" と記されてあるか，調べてほしい旨の依頼状を出したところ，このほど同女史から本年（1976 年）1 月 14 日付の返信があり，その件についての興味ある回答が寄せられたので，学問上の一つのニュースとして，ここにその手紙の関係個所を掲載し，一般の読者の参考に供したいとおもう。（手紙内容の要点だけを記すよりは，生の文面をそのまま伝えた方が良いようにおもわれるので，福田川女史の御諒解をえて，ここにその手紙の関係個所をそのまま転載する。）

　　先生，お元気で新年をお迎えになりましたでしょうか。11 月 15 日付のお手紙を受けとったままずい分返事が遅れてしまいました事をお許し下さい。……先生からの御依頼の件につきましては，早速 Amsterdam の „Internationaal Instituut voor Sociale Geschiedenis" に行き直接申し込んでみました。その日（12 月 19 日 金）は appointment をとっただけで明朝（12 月 20 日 土）再訪しました時に，マルクスの遺稿から直接コピーしたものを見せてもらいました。現物そのものは見せないらしく，そのものからの複写を貸してくれたわけです。聞いていた通り，みみずのように小さくゴチャゴチャしていて，略字あり，ドイツ語と英語の交った文ありで，解読は大変でした。資本論ドイツ語版と照合しながら何とか問題の個

II 再生産論と恐慌論との関連について㈠ 73

所をつきとめました。原稿には確かに 2 巻 2 篇 16 章にあたる文の途中に挿入文があり，そこでは，Abschnitt と書かれている単語の上に一本線で訂正の線がひかれていて，その上に Kapitel と改めて書かれていました。この両方の文字は比較的はっきりと読むことができましたが，これら両方がマルクスの字なのか，それともエンゲルスが改めたものなのか理解しかねていました。といいますのは，このコピーには，エンゲルスの断り書きらしいもの〔„Im Manuskript ist hier die folgende Notiz für künftige Ausführung eingeschaltet." という脚註 32 の冒頭にエンゲルスが書き入れた断り書きをさす〕は見当らず，エンゲルスが《印刷されている資本論》の脚註で述べている通りまさに文の途中に覚え書きとして挿入されている〔だけだ〕からです。そうこうしているうちに，この研究所の付属研究員でやはりマルクス研究者である Jürgen Rojahn というドイツ人（35 歳位）と面接するように言われました。彼は私達の問題（研究所へは夫と 2 人で行きました）をていねいに聞いてくれて，さらに問題の個所をゆっくりと調べてから，「マルクスとエンゲルスの字は全く異ったタイプの字であって，その違いは誰の目にも明らかである。そして，この個所に関しては両方共マルクスの字であり，エンゲルスは加筆していない。」ということです。〔この個所では〕「この遺稿そのものにはエンゲルスは全く手を加えていず」，「マルクスは，はじめ Abschnitt と自分で書いて，それをさらに自ら Kapitel と書き改めた」という訳です。そして，「それが印刷段階でエンゲルスにより再び Abschnitt と書き改められた。」ということになります。筆跡の件についてはドイツ人の研究者の言うことですから確信があると思います。また，この研究員の話ですと，近いうちに（今年中？）マルクスとエンゲルスの違いをはっきりさせるために，マルクスの遺稿を整理して出版するプランを今進めている最中だということです。こうした計画のためかどうか知りませんが，問題の個所をコピーしたいという申し出は断わられました。……「『資本論』は，エンゲルスが編集したため，Abschnitt を『篇』，Kapitel を『章』と区別したのがエンゲルスだとすると，マルクス

のいう Kapitel はどういう意味か（どこをさしているのか）ということが問題になるが，〔"…in den nächsten Abschnitt" となっていようと，"…in das nächste Kapitel." となっていようと，〕両方共すぐ近くの個所でという意味を original な言葉そのものとして持っている。」ということでした。……

みられるように，問題の個所は，最初「次の Abschnitt」と書かれていたが，それがマルクス自身によって「次の Kapitel」と書き改められ，さらにそれが印刷段階で第2巻の3篇構成に応じてエンゲルスによって「次の Abschnitt」と訂正されたのである。すなわち，2巻の3章構成から3篇構成への移行にともない「次の章」が「次の篇」と訂正されたのである。だからそれが第2巻第3篇をさすことはもはや疑う余地もなく明らかであるといえよう。「次の Abschnitt」を「次の部分」と読み，それが第3巻をさすのだという『レキシコン』の説——それは斬新な問題提起であり，興味ある思考実験であり，有益な学問的刺戟ではあったのであるが——は成立しえないことが，これによって文献考証の面からも立証されえたといってよいであろう。したがってまた，「生産と消費の矛盾」の問題や不均衡の問題は，第2巻第3篇では論じえないし，論じてはならないと，マルクス自身が考えていたのではないこともまた，これによって確証されえたと言うことができよう。

ただ，最初にマルクス自身が「次の Abschnitt」と書いたのはどういうつもりであったかについて若干こだわりを感ずるむきもあるかもしれないし，その理由はいろいろに考えられうるであろうが，しかしマルクスの草稿においては最終的には「次の Kapitel」であったということがやはり決定的ではないかとおもわれる。

以上によって，大谷禎之介氏「『内在的矛盾』の問題を『再生産論』に属せしめる見解の一論拠について——『資本論』第2部注32の『覚え書』の考証的検討——」（東洋大学「経済経営研究所研究報告」1973年 No.6 所収）の論旨，とくにその論稿の193-9ページの結論的部分の議論が成立しえないこともまた，明らかであろう。「『次の Abschnitt』＝『次の篇』＝『第2部第3篇』，と先入見的

に考える傾向がいささかなりとも存在するならば，それは完全に払拭されなければならない」(傍点は大谷氏)といった大谷氏の論断は，文献考証的な立証のない空虚なドグマにすぎない。こうした事実を知りながらなお且つ氏が自説を固持しようとされるならば，それはもはや「プロクルステスのベット」どころの話ではあるまい。いわゆる「内在的矛盾」は第2巻第3篇の再生産論と全く無関係だとする・一部の論者にいまなお根強く残っている見解こそが，「偏見」にすぎないのである。そうした偏見を捨て，そうした次元の議論から脱皮して，われわれは，第2巻第3篇の再生産表式分析が「内在的矛盾」を把握するための如何なる意味での理論的基準たりうるか，また，その「矛盾」の構造と運動態様が表式展開によってどのように明らかにされうるか，について，もっと前むきの議論を展開しなければならない。そうした発展的な議論を展開することこそが，真に古典を尊重する所以ではないであろうか。また，そうした理論の発展への努力なしには，古典を現実分析の武器として現代に生かすこともできないのではないであろうか。

76　第1部　恐慌・産業循環論の体系構成

附論 III　$G-W<^{Pm}_{A}$ に係わる「独自の種類の恐慌」の歴史的実例だとされる「棉花恐慌」は，実は本来の「恐慌」ではなかった。

『剰余価値学説史』第2巻第17章，Werke版 Bd. 26, II, SS. 513-4において，「資本の総＝流通過程または総＝再生産過程は，資本の生産部面と流通部面との統一であり，両方の過程を自己の諸部面として通過するところの一過程である。この過程のなかに，恐慌の一層発展した可能性または抽象的形態が在る。」と述べられている場合の「資本の総＝流通過程または総＝再生産過程」とは，前後の文脈からして，「価値および剰余価値の実現」の問題がそこではじめて本格的に問題となるところの，第2部初稿の表現では（第3章のテーマである）「総資本の過程」としての「現実的再生産過程」，現行『資本論』第2巻の第3篇「社会的総資本の再生産と流通」の過程にほかならない，と解すべきであろうことは，すでに本文で既述のとおりであるが，しかし，「恐慌の一層発展した可能性」が第2巻第3篇の再生産表式分析によって解明されるとする見解を妥当とすることは，「第2巻の第3篇以外の個所でも恐慌に関連する叙述がいくつかみられ，恐慌の諸契機たりうべき問題の所在が指摘されていることをなんら否定することにならない」こと，だが，「それらの諸契機が『発展した恐慌の可能性』を規定する諸契機として把握されうるのは，個々の資本の流通過程における運動が考察される第1，2篇においてではなく，社会的総資本の再生産過程が考察される第3篇においてである」ことも，既述のとおりである。第2巻の流通過程分析を社会的総資本の再生産過程把握の観点から総括する位置にある第3篇において，第1，2篇においてもその所在が指摘されていた恐慌の諸契機が《発展した恐慌の可能性》を規定する諸契機として総括把握されるのである。$W'-G'$ の過程がクリティカル・モメントをなすことは個々の資本の循環運動の考察においても指摘されうる（すなわち，その意味で恐慌の諸契機の所在が指摘されうる）が，しかしそうした指摘は「単に形式的」であるにすぎず，$W'-G'$ がどういう諸条件によって制約されるかの具体的分析は《総資本の過程》としての《現実的再生産過程》においてはじめてなされうるのである。個別資本の運動を考察するかぎりでは，$W'-G'$ を制約するモメン

トは，そういうものとしては「現われない——けだしここには互いに交換される貨幣と現存商品とがあるだけだからである」という，本書63ページに前掲の第2巻初稿の叙述はまさにこの点を言おうとしたものである。

なお，第2巻第3篇はW′…W′循環形態の観点から社会的総資本の総＝流通・再生産過程を把握し，社会総体としてみた生産過程と流通過程との統一の諸条件を明らかにするものであって，単にW′—G′の過程のみを孤立的に問題とするものではない。久留間教授が回答において強調された，$G-W<{}^{Pm}_A$ に係わる例えば「原料の価値騰貴」等の諸問題も，W′—G′を制約する諸条件に係わる問題として再生産論のうちに包摂することが可能であろうし，またそうしなければ，それらの諸問題は真に「発展した恐慌の可能性」を規定する諸契機としては，把握されえないであろう。理論の問題としてそうであるし，また現実の問題としても，単なる「原料の価値騰貴」はそれ自体としては再生産過程の部分的攪乱をもたらすだけであって，ただちに「恐慌」をもたらすものではない。本来的恐慌は資本主義的生産の本質そのものに根ざす内的な諸要因によって規定されたものであり，そういうものとしての恐慌の諸条件が成熟しているときに，例えば凶作などによる「原料の価値騰貴」等の要因が生ずれば，それが矛盾の爆発の契機として作用することはありうるであろうが，それのみによって必然的に恐慌を生じさせるようなものではない。しかるに，久留間教授は，「価値および剰余価値の実現の困難から起る恐慌……とは別種のもの」としての「生産資本の諸要素特に原料の価値騰貴によって起る恐慌」があるとされ（前掲『経済志林』23ページ），その具体的な一事例として《歴史的に有名な「棉花恐慌」》を挙げられ，理論を展開するにはこういう「現実の事実」を重視しなければならないことを大いに強調されている（同上，24ページ）。事実を重視すべきこと自体にはもちろん異論はないが，その事実は正確に把握されなければならない。そこで，「棉花恐慌」なるものがいかなる「事実」であったかを，検討してみよう。この問題は，「実現の困難から起る恐慌」とは「別種」の「原料の価値騰貴によって起る恐慌」があるとする久留間教授の立論が成り立つかどうかに係わる問題である。

「綿業恐慌（Krisen der Baumwollindustrie）」(*Das Kapital*, Bd. I, S. 470.) ないしは「棉花恐慌（Baumwollkrisis）」(*Ibid.*, Bd. III. S. 134, 134.) とは，1961～5年のアメリカの南北戦争によって，アメリカからの棉花輸入が激減し，イギリスをはじめヨーロッパの資本主義諸国の木綿工業に，とくに1861～3年頃に，深刻な影響を与えた事態をいうのであるが，「棉花飢饉（Baumwollennot）」とも呼ばれるこの事態が，厳密な意味での《恐慌（Krise）》といえるかどうかが問題である。当時のイギリスを中心に，この「事実」を検討してみよう。

第一に，1857年恐慌から立直り，インド・支那等のアジア市場への輸出増大を有力な牽引力として，急速な・少なからず投機的性格をさえおびた・膨脹をとげたイギリス木綿工業は，「1860年の絶頂」期 (*Ibid.*, Bd. I, S. 478.) にすでに過剰生産状態にあった。市場は充溢し，(「世界市場の三ヶ年分の需要を充分まかなえる」ほどの) 大量の在庫をかかえていた。そこへアメリカからの棉花輸入の激減・「棉花飢饉」による棉花価格の急激な昂騰が生じ，それが綿糸および綿織物の価格を急騰させ*，その価格上昇が販売の不振と設備の遊休をさらに激しいものにした。弱小企業が没落し，綿業労働者——それは当時の熟練労働者であった——の大量失業が発生し**，賃銀率は切り下げられ，その他の労働諸条件も著しく悪化した。だが，大量の在庫棉花をかかえていた大規模な木綿工場の経営者たちは在庫棉花および製品の価格騰貴によって大いに利益をえた***。なお，棉花飢饉の過程において機械化が急速にすすめられ，それがまた弱小企業の没落と労働者の失業の増大を結果した。

* 「アメリカ合衆国は1860年にヨーロッパの棉花需要の約85％をまかなっていた。1862～64年にはヨーロッパのアメリカ棉花輸入は1860年の輸入高の3～6％に落ちた。……1862年の棉花の消費は，1860年にくらべてイギリスでは2/5に，アメリカでは1/3に，フランスでは1/4に，ドイツでは1/2に，ロシヤでは1/3に減少した。棉花の価格は1860～64年のあいだに4.5倍になった。それに応じて綿糸と綿織物の価格もあがった。」（メンデリソン『恐慌の理論と歴史』大月書店刊，第2分冊，509ページ。）
** 「1862年にイギリスでは木綿工業の紡錘と織機の総数の3/5が遊休していた。労働者の75％以上は2～3年にわたって完全失業ないし部分失業におちいった。」他の資本主義諸国においても同様の事態が生じた（同上，516-7ページ）。

*** 「……棉花飢饉は大工場主層を富ませた。1861年半ばのイギリスには，売れない原棉および綿製品の在庫が山積していた。アメリカ産原棉の輸入が中絶した結果，この在庫品が異常に値上がりした。一部の専門筋の計算によれば（この値上りによって）イギリスの綿製品工場主および棉花商人層が得た利益額は，棉花において1,900万ポンド，綿製品において1,600万ポンド，合せて3,500万ポンドにのぼった。ランカシャーの資本家層が，これほど巨額の利潤を棉花飢饉の最初の2年間にせしめたのである。」（ツガン・バラノフスキィ『英国恐慌史論』第2篇第3章「棉花飢饉」救仁郷繁訳，379ページ。）

だが，第二に，全体としての産業循環の局面は，1866年恐慌までなお好況局面であった＊。棉花飢饉による木綿工業の一時的衰退は木綿工業におされていた他の繊維工業（羊毛工業や亜麻工業）のもりかえしをもたらしただけでなく，なによりも鉄道建設およびそれに関連する製鉄業・石炭業・機械製作業および造船業等の重工業部門＊＊の急速な膨脹により，なお力強い上昇過程にあったのである。

　＊　「1860年代の棉花飢饉は，……イギリス産業界に全般的不況をもたらすということはなかった。」（同上，同ページ。）
　＊＊　1857〜67年間に世界の鉄道網は7万5,000キロメートルも増加し，その10年間にヨーロッパの鉄道網は2倍以上になった。「1856〜67年間だけでイギリスの鉄道には約2億ポンドが投下された。これらの投資は多くの工業部門の生産物にたいする追加的需要の源泉であり，それを膨脹させる強力な刺激であった。」全く同じことは，規模が違うだけで，他の資本主義諸国にも起った。（メンデリソン，同上，522-3ページ。）

以上の第一，第二の点からして，いわゆる「棉花恐慌」なるものは，本来的な意味での周期的恐慌ではなかったことを知ることができよう。それはせいぜい綿業部門に生じた「部分恐慌」にすぎず，しかもその「部分恐慌」でさえも，「棉花飢饉」それ自体がもたらしたものであるよりはむしろ，「棉花飢饉」が生ずるまえにすでに過剰生産状態にあった綿工業のdistressが「棉花飢饉」による価格騰貴によって変形され複雑化され長期化され，またとくに，弱小企業および労働者の状況がさらに深刻化されたにすぎないのであって，マルクスもまた，「棉花恐慌」とか「綿業恐慌」といった言葉は（「棉花飢饉」という言葉と同義のものとして）用いてはいるが，それが本来的な意味での《恐慌》で

あったとはみていないのである。例えば、『資本論』第1巻第4篇第13章「機械と大工業」の第7節「機械経営の発展に伴う労働者の排出と吸引，綿業恐慌」において次のように論じている。──「棉花飢饉の歴史は非常に特徴的なので，しばらくこれについて述べなければならない。1860年から1861年にかけての世界市場の状況から推察すれば，棉花飢饉は工場主たち〔とくに大規模工場の経営者たち〕にとってはお誂向きにやってきたものであり，またいくらかは有利でもあったのであって，この事実は，マンチェスター商業会議所の報告書のなかで認められ，議会ではパーマストンやダービによって公言され，いろいろなできごとによっても確証されている。……〔棉花飢饉のために〕小工場主たちはたいてい没落した。彼等は，棉花飢饉によって阻止された商業恐慌によっても同じ運命に見舞われたであろう。(*Das Kapital*, Bd. I, SS. 478-9.〔 〕内は引用者による補足。) また，マルクスは，1862年2月8日号『プレッセ』所載の論説「棉花恐慌について (Zur Baumwollkrise)」においても，同様の指摘をおこなっている。(*Marx-Engels Werke*, Bd. 15, SS. 461-3.)

以上によって，いわゆる「棉花恐慌」なるものを《原料の価値騰貴によって起る恐慌》の事例とすることはできないことが明らかであろう。久留間教授のいわれるように，マルクスは「常に事実を重視し，それを理論的にどのように取扱うかに苦心した──そこに彼の偉大さがある」のであるが，そのマルクスは，いわゆる「棉花恐慌」なるものの実態を，上記のように鋭く且つ的確に把握していたのである。総じてそうした「現実の事実」の的確な把握のうえに立って，あのマルクスの「整然とした体系」が展開されたのである。

なお，石油価格の急騰を一契機とする現在の世界経済の状況は「棉花飢饉」によるそれと興味ある類似点ももつが，しかし現下の状況を「棉花恐慌」と同じような意味で「石油恐慌」とみなすとすれば，問題であろう。拙著『恐慌論研究』の増補版の「はしがき」にも記したように，資本主義世界の全体を蔽う「スタグフレーション」と呼ばれる現今の事態は，「オイル・ショック」という外的契機のみによって生じた，単に偶発的な現象ではなく，現代資本主義の構造そのものに根ざすところの，内的必然性にもとづくものであり，それが，

「オイル・ショック」によって触発されまた増幅されながら発現しているものにほかならない。すなわち，それは，資本主義の内的諸矛盾の，それ故にまた《Krise》の，現代資本主義体制のもとでの，インフレーション政策によって歪曲され変容せしめられた，発現形態にほかならないのである。

　現今の状況のこうした把握は，「資本そのものが資本主義的生産にとっての制限となる」という意味での《恐慌の内的必然性》の論定なしにはなしえないであろう。《Notwendigkeit der Krise》という表現こそマルクスは記してはいないが，しかし，資本主義的生産にとっての恐慌の内的必然性をマルクスが否定していたかといえば，絶対にそうではない。資本主義的生産の本質そのものによって，一方では資本主義的生産に対する諸制限が措定され，他方では同時にまた，その諸制限を越えての・生産の無制限的発展への内的傾向——それは個々の資本に対して《競争の強制法則》として作用する——が措定される。そこに資本主義的生産の根本的矛盾と恐慌の内的必然性があることは，まさにマルクスの反復強調したところである。なお，「恐慌の必然性」というのと事実上ほぼ同義と解されるような表現が全くみられないわけではない。例えば，『資本論』第3巻第5篇第32章「貨幣資本と現実資本Ⅲ」に次のような文言がみられる。「……信用の発達につれて，生産過程をその資本主義的な諸制限（Schranken）を超えて駆り立てる必然性（Notwendigkeit）——過剰取引・過剰生産・過剰信用——が発展せざるをえない。同時にこのことはつねに，一の反動を惹起するような形態で生ぜざるをえない。」（Das Kapital, III, S. 524. 傍点は引用者。）言うまでもなく，ここで「反動（Rückschlag）」というのは，「恐慌（Krise）」を意味する。なお，久留間教授もまた，著書『マルクス恐慌論研究』においては，例えば，「マルクス恐慌論摘要」の「四，諸契機の独立化の発展と，強力的・突発的形態におけるそれらの現実的統一の必然性……」において，「恐慌において実現されるこの統一の再樹立は，本質的に非独立的な諸契機の外的独立化の或る程度の強力的進行（本質的に非独立的な諸契機の外的独立化はそれ自身に強力を意味しなければならぬ）を前提するが故に，従ってそれは必然的に，強力的，且つ周期的＝突発的な形において現象せざるを

えない。……」と述べられているのであって，事実上においては，《恐慌の必然性》という問題の立て方をされているようにおもわれる。そのかぎりにおいて，私見との相違は単に《恐慌の必然性》という言葉を用いるかどうかにのみ存するにすぎないことになる。だが，問題はむしろ，「諸契機の独立化の発展」の《必然性》とそれの「強力的」統一化の《必然性》を，より具体的に明らかにし，さらにまた，独占段階以降の構造変化と現代資本主義的な諸政策のもとで，それがどのように変容されつつ自己を貫徹するかを，明らかにすることではないであろうか。

〔1976.2.10〕

Ⅲ 再生産論と恐慌論との関連について ㈡
——久留間教授の公開回答状㈡に対する再批判——

「恐慌論体系の展開方法について」と題する拙論の公開質問に対して，このほど久留間教授から第二回めの回答がよせられた（久留間鮫造「恐慌論体系の展開方法について㈡」・『経済志林』第44巻第3号）。今回の久留間教授の回答には，その論調にいささか困惑させられるような個所がないではないが，しかし，できるだけ内容的な点にだけ論点を絞って再度私見を述べることにする。但し，事実に反する論述や誤解にもとづく発言に対しては，事柄を明らかにする必要上，やはりその旨記さざるをえなかった場合もあることを，おことわりしておきたい。私の久留間教授に対する質問は，(1)再生産論と恐慌論との関係について，(2)均衡蓄積率の概念について，(3)《恐慌の必然性》という項を設けることの是非について，の三点からなるが，今回の回答は第一の質問点に対する回答の続きである。第一の質問点は，(1)『剰余価値学説史』第2巻第17章，Werke版Bd. 26.Ⅱ，SS. 513-4において，「それ自体同時に再生産過程であるところの流通過程」とか「資本の総＝流通過程または総＝再生産過程」という表現であらわされているのは，現行『資本論』第2巻第3篇の再生産論における《社会的総資本の再生産と流通》の過程ではなくて，『資本論』第2巻の全体がその分析にあてられている「資本の流通過程」一般だとする，『レキシコン』の栞No. 6の8ページおよび11ページに記された見解に対する疑問，(2)『資本論』第2巻第3篇の再生産表式分析の意義に関して，社会的再生産がいかに行なわれるかを解明する再生産論では不均衡や不一致の問題は論じえないし論じてはならない，という，『レキシコン』の栞No. 7の3ページに記され

84　第1部　恐慌・産業循環論の体系構成

た見解に対する疑問，(3) 上記の点と関連して，第2巻第3篇の再生産論では「生産と消費の矛盾」の問題は論じえないし，論じてはならないとする見解を裏付けるために，第2巻第2篇脚註32の「覚え書」の最後の部分に „Dies gehört jedoch erst in den nächsten Abschnitt." と記されてある，その「次の Abschnitt」は第2巻第3篇ではなく，第3巻だとする説に対する疑問，(4) 単純再生産から拡張再生産への移行の問題を重要視し，且つそれを一般化して，蓄積率の変動にともなって部門間比率が変化し，その変化は不可避的に「一定の諸困難」をともなう，そうしたことを明らかにすることに「第2部第3篇における再生産論が恐慌論にたいしてもつ意味がある」のだ，とする，『レキシコン』の栞 No.7 の 3-4 ページおよび No.6 の 18 ページに示された見解に対する疑問の，以上4点から成るが，今回の回答はその(2)～(4)点に関するものである。以下，順次に検討しよう。

1　再生産論の方法的限定

(2)の点は，『資本論』第2巻第3篇の再生産（表式）論の分析視角と方法的限定に関するものである。久留間教授は『レキシコン』の栞 No.7 の 3 ページで次のように論述されていた。（一般の読者のために再度引用しておく。）

　　「……たしかに個別資本にとっては，固定資本の償却の場合にも蓄積基金の場合にも，W－G と G－W とは現実に分裂する。しかし，社会的総資本を考えるならば，それらの総体としての供給と需要とは一致しうる。一致しうるだけではありません。社会的総資本の再生産の正常な進行を考察するかぎりでは，両者の一致がその『条件』として析出されることになるわけです。2部3篇のように，社会的再生産がいかに行なわれるかということを解明するときには，それらがどのようにして不一致におちいるかということは問題にならない。問題にすべきではありません。」

これに対して，「この文章は一見わかりやすいように見えるが，その表現が余りに簡略にすぎるため，よく読みよく考えてみると正確には何を言わんとさ

れているのかその意味をとらえ難いところがある」として，私はこれにかなりに詳細な検討を加えた（拙著『増補 恐慌論研究』480-2 ページ，本書 12-5 ページ）のであるが，久留間教授はこの私の検討そのものに対しては全く答えられることなく，前掲の文章にすぐ続けて書かれている以下の文章を見れば，さきの文章で教授が何を言おうとしていたかは容易にわかるはずであるとされ，その部分の引用を省略した私の批判の仕方を論難されている。それは，以下のような文章である。

　「もちろん，現実の総再生産過程はたえざる攪乱のなかで進行していくのであって，設備投資ひとつとってみても，新しい市場の発見であるとか，新しい生産方法の発明であるとか，戦争の影響であるとか，こうしたもろもろの事情によって，多かれ少なかれ一時期に集中して行なわれます。年々均一に新投資が，したがってまた更新が行なわれるわけではない。そして，こうしたことが，資本主義的生産の循環的運動に重要な意味をもっているのですが，しかし，これらのことは 2 部 3 篇では問題になりません。（『レキシコン』の栞 No. 7 の 3 ページ）

しかし，さきの文章が第 2 部第 3 篇の分析対象および方法的限定について論じた微妙な問題を含む論述であるのに対して，「もちろん云々」で始まるこの文章は，「たえざる攪乱のなかで進行していく」ところの「現実の総再生産過程」について，——とくに設備投資の問題を中心に——論述したものであり，そうした極めて現実的・具体的な過程が「2 部 3 篇では問題になりえない」ことは，いうまでもないことではなかろうか。この，おそらくは何人にも異論のない，当然自明なことが述べられているにすぎない文章——それは，さきの文章の内容を説明するものであるよりは，それに念のため書き添えられたものと（文章の客観的な構造からすれば）解される——を引用しただけでどうして私の質問なり批判なりに対する回答になるのか，またその部分を引用しなかったことが，どうして言われるような非難に値することなのか，全く理解し難いといわざるをえない。それとも，私が検討の対象としたさきの教授の文章は，「たえざる攪乱のなかで進行していく現実の総再生産過程」は「2 部 3 篇では

問題になりえない」ということを述べたにすぎなかったのであろうか？ ほんとうにそうであろうか？ しかし，それならばそれで，私の以下の批判が妥当することになる。

「……それとも，『それがどのようにして不一致におちいるか』というさきの御発言の論旨は，どういう現実的な過程を通じて，『不一致におちいるか』という意味で言われているのでしょうか？ つまり，不均衡化の現実的・具体的な過程そのものは第2巻第3篇では『問題にならない。問題にすべきではありません。』と言われているのでしょうか？ もし，そういうことを言われているのであるならば，それは全くそのとおりであるとおもいます。だが，そのことは，第2巻第3篇では『不均衡』や『不一致』を論じえない，ということとは別のことではないでしょうか？ 第2巻第3篇では，一定の方法的に限定された視角からのみ，『不均衡』や『不一致』が論じられうるのであって，その不均衡化の必然性の論証や不均衡化の具体的な過程そのものの解明は第2巻第3篇の課題ではない，というように考えるべきではないでしょうか？」（前掲拙著481ページ，本書13-4ページ）

以上によってまた，私が意図的に久留間教授の文章を「ちょんぎって紹介して論難する」ような批判を加えようとしたのではないことは，充分おわかりいただけたであろう。ことは研究史上ひさしく論争の対象とされてきた再生産論と恐慌論との関連を考えるうえに極めて重要な意味をもつ論点に係わる問題なのであるから，冷静に且つ綿密正確に議論がすすめられなければならない。論争を「双方にとってエネルギーの無駄使い」におわらせないために，どうか私の質問なり批判なりに対して真正面からお答えいただきたい。

2　第2巻註32の「次のAbschnitt」の問題

(3)の点は，現行『資本論』第2巻第2篇脚註32の「覚え書」の末尾に „Dies gehört jedoch erst in den nächsten Abschnitt." と記されてある，そ

の次の Abschnitt が何をさすのか，という問題であり，(2)の論点との関連において「生産と消費の矛盾」の問題は第 2 巻第 3 篇の再生産論では論じえないし，論じてはならない，とすべきかどうかに係わる問題である。

　この点に関しては，マルクスのもとの手稿（第 2 草稿）では，最終的には，„... in d. nächste Kapitel." と書かれていたことを，福田川八重子女史のアムステルダムの社会史国際研究所における調査から知りえたことを，前稿「再生産論と恐慌論との関連について——久留間教授への公開書簡（その二）——」（中央大学商学研究会機関誌『商学論纂』第 17 巻第 3 号，本書第 1 部 II）の「付記 II」で報告したが，久留間教授もまたソ連の ML 研究所から送ってもらったマルクスの第 2 稿の解読原稿から全く同じことを最近知りえたことを記されている。こうして第 2 巻第 2 篇脚註 32 の「次の Abschnitt」が第 2 巻第 3 篇をさすことが双方によって確認されたことは一つの収穫であるとおもわれるが，そのことから導き出される結論は，依然として，かなり大幅に食違っている。すなわち，久留間教授は，「次の Abschnitt」は「次の篇」であり第 2 巻第 3 篇であることを認められながら（前掲久留間論文 11 ページ），現行版では脚注 32 とされている文章がマルクスのもとの手稿では本文のなかにすぐ続けて書かれていたことと，末尾の文言が „Diese ganze Geschichte jedoch gehört erst in das nächste Kapitel." と解読されうるということから，以下に見るような独特の論述を展開される。まず教授は現行版で註 32 が挿入されている個所にあたるマルクスのもとの手稿（第 2 稿）の ML 研究所による解読原稿部分（現行『資本論』Werke 版の第 2 巻の 317 ページの終りから 3 行目あたりから 318 ページの 14 行目あたりに該当する個所）を掲げられ，それと対照させるかたちで「〔第 2 稿の〕この個所に該当する〔と久留間教授が考えられる〕第 1 稿の個所」（第 1 稿 97 ページ）の長文の叙述を引用される。この第 1 稿の叙述にも，その最後に „Die ganze Bemerkung gehört in ch. III vom *Reproduktionsprozeß*." と付記されており，かくして，この第 2 稿の叙述と第 1 稿の叙述とは，「どちらも，生産に長期を要する固定資本の創設の場合に生じる事態を問題にしている点では同じ」であり，また「次の章（現行版では第 3 篇）への指示が与えられている

ことも両者に共通」であるが，第1稿の叙述には，現行版の註32に入れられているような「生産と消費の矛盾」の問題に係わる叙述が全くみられない点で——第一稿の全体とくに第3章の後半部分を見るならば，決してそうではないことは，すでに前稿の付記I（本書68-9ページ）で指摘したとおりである——，第2稿のそれと決定的にその内容が相違しているのだとされ，さらに，次のような，巧みな論述を展開される。——「この両者の比較から一般的にどのようなことが問題になり，またどのようなことが結論できるかは別にして，少なくとも，両者に共通な第3章（篇）への指示が，現行版の註32に書かれていることを指しているのではないことは，明らかになるのではないかと思うのです。」〔！〕と。「両者〔第1稿と第2稿〕に共通な第3章（篇）への指示」などというような論法によって，肝心の当面の論点——それは現行版の註32に提示されている問題が第2巻第3篇の問題であるかどうかということである——がいつのまにかぼかされてしまっている。そうしたうえで，教授はさらに，次のようにその論述をすすめられる。すなわち，教授は，「現行版の註32に書かれているようなことは第1稿にはなく，第2稿で新たに書き加えられたことが知られるのですが，……ここに〔第2稿のこの個所に〕書かれていることは〔第2稿の〕その前〔の個所〕に書かれていることと別個のことではなく，その前の部分で行なわれた考察に関連して当然問題になるはずのことを，いちおうここに書きしるしたものと解すべきではないかと考えています。」と，これまたそれ自体としては至極もっともなことを述べられてのち，あたかもその当然の帰結であるかのように，次のような結論を展開されるのである。——「現行版のように，この部分を前の部分から切り離して，註32のような形で独立化させると，前の部分との関連が不明確になるばかりでなく，これは次篇に属するという最後の言葉も，註に入れた部分に書かれていることだけを指すもののように思われることになり，そのために，今までいろんな名論卓説が生まれることにもなったのですが，以上に述べたいろいろのことを考慮すると，折角の名論卓説も誤った前提から出発した無用の論議だったのではないかと思われてくるのです。」（久留間論文の(二)15ページ）と。

「次の Abschnitt」が第 3 巻（および「競争」）をさすのではなく，やはり第 2 巻第 3 篇をさすものであったことが判明し，しかも，前記のように，「生産と消費の矛盾」の問題が第 2 部第 1 稿第 3 章の本文の 7) において論じられているという事実が指摘されたからには，当然，教授は「生産と消費の矛盾」の問題は第 2 巻第 3 篇では論じえないとする自説を訂正しなければならないはずであるのに，そうした訂正は全くおこなわれることなく（久留間論文 7, 8 ページを見よ），逆に「〔今までの〕名論卓説も誤った前提から出発した無用の論議だったのではないか」とまで極言される。だが，これはいささか強引にすぎる論法ではなかろうか？　訂正すべき点は訂正したうえで，しかしこういう問題もあるというように新たな問題提起がなされるべきではなかったかとおもわれる。新たな問題提起をすることによって，あたかも，ほんらいの問題がそもそも存在しなかったかのように言われるのは，少なくも読者に親切な論法ではない。

　しかも，その新たな問題提起の仕方自体にも，大いに検討の余地があるようにおもわれる。というのは，教授は註 32 の叙述がマルクスのもとの手稿では本文のなかに本文に続けて書かれていたことから，直ちにその叙述が他の個所と全く同じ意味で本文そのものとして書かれたもの（註として処理してよいような，なんらの指示もなかったもの）とみなされているようであるが，果してそう解してよいかどうかという点である。私もまた，さきの拙論に掲載した福田川女史の手紙に「2 巻 2 篇 16 章にあたる文の途中に挿入文がある」（前掲拙論 23 ページ）と記されていたことから，註 32 の叙述が本文のなかに挿入されていたことは承知していたが，しかしそれは，「エンゲルスが……脚註で述べている通りまさに文の途中に覚書きとして挿入」（同上 23-24 ページ）されたものと解していた。同女史が後に寄せられたさらに詳細な報告によると，註 32 の叙述は，いわゆる第 2 稿（社会史国際研究所の „Inventar des Marx-Engels Nachlasses" の整理番号 A63）の 118 枚目にあたり，「欄外に（註記のための）余白を残さず用紙いっぱいに書かれた同ページの 58 行からなる手稿*の下から 1/3 程の所に角括弧でくくられた挿入文があり，現行『資本論』第 2 巻第 2

篇註32の覚え書はそのなかの下部5行半分に該当する」とのことである。そして，同研究所の付属研究員である Jürgen Rojahn 氏によれば，この手稿そのものにはエンゲルスは全く手を加えておらず，その角括弧もマルクスみずからが付したものであるということである。それ故，私は，「将来の詳論のための覚え書」として本文のなかに「挿入（einschalten）されていた」という，現行版の註32の叙述のはじめに記されていたエンゲルスの断り書は，全く事実をそのまま伝えたものと解していたのである。教授は，この個所の角括弧がマルクスの付したものではなく実は編者エンゲルスが独自の判断で付したもの（マルクスの手稿にエンゲルスが編集の都合上書き込んだもの）であるという，なんらかの確証のようなものをえられたうえで新たな問題提起をされたのであろうか？ 教授の論稿に掲載されているＭＬ研究所の解読原稿では，この角括弧はどういうわけか，„... in das nächste〔Abschnitt□Kapitel." という具合になっていて，あたかも Abschnitt という単語を囲うものであるかのようになっており（久留間論文9ページ），教授もまたそのように解しておられるようである（同論文11ページ）ので，（第2稿のマイクロフィルムを所持されているにしては不可解ではあるが）手稿ではこの部分が角括弧でくくられているということ自体を認識しておられないようにみえる**。この点からして，私は，教授の新たな問題提起の仕方自体が，その出発点において検討の余地を充分に残すものと考えざるをえないのである。だが，註32にあたる叙述の例の最後の文言が „Diese ganze Geschichte..." となっていた，というようにＭＬ研究所によって解読されているということは，私のいままで知らされていなかったことであり，充分検討に値することであるとおもわれる。しかし，その Diese ganze Geschichte がどの範囲までの事柄を意味するかということも，マルクス自身によって角括弧が付され，また，マルクス自身の手で „... in d. nächsten Abschnitt." が „... in d. nächste Kapitel." と訂正されていたという，この2点との関連において，慎重に検討され考察されなければならないであろう。

* 東北大学の田中菊次氏が1976年4月6日付でアムステルダムから寄せられたお便りによれば，その第2稿118枚目の58行からなる手稿は，現行の Werke 版でい

III 再生産論と恐慌論との関連について㈡ 91

うと，第2巻315ページの第3パラグラフ „Je kürzer die Umschlagsperiode des Kapitals..." から318ページの第4パラグラフ „Soweit endlich..." の3行目の „...den beständigen Wechsel" までに該当するよしである。
** 久留間教授（ないしは大原社会問題研究所）が第2稿のマイクロフィルムを所持されているならば，写真版にしてでも速かにそれを公開し，一般の研究者の利用しうるものとされる処置をとられることを，希望する。当面の問題も，そのマイクロフィルムの当該個所が公開されれば決着がつく問題であろう。マルクスの手稿の解読には解読者の主観が混入するおそれが多分にある点からしても，そうした一般研究者への公開の処置がとられることが望ましいようにおもわれる。

そこで，角括弧で囲まれた部分がどのように本文のなかに挿入されていたか，またそれはどの範囲までの内容を含むものであったかについて，——この論争とは無関係に，客観的な事実としてどうなっていたかという趣旨で——さきにアムステルダムの社会史国際研究所におけるマルクスの手稿の調査をひとまず了えて帰国された田中菊次氏にお尋ねしたところ，それは概略次のようなことであったとのことである。すなわち，現行の Werke 版でいうと，第2巻317ページの下から9行目から6行目かけて，„...Andrerseits in den Industriezweigen, worin die Produktion rasch vermehrt werden kann (eigentliche Manufaktur, Bergbau etc.), bewirkt das Steigen der Preise plötzliche Ausdehnung, der bald der Zusammenbruch folgt." 「他方，生産を急速に増すことができる産業部門（本来の製造工業や鉱山業など）では，価格の騰貴によって突然の拡張が惹き起こされ，その後には間もなく崩落がやってくる。」（訳，全集版『資本論』第2巻，386ページ）と記されてある。その Zusammenbruch 「崩落」が手稿では Collapse となっているが，それにすぐ続けて，（すなわち現行版同ページの下から6行目の Dieselbe Wirkung... から下から3行目の ...heranzuziehn までのほぼ4行分——印刷に付するにさいしてエンゲルスが書き加えた部分——を抜かして）〔Es ist hier zu bemerken: solche Unternehmungen auf großer Stufenleiter, wie Eisenbahnen... という具合に記されており，Werke 版317ページの下から3行目の中ほどから318ページの10行目の終りまでに該当する叙述が展開され（但し，現行版のそれには，エン

ゲルスによるかなりの書き変えや書き入れがあるよしである〕，そしてそれにそのまま続けて註32の「覚え書」の叙述が展開され，最後に，Diese ganze Geschichte jedoch gehört erst in d. nächsten Abschnitt〕が訂正されて，... in d. nächste Kapitel〕となっているよしである*。すなわち，鉄道のような大規模企業の創設によって労働市場から大量に労働力が引上げられ，労働者予備軍が吸収されることによって賃銀が一般的に上昇することが述べられてのち，賃銀上昇の資本制的限界を念頭において註32の「覚え書」の叙述が展開されており**，それらがともに角括弧でくくられていたことになる。これがマルクスの手稿のままの事実だったとすると，「次のAbschnitt」が「次のKapitel」に訂正されているのに応じて，エンゲルスがマルクスの指定に若干の変更を加えて「生産と消費の矛盾」の問題に係わる叙述部分だけをとり出して註にするという現行版のような処置をとったことになる。けだし，労働者予備軍の吸収・賃銀上昇に関する論述などが「次章」すなわち第2巻第3篇の問題だとするのは妥当ではないと判断したからであろう。なお，これが事実であったとすれば，角括弧でくくられた文章の最後の文言が „Diese ganze Geschichte..." となっていたとしても，それは，教授のいわれるように「〔註32の叙述の〕ずっと前から論じてきた問題の全体」（久留間論文11ページ）を指すのではなく，角括弧内で述べられた事柄を指すにすぎないと解する方がはるかに「自然」なようにおもわれる。„Diese ganze Geschichte..." が „Dies..." と改められたのも，「次のAbschnitt」が「次のKapitel」に訂正されているのに応じて「生産と消費の矛盾」の問題に係わる叙述部分だけをとり出して註としたという前記の処置に対応するものであることはいうまでもあるまい。要するに，マルクス自身の手で „... in den nächsten Abschnitt" が „... in das nächste Kapitel" と訂正され，より明確に，そして限定的に指定しなおされていたということが決定的なのであって，それに応じて註にされる叙述部分が限定され，„Diese ganze Geschichte..." が „Dies..." と改められたということになる。そうだとすれば，この場合のエンゲルスの処置は，マルクスによって当然なされたであろうことを代行したにすぎないもの

III 再生産論と恐慌論との関連について(二) 93

解すべきであろう。現行版の註32の「次の Abschnitt」はマルクスの手稿においては（最終的には）「次の Kapitel」であり，したがってそれは第2巻第3篇をさすのだということを認められながら（久留間論文11ページ），しかも「次の章（第2巻第3篇）」に属するとされていたのは現行版の註32の「覚え書」の部分だけではなく，「その〔註32の叙述の〕ずっと前から論じてきた問題の全体」をさすのだ，「それが手稿におけるマルクスのほんらいの意図だったことは現行版での Dies が Diese ganze Geschichte と書かれていたことからも知られるであろう」（久留間論文同ページ），といったような一見 plausible にもみえる教授の主張には矛盾が含まれていることは以上によって明らかであろう***。「〔註32の叙述の〕ずっと前から論じてきた問題の全体」というのは，具体的にはどういう諸問題をさすのかについて，教授自身は積極的な見解を全く示されてはいないが，それは，現行版の註32の叙述の前に展開されていた論述（『資本論』第2巻 Werke 版316-7ページ）からして，かなりに具体的な諸問題——第2巻第3篇で論じうる事柄も含むが，第2巻第3篇ではとうてい論じえないような，第3巻或いはさらに「競争および信用」の項までいってはじめて充分に展開しうるような具体的な諸問題****をも含んでいたのであって，この点からしても教授の所説には無理があるようにおもわれるのである。

* つまり，〔Es ist hier zu bemerken: solche Unternehmungen auf großer Stufenleiter, wie Eisenbahnen から ML 研究所の解読原稿（久留間論文9ページ掲載）につながることになる。なお，角括弧でくくられた叙述部分は，田中氏によれば，上から40行目以降50行目まで全部で11行であり，そのうちの5行半が現行版註32の「覚え書」に該当するよしである。なにしろ「〔マルクス〕自身でさえしばしば読めなかった周知の筆跡」（『資本論』第2巻へのエンゲルスの序言）の判読であるため，田中氏の調査結果と福田川女史の報告とは微細な点で若干の食い違いがあるようであるが当面の論述には差支えはないであろう。
** こうした関連において，労働者階級の消費限界による商品資本および剰余価値の実現の制限の問題が論じられるという，このマルクスの独特の問題把握の仕方は，極めて興味あるところである。
*** 仮りに Diese ganze Geschichte と書かれていたからといって，いっさいがっさい何もかもの事柄を含むとは限らないことは，手近な例として，教授が引用されている第1稿97ページの叙述の末尾に，やはり，„Die ganze Bemerkung gehört in

ch. III vom *Reproduktionsprozeß*"と書かれていても，それは「生産に長期を要する固定資本の創設の場合に生じる事態」に関するせいぜい一，二の事柄を含むにすぎないことからも知られるであろう。角括弧で囲まれ，しかもEs ist hier zu bemerkenという言葉で書き始められた文章の終わりに（その角括弧内に）Diese ganze Geschichteと書かれているのであるから，それは，Es ist hier zu bemerken以下，角括弧内で述べられた事柄のすべてをさすと解するのが自然であり妥当であろう。それが最初は「次のAbschnitt」に入ってからの問題だとされていたのが，「次のKapitel」に入ってからの問題だとマルクス自身によって指定しなおされたのであり，それに応じてエンゲルスが現行版のような処置をとったのである。もし，「次のAbschnitt」が「次のKapitel」に訂正されておらず，また，角括弧が全くなかったか或いはエンゲルスがそれを付したと仮定するならば，教授のような解釈も成り立ちうることになるであろうが，そのいずれも事実に反する仮定なのである。なお，田中菊次氏もここの角括弧は確実にマルクスの付したものであるとされている。マルクスの角括弧はエンゲルスのそれと判然と区別されうるものであり，ここの角括弧は明らかにマルクスのものであるよしである。したがって，当面の問題の手稿の角括弧はエンゲルスではなくマルクス自身が付したものであるということが客観的な事実であると考えてよいとおもわれるのである。

**** 註32の叙述の前に展開された論述とは，だいたい以下のような事柄であった。——生産期間が長期にわたる生産部門への資本投下は，その生産期間のあいだ，販売をともなわない一方的な購買要因・供給をともなわない一方的な需要要因として作用し，資本主義的再生産過程に攪乱的な影響を及ぼす。とりわけ，鉄道建設のような，耐久年限の長い巨大な固定設備を必要とし，その創設に長期のいわゆる「建設期間」を要する部門に大規模な資本投下がおこなわれるような場合には，再生産過程に「大きな攪乱」が生ぜざるをえない。「一方では貨幣市場への圧迫が生じ，……他方では，社会にある利用可能な生産資本への圧迫が生ずる。たえず生産資本の諸要素が市場から引きあげられて，そのかわりにただ貨幣等価だけが市場に投げ入れられるのだから，支払能力ある需要がそれ自身からはなんの供給要素をも提供することなしに増大する。したがって，生活手段の価格も生産材料の価格も上がる。さらに，このような時期にはきまって思惑が盛んになり，資本の大移動が行なわれる。……〔また，食料品等の〕過剰輸入や投機が生ずる。他方，生産が急速に増加されうる産業部門（本来の製造工業，鉱山業等々）では，価格の騰貴が突然の拡張を惹き起こし，間もなく崩壊がこれに続く。」（『資本論』第2巻Werke版316-7ページ）これにさきに述べたEs ist hier zu bemerkenに始まる角括弧で囲まれた叙述が続くわけである。したがって，「〔註32の叙述の〕ずっと前から論じてきた問題の全体」ということになると，それは，貨幣市場への圧迫や生産手段および生活手段の価格上昇や投機の発生や過剰輸入や労働者予備軍の吸収・賃銀昂騰

などの極めて具体的な諸問題のすべてを含むことになり，「これらすべての事項」が——「次の Abschnitt」の問題である（この場合の Abschnitt は篇とか節とかということではなく，漠然とした一般的な意味合いで，かなり広い範囲をさすものと解するのが妥当であろう）というのならばまだしも——「次の Kapitel」のすなわち第2巻第3篇の問題だとすることができないことはいうまでもあるまい。それ故，マルクス自身によって「次の Abschnitt」が「次の Kapitel」に訂正されたという事実を認めるのならば，教授のような説は成り立ちえないわけである。

だが，註32の末尾の „Dies gehört..." の Dies が何を指すのかという問題とは別個に考えるならば註32の叙述の前に論述された事柄のうち第2巻第3篇の問題だとしうる事柄がないではない。それは，さきにみた具体的な諸問題に関する論述を展開する前に述べられたこと，すなわち，生産期間の長い生産部門への資本投下はその生産期間のあいだ「販売なき購買・供給なき需要」要因として現われ再生産過程に攪乱的に作用するという問題である。教授の引用されている第1稿97ページの叙述（久留間論文12-4ページ）もやや曖昧ながら同様の趣旨を述べんとしたものであり，その末尾に „Die ganze Bemerkung gehört in ch. III vom *Reproduktionsprozeß*."「ここで述べたことのすべてが，再生産過程についての第3章に属する。」と記されていることからしても，そう考えてよいとおもわれる。現行『資本論』の第2巻第3篇においては，この問題は，第18章「緒論」の第2節「貨幣資本の役割」（Werke 版 II, 357-8 ページ）および第12節「貨幣材料の再生産」（同上 472-3 ページ）において，いずれも所要（ないしは拘束）貨幣資本の観点から簡略に論じられているだけであり，本格的な展開はみられない。第18章「緒論」の第2節「貨幣資本の役割」の冒頭（同上354ページ）に，「以下の記述はこの篇のあとの方の部分ではじめて取り入れるべきものであるが……」と編者のことわり書きが記されていることも，注目を要することであろう。本来は，第2巻第3篇の「あとの方の部分」で展開されるべき問題であるが，第2巻第3篇そのものが未完成であり，とりわけ蓄積に関する「あとの方の部分」が極めて未展開であるため，とりあえず最初の「緒論」で論述するというかたちにしておく，というのが編者のいわんとするところであろうかとおもわれる。このことからしても，第2巻第3篇の再生産論において，恐慌論との関連において「再生産過程の攪乱」要因に関するかなりに立入った論述が——もちろん，一定の方法的限定のもとにおいてではあれ——展開される予定だったことが推察されうるであろう。第2巻第3篇の抽象性のみを一面的に強調することは，必ずしもマルクスに忠実なゆえんではないのである。

なお，私は，この「再生産過程の攪乱」要因に関する問題を，拙著『恐慌論研究』の第2章「発展した恐慌の可能性」の最終節「不均等発展の不均衡化」の〔A〕「第I部門の自立的発展とその限界」において，また，第4章「産業循環」の

第2節「好況──矛盾の累積過程」において，第Ⅰ部門の自立的発展への傾向との関連において，それを自乗化する要因として，したがってまた過剰蓄積を隠蔽しつつ加速化する要因として，論述した（『増補 恐慌論研究』123ページおよび194-5ページ，『経済原論』279-80ページ）。一つの試みとして参照されたい。

以上によって，教授の新たな問題提起自体が充分に検討の余地を残すもの，或いは検証を要する暗黙の仮定を前提したものであることが明らかとなったかとおもわれるが，仮りに百歩ゆずって教授の新たな問題提起が成立しうるものと仮定したとしても，それによって「いままでの論議が無駄」になるというようなことはありえない。マルクスのもとの手稿では註32の叙述が本文に続けて書かれていたことと，末尾の文言が „Diese ganze Geschichte..." と解読されうること，この二点から最大限いえることは，「次篇（第2巻第3篇）に入ってからはじめて問題にすべきことである」とされていたその事柄が，「生産と消費の矛盾」の問題だけでなく他の事柄をも当初は含んでいたのかもしれないということだけであって，決してそれ以上のことではない。「生産と消費の矛盾」の問題がその事柄のなかに含まれていなかったというようなことは，絶対にいえないのである。「……少なくとも，両者〔第1稿と第2稿〕に共通な第3章（篇）への指示が，現行版の註32に書かれていることを指しているのではないことは，明らかになるのではないかと思うのです。」といった教授の文言を不注意に読むと，そうした錯覚におちいりかねないであろうが，しかしさきの二点からは決してそういうことは言えないのである。いままでの議論が「誤った前提から出発した無用の論議だったのではないか」というような教授の発言が如何に当をえないものであるかは，以上によって明らかであろう。「生産と消費の矛盾」の問題に係わる註32の叙述内容が第2巻第3篇に入ってからの問題だとマルクス自身が指定していたこと──これが当面の争点であり，主題である──は，もはや疑問の余地なく明らかなことなのである。ここまで事柄が明らかとなってしまったからには，これはもう議論の対象ではなく，また見解の相違だとして片づけられる問題でもなく，すでに確定した事実を認めるかどうかの問題なのである。教授が事実を事実として認める雅量を示

されることを願ってやまない*。そうした共通の認識のうえに立って，さらに，それならば，註32の問題は第2巻第3篇においてどのように論ぜられるべきか，というように，議論が一歩前進し，発展的に展開されうるのではなかろうか？

　　* 教授は，この論点に関連して，註32に提示されたような問題は第2部第3篇で論ぜられるべきではないというようなことはいっていない，ただ論じられていないということをいっているにすぎないのだ，その点私が「根本的な誤解」をしている，という趣旨の発言もされているが（久留間論文7ページ），これは，栞 No. 6 の 19-24 ページに《「生産と消費の矛盾」は2巻3篇の「再生産論」の問題だろうか》，《「次の篇」とは，どこをさすのだろうか》という題目を掲げて論じられている内容からして，また，栞 No. 7 の6ページに《マルクスは，「次の部分」で，どのようなことを書くつもりだったのか》という題目で再度述べられている，その内容からして，明らかに事実に反する発言であるとおもわれる。それらの個所で註32の問題は第2巻第3篇の問題ではないという論旨を展開されているのであり，また，栞 No. 7 の3ページ，下段の 9-12 行目において，第2巻第3篇では不均衡や不一致は「問題にならない。問題にすべきではありません。」とはっきりと言っておられるのである。私がありもせぬことを「誤解」して論じているかのようにいわれるのは，当たらないであろう。

なお，この論点に関連して，教授はしきりに註32に提示されているような問題は現行版の第2巻第3篇のどの個所にも全く論じられていないということを強調され（久留間論文 6-8 ページ），「論じられていないことまでそこに読みこもうとする」のは「ひいきのひきだおし」であり「マルクスにとってはありがた迷惑」だとまで極言されているが，——そうして，その種の見解は，わが国のマルクス経済学研究者の一部に根強く残存している見解であるが——そうした第2巻第3篇理解そのものに先ず根本的な問題があるようにおもわれる。それは，マルクスが2巻3篇の再生産論で明らかにした「再生産の諸条件」は「生産過程と流通過程との統一の諸条件」をなすと同時に（或いは，より正確には，統一の諸条件をなすことによって同時にまた），「分裂」の・「異常な経過」の・「不均衡化」の・諸条件をなし，かくして，《発展した恐慌の可能性》をなす，ということ，とりわけ，マルクスが「再生産の基本条件」をなすものとした，関係〔単純再生産では $I(V+M)=IIC$，拡張再生産では $I(V+M_v+$

$M_β)=II(C+M_C)$〕は，生産的消費と個人的消費の・資本流通と所得流通の・交錯＝連繋を制約する条件をなすのであって，「生産と消費の矛盾」が全生産物の実現を制約する関係は，この条件なしには把握しえない，そういう《条件》なのであるということ，この基本的な点を全く理解ないしは容認しようとされていないところに問題があるのである。教授が註32の「覚え書」の末尾の「次の Abschnitt」が（当初の教授の予想に反して）第2巻第3篇であったことを知りながら，しかもなお且つ，註32に提示された問題が第2巻第3篇の問題（或いはより正確には第2巻第3篇なしには論じえない問題）であることをあくまでも否定しようとされるのは，——敢えて率直にいえば——教授の第2巻第3篇理解そのものに妥当性を欠く点があり，しかもそれを頑強に固持しようとされているからなのである。第2巻第2篇の註32で提示された，「生産と消費の矛盾」によって「商品資本の・したがってまた剰余価値の・実現」が制限される，という問題が，「第2巻第3篇に入ってから論ずべき問題である」とマルクス自身によって指定されていたことがいまや明白な事実となったのであるから，それを真向から否定してこられた教授をはじめわが国のマルクス経済学研究者の一部に根強く残存している第2巻第3篇の再生産論理解そのものが根本的な再検討を迫られているのである。「次の Abschnitt」の論争——これは，単なる語義の解釈をめぐる論争ではなく，根本的な方法論上の論争である——はもともと教授の『レキシコン』およびその栞における斬新な問題提起から始められたものであるが，いまや問題提起者自身の理論的再検討が求められているのである。なお，それは，『レキシコン』の構成そのものにも，重大な訂正と変更を迫るものであるとおもわれる＊。

　　＊　久留間『レキシコン』の構成については，末尾の〔付論〕で所見を述べる。

　なお，これは極めて重大な論点であるので念のためさらに一言つけ加えておくが，以上のように述べたからといって，私は，註32に提示された問題ないしは矛盾による「再生産過程の攪乱」の問題が現行版の第2巻第3篇においてすでに充分に展開されえているなどといっているのではない。その意味では未展開のままに残されていると考えている。だが，それを展開するための基礎的

な理論的基準は前述のような意味において、やや不完全ながらも、与えられていると考えるのである。マルクスの最晩年の作品である第2巻第3篇・第2部第8稿、とりわけ蓄積の部分は未完の草稿なのであり、それをわれわれ自身の手で——もちろん、正しい再生産論理解のもとに——完成・発展させなければならないのである。私が、「生産と消費の矛盾」によって全生産物・全商品資本の実現が制約される関係を把握するためには現行版の第2巻第3篇においてマルクスの析出・定立した「再生産の諸条件」だけでは充分でないとして敢えて生産諸部門間の技術的＝経済的連繋（生産諸力の社会的編成）を表現するものとしての・部門構成の観点をうち出し、また全面的過剰生産を帰結すべき・過剰蓄積の概念を実現の問題側面から規定するための一基準として《均衡を維持しうべき蓄積率》の概念の定立を（„Grundrisse" の叙述などに示唆をうけながら）試みた*のも、そうした意図によるものである。

  *　《均衡蓄積率》などというと非マルクス的発想であるとして直ちにこれに抵抗を感ずるむきもあるようであるが、——そうしてまた、そのようなマルクス経済学者の心的傾向そのものが検討を要することであるのかもしれないが、それはともかく——《均衡を維持しうべき諸条件を充たすような蓄積率》と考えればそれほどの違和感もないであろう。全面的過剰生産は「消費と価値増殖との間の正常な（或いは適正な）比例関係（das richtige Verhältnis zwischen Konsum und Verwertung）」を保つには過剰に商品生産が拡大され、蓄積がすすめられることによって生ずるという、„Grundrisse" SS. 346-7. の叙述に示唆をえて、その意味での過剰蓄積概念を規定する一基準として定立を試みたものである。
  　なお、本書の第1部Ⅰの2「均衡蓄積率の概念について」（本書24-33ページ）をいま一度検討されたい。

　古典を尊重すべきこと、理論の発展が精密な古典の読解のうえになされるべきことに全く異論はないが、しかし、未完の部分を含む現存の古典をそのまま絶対視し、古典の訓詁学的研究にのみ安んじて、それを一歩でも前進させようと試みるものを異端視するという学問態度、そうした風潮がもしわが国のマルクス経済学研究者の一部にみられるとすれば、それは必ずしも好ましいことではないようにおもわれる。否、経済学の発展のためには、そうした学問上の権威主義的な conservatism こそが無益なのであり、打破されなければならない

3　蓄積率は独立変数か？

　(4)の問題に移ろう。「さて最後に，再生産論と恐慌論との関連について御質問申し上げたい点は，次の点であります。すなわち，単純再生産から拡大再生産への移行にともなう二部門間の比率の変化の問題を極めて重要視され，それを云わば一般化して，蓄積率の変動にともなって，部門間比率が変化し，その変化には『一定の諸困難』がともなうという命題をたてられ，それが第2巻第3篇の主題であり，再生産論の恐慌論にたいしてもつ意味をまたそのことを明らかにするにある，と主張されている点であります。」（前掲拙著487-8ページ）という私の文章のなかの「第2巻第3篇の主題」という言葉をとらえて教授は次のようにいわれる。「蓄積率の変動にともなって部門間比率が変化し，その変化には『一定の諸困難』がともなう」というようなことが「第2巻第3篇の主題」だなどという「途方もないこと」を教授は考えたことも主張したこともない，第2巻第3篇の「主題」は「社会的総資本の再生産と流通」の過程を明らかにすることにあるのだ云々（久留間論文16ページ）と。しかし，ここで私が「第2巻第3篇の主題」といっているのは，前後の関係からすぐわかるように，「〔恐慌論との関連における〕第2巻第3篇の主題」という意味であって，その言葉にすぐ続けて書かれている「再生産論の恐慌論にたいしてもつ意味もまた〔主として〕そのことを明らかにするにある」（『レキシコン』の栞 No. 6 の18ページ下段の後から3～2行目）ということと全く同じことなのである。本来の意味での第2巻第3篇の主題が「社会的総資本の再生産と流通」の過程を明らかにすることにあり，また「V＋Mのドグマ」批判が基本的に重要な課題をなしていたことは，誰でも承知していることであり，まさかそれを教授が御存知ないというような，それこそ「途方もない」ことを考えるわけがない。以下，こういったような「批判」が続くのであるが，その一々についてお答えするのもそれほど有意義ともおもえないので，肝要な点にしぼって再度私見を述べて

おくことにする。

　「蓄積率が独立変数であり，部門間比率はその従属変数である」とする久留間教授の考え方を，「蓄積率は任意の——といっても利潤率や利子率などの諸要因によって規定されるわけですが，『再生産の諸条件』によって制約されないという意味で任意の——値をとりえ，その値に応じて部門間比率が変化すればよい（その変化にはフリクションや困難がともなうにせよ）といった議論」だというように言い換えたのに対して，教授は「蓄積率が変化する場合には部門間比率が変化しなければならない」といっているのであって，「部門間比率が変化すればよい」といっているのではないから，私の解釈は「途方もない」誤解であり「勝手にでっちあげた架空のもの」だとまでいわれる（久留間論文 20-1 ページ）。しかし教授の論旨は，蓄積率が（「再生産の諸条件」によって制約されないという意味で）任意の値をとりそれに応じて部門間比率が変化する。蓄積率が（一方的に）部門間比率を規定するのだ，というにあるのであるから，「部門間比率が変化すればよい」といっても「変化しなければならない」といっても，この場合，それほど決定的な相違があるとはとても思えないし，また，部門間比率は生産力水準を表現するものではなくそれとは全く無関係に蓄積率の値に応じて自由な値をとりうるという論旨からすれば，「変化すればよい」とした方が，教授のいわんとするところをずばり表現しえて具合が良いのではないかとも考えられ，少なくも私の「勝手なでっちあげ」だとまでいわれるのは余りにもオーバーな言い方であるし，何故にことさらそのようにいわれるのか奇異な感じがしないでもないが，しかし教授がそれほどまでにこの表現にこだわられるのであれば，私はそれを「部門間比率が変化しなければならない」，或いは「必然的に変化する」というように言い換えることにしよう。私が問題にしているのは，「蓄積率が独立変数で部門間比率はその従属変数だ」という論理で一面的に割切ってゆくその教授の考え方そのもの——蓄積率の変動にともなう部門間比率の変化は「フリクションと困難」をともなうということを明らかにするところに，「再生産論が恐慌論にたいしてもつ意味がある」のだとする教授の再生産論理解そのもの——にあるのであるから，そのように

表現を変えてみても私の論旨そのものは殆ど変りはないからである。その論理をもって一面的に割切るならば「過剰蓄積」なる概念は「生産と消費の矛盾」の問題がそれに係わる「実現」の問題側面からは全く規定しえないものとなる。げんに教授は「過剰蓄積」なる概念は賃銀率上昇→「資本の絶対的過剰生産」という側面からのみ規定されるべきであって第2巻第3篇ではそれは全く論じえないものであることを強調されている（久留間論文22-3ページ）。だが，そうだとすると，久留間教授の恐慌論は，この論点——これは極めて重要な論点であるとおもわれるが——に関するかぎり，宇野弘蔵氏のそれとなんら異ならないものとなるが，そう理解してよいのであろうか？　また「資本の絶対的過剰生産」の理解そのものも賃銀率上昇という側面からのみ見ていて，宇野氏のそれとなんら変るところはない。「過剰蓄積」概念のこうした一面的なとらえ方に対しては，私は，率直にいって根本的に疑問なきをえないが，とりあえず，ここでは，久留間鮫造他編『資本論辞典』（青木書店刊）の「過剰蓄積」の項（著者稿）の叙述に若干の補足を加えて引用しておくだけでこと足りるであろう。

　『資本論』において「過剰蓄積」なる概念が用いられているのは，第3巻第3篇第15章の第3節において「商品の過剰生産」と区別された意味での「資本の過剰生産」を理解するために「資本の絶対的過剰生産」なる概念を指定するにさいしてであるが，「資本の過剰蓄積」という概念を，「資本の絶対的過剰生産」を極限とする意味での「資本の過剰生産」（搾取率低落による資本の資本としての過剰）のみを意味するものと理解するのは，かならずしも妥当ではない。マルクスも，「過剰蓄積」なる概念を提示しているその個所で，「資本の過剰生産はつねに商品の過剰生産をふくむ」としているのである（K III-279, 285）。

　「資本の過剰蓄積」は資本の，資本としての価値増殖にたいする「諸制限」をこえての過剰な蓄積を意味するが，それは，賃銀昂騰による搾取率低下にのみ係わる概念としてではなく，「剰余価値の実現」の問題側面にも係わる概念として理解されなければならない。すなわち，それは，搾取

率の資本主義的限度をこえての低落を意味する「資本の絶対的過剰生産」と「商品の全面的過剰生産」による「資本の過剰」との二面を含む。マルクスはこの概念を提示するにあたって，「その詳しい研究は後段で行なわれる」としているが，『資本論』において明確にそれと解される個所は見あたらない。だが，この問題を理解するための基礎的な論点は，『資本論』その他におけるマルクスの叙述において展開されているのであって，以下に要約しておく。

　資本主義的生産は「剰余価値の生産」であり，「価値増殖」を自己目的とする。この本質によって，固有の「制限」とそれを突破せしめる内的衝動とが規定される。すなわち，「価値増殖」が資本主義的生産にとっての自己目的なのであるから，絶えずより多くの剰余価値を獲得しえんがために，生産を無制限に拡張し，生産諸力を無制限に発展せしめようとする内的衝動をもち，〈競争〉は，各個の資本家にこの資本主義的生産の「内在的法則」を「外的な強制法則」として押しつけ，かくして，資本主義的蓄積過程は，「蓄積のための蓄積・生産のための生産」の過程たらざるをえない。他方，「価値増殖」が自己目的なのであるから，賃銀はできるだけ押し下げられ，すくなくも価値増殖に適合的な限界をこえてはならず，雇用労働量も剰余価値の増大をもたらすかぎりでのみ増大しうる。それゆえに，労働者階級の消費需要の増大には「狭い限界」が劃され，また，資本家階級のそれも，社会的機構の作用によって規定される「蓄積衝動」によって制限されざるをえない。かくして，「個人的消費」のための需要の増大には，ある一定の資本主義的限界が劃され，それによってまた，究極的には，「生産的消費」のための需要をもふくめた全体としての「支払能力ある需要」の増大にも，ある一定の資本主義的限界が劃されざるをえない。これは，資本主義的生産にとっての重要な一制限をなす。ところが，自立化し，自己増殖する価値じたいが過程の主体である。顚倒的な「蓄積のための蓄積・生産のための生産」の過程としての資本主義的蓄積過程は，この制限を突破して生産を拡張せしめようとする内的衝動をそのうち

にもつ。「価値増殖」を本質とする資本は、ほかならぬその本質によって規定される「固有の制限」をこえて生産を拡張しようとする内的衝動をもつのである。「生産物のうちの過大な部分が、収入として費消することにではなしに、貨幣を増殖することに、蓄積されることにあてられ」($MW\ II$-529〜530)、したがってまた、「価値増殖」のための生産が、「消費と価値増殖とのあいだの正しい（或いは適正な）比例関係を保つには過剰に」(Gr 346〜347) 拡張される傾向をもつ。蓄積にともなう雇用量の増大によって労働者階級の消費需要も増大しうるとはいえ、しかしそれには一定の限界がある。「産業予備軍」が資本主義的限界をこえて吸収されるや、賃銀が昂騰して搾取率が低落し、資本が資本として、すなわち「労働者の搾取手段として」、絶対的に過剰となる。かくして、この含意をも内包するものとして、「価値増殖のための生産」が「価値増殖にたいして過剰」となる。「資本の過剰蓄積」なる概念は、「資本主義的生産の諸制限」をこえての過剰な蓄積として、この二面を内包する。

〔原典〕 $K.\ III$-279, $MW.\ II$-529〜530, $Gr.$ 346〜347

搾取度低落による資本の絶対的過剰が論述されているのは、『資本論』第3巻第3篇第15章の第1, 2節において、資本主義的生産の矛盾開展のより基本的な側面である《実現》の問題に関する論述が展開されてのちに、それを前提して、「人口過剰のもとでの資本過剰」と題する第3節においてであるということ、また、その個所の論述で「資本の過剰蓄積」の概念規定をあたえるにあたって、「資本の過剰生産はつねに商品の過剰生産を含むのだが」としていること、この2点に充分な注意がはらわれなければならない。教授のような一面的なとらえ方は、必ずしもマルクスに忠実とはいえないのである。否、そういう一面的な概念規定をおこなわないところにこそ、マルクスの理論構成の特色があるのであり、また、そういう一面的な概念規定に対してこそ、私は疑問を提示しているのである。「過剰蓄積」概念の問題は、さきにみた(2), (3)の論点と密接に関連する。蓄積率の変動に応じて部門間比率が変化し、その変化は「フリクションと困難」をともなう。「こういうことを明らかにすることによっ

て恐慌の抽象的形態に内容規定を与えること，可能性の現実性への発展の基礎を与えること，――ここに第2部第3篇における再生産論が恐慌論にたいしてもつ意味がある」（『レキシコン』の栞 No. 6 の 18 ページ，No. 7 の 3-4 ページ）という考え方においては，「生産と消費の矛盾」に係わる本来的な意味での《実現》の問題は再生産論のなかから欠落し，ただ部門間比率の変化にともなう「フリクションと困難」にのみ「〔恐慌の〕可能性の現実性への発展の基礎」がもとめられることになる。さきに(2)の論点に関連して指摘した「再生産の諸条件」の理解の仕方からして，論理＝必然的にそうならざるをえない。だが，そういう思考によっては，反転の必然性も，また，その反転が全面的過剰生産恐慌となって現われるべき必然性も把握しえないのではないか，というのが私の根本的な疑問ないしは批判点なのである。

　教授は，「……利潤率の傾向的低下，〔利潤〕率の減少を〔利潤〕量で補おうとする運動，競争戦の激化」という道筋によって，賃銀率上昇→「資本の過剰蓄積」が「なぜ」生ずるかが明らかにされるのだとされ（久留間論文 21 ページ），他方また，「蓄積率の急激な低下」→第一部門への需要減退・第一部門の縮小（第一部門の v および m の減少）→第二部門への需要減退・第二部門の縮小という道筋によって全面的過剰生産が生ずる次第が説明されうるのだとされているが（久留間論文 24-5 ページ），蓄積の急激な衰退による第一部門の部分的過剰生産が第二部門にも波及して全面的過剰生産が生ずるのだとする恐慌の説明は，これまた，ツガン・バラノフスキィもおこなった恐慌の説明にほかならない（ただ，ツガンの場合は，貸付資本の不足によって蓄積率の急激な低下を説明する点が異なる）のであって，そうした説明においては「生産と消費の矛盾」はなんの役割も果していないのである。再生産過程の内部に全面的過剰生産となって現われるべき諸条件が――潜在的形態において――充分成熟しているときに蓄積率の急激な低下が生ずるならば恐慌が生ずる，というように考えるべきではなかろうか？　また，そうした諸条件が再生産過程の内部に成熟することによって蓄積率の急激な低下もまた生ずるのではなかろうか？（本書第1部Ⅱの「附論 III」でみた「棉花恐慌」の事例からも或る程度類推可能であろうように）産業

循環のどういう局面においてもなんらかの事情によって過程に攪乱が生ずるならば直ちに恐慌が生ずるというようなものではなく，産業循環の一定局面における諸条件の成熟のもとに生ずる過程の攪乱が恐慌をもたらすのである。すなわち，一定の合法則性と周期性をもって現われる蓄積率の急激な低下が全面的過剰生産恐慌を生ぜしめるのである。そうして，全面的過剰生産恐慌となって現われるべき諸条件のうち最も規定的なのは《実現》の問題側面に係わるそれではないかとおもわれる。こういえば，或いは，教授は，ツガン・バラノフスキィとは異なって「生産と消費の矛盾」に係わる《実現》の問題側面のもつ意義を否定しない，げんに『レキシコン⑦恐慌Ⅱ』のⅧ「恐慌の可能性を現実性に転化させる諸契機」の6，7の項目にその問題に関するマルクスの論述が収録されているではないか，と反論されるかもしれない。だが，恐慌の可能性を現実性に転化させる諸契機をそれら相互の内的連繋を明らかにすることなく単に並列し，その一つとして「生産と消費の矛盾」を数えるのと，恐慌の理論体系の内部にそれを位置づけ，組込み，展開するのとでは，必ずしも同じではない。過剰蓄積を単に賃銀率上昇の一側面からのみ規定し，また，蓄積率減退・第一部門の縮小・第二部門への波及から全面的過剰生産恐慌が説明されうるとする教授の推論においては，「生産と消費の矛盾」によって規定される《実現》の問題は事実上排除されてしまっているのである。そういう推論とは別に「生産と消費の矛盾」を恐慌の可能性を現実性に転化させる諸契機の一つとして位置づけるのだといっても，それは真に理論体系のなかに位置づけ組込んだことにはならないのではないか，とおもわれるのである。教授の推論に，蓄積率の急激な低下をもたらす要因として利子率の上昇を加えれば，それはまさに，宇野氏および同派の恐慌理論の構成そのものとなる。教授は，この恐慌理論の，宇野説の，どの点が誤っているとしてそれを批判されるのであろうか？　単に「生産と消費の矛盾」という契機もそれに加えるべきではないかというだけでは，充分な批判にはならないのである。

　（利子率の昂騰もまた，再生産過程内の事情によって生ずるものであり，実現の問題側面と決して無関係でないもの——いな，「貸付資本の不足」は「現

実資本の過剰」の反対表現にほかならないもの——と考えるべきであろうが，いまはその点はひとまず措くとして）実現の問題ぬきに賃銀率上昇という側面のみから「過剰蓄積」とそれによる「蓄積の衰退」が説明されうるとする推論においては，第一に，貨幣賃銀率の上昇が消費財価格の上昇を必ず上廻るのだとする暗黙の前提がおかれてしまっている点に問題があり（消費財価格の上昇——好況期とくに好況末期にはしばしば消費財をも含めた諸価格の投機的騰貴がみられる——が貨幣賃銀率の上昇を上廻るならば「過剰蓄積」→「蓄積の衰退」は生じないことになる），また第二に，好況局面における生産諸手段の価格上昇は通常は消費財価格の上昇を上廻るのであるから，第二部門の利潤率が賃銀率上昇によって低落したとしても第一部門の利潤率は低落しないという場合が充分ありうるのであり，もし部門間比率が自由な値をとりうるとするならば，全体としての蓄積は依然として衰退しないことになるであろう，といった点に問題がある。搾取率低落による資本の資本としての絶対的過剰を「恐慌の究極の根拠」をなす基本関係のまさに逆表現をなすものとして把握することによって，また，部門間比率は原則として，（生産力水準に照応する）生産諸部門間の技術的＝経済的連繋を表現するものであり部門連関の弾力性には一定の限界があるとする部門構成の観点を導入することによってはじめて，そうした難点は回避されうるであろう（この点について詳細には，拙著『恐慌論研究』前編本論第3章「恐慌の必然性」および「補説Ⅰ」，同『経済原論』第3編第3章「資本蓄積と利潤率の変動」第2節「資本制的生産の内的諸矛盾の開展」を参照されたい）。要するに，「生産と消費の矛盾」によって規定される《実現》の問題ぬきには，過剰蓄積も，蓄積率の急激な低下も，それによってまた全面的過剰生産恐慌が発生すべきことも，論証しえないのである。そうして，その《実現》の問題の把握は，『資本論』第1巻第7篇，第2巻第3篇，第3巻第3篇のそれぞれの分析視角の差異と対応のもとに構成され展開される再生産論＝蓄積論体系[*]によって，順次的・体系的になされるのでなければならない。

　　[*]　久留間教授は，「恐慌論体系の展開方法について(一)」において，この再生産と蓄積の理論の体系的構成に関する私見を「一種の三位一体説のような」ものである

という，まことに素朴な理解を示されているが（前掲久留間論文 38 ページ），久留間『レキシコン』においては，その一見網羅的な構成にもかかわらず，第 1 巻第 7 篇（それは――「恐慌の要素」を an sich にそのうちに含むところの――「資本の生産過程」分析を社会的総資本の蓄積過程の観点から総括するものである）の論述が全く neglect されている点，また，《価値の自立化》という重要な観点が全体の構成を貫くものとなっていない点，さらには，「再生産の諸条件」が「恐慌の可能性を現実性に転化させる基礎」をなすものとして位置づけられていない点などと共に，大いに疑問のあるところであり，そうした相関連する諸点は，教授において《実現》の問題が体系的に把握されていないことの表われではないかと考えられるのである。

なお，「過剰蓄積」概念は，戦後の「高度成長」過程をその問題性において把握するための理論的一基準としても重要な意味をもつのであろうとおもわれるし，そういう観点からもさらに精密化され具体化されてゆかなければならない。賃銀率上昇の一側面のみからそれを単純に規定する一面的なとらえ方に対しては，その意味においても到底同意し難く感するのである。

(4)の論点に関する教授の論述について，まだいろいろ云いたいこともあるが，余り学問的ともいえないやりとりになってしまうおそれがあるので，さしひかえることにする。ただ，この論点に関連して，拡張再生産の「物質的基礎ないしは前提」についての私見は誤りであるとする教授の指摘があり，この論点は重要であるので，最後に次節においてその点を検討しておきたい。

4　拡張再生産の物質的基礎

先ず教授が問題とされる私の叙述を掲げておこう。拙著『恐慌論研究』の 71 ページに次のように記されている。

「剰余価値 M の一部が蓄積にふりむけられるところの・拡張再生産が展開されうるためには，先ずもって，第Ⅰ，第Ⅱ両部門の不変資本の補塡に要する以上の，その意味で余剰な・生産手段の生産が，第Ⅰ部門においてあらかじめなされていなければならない。すなわち

$W'_1 > IC + IIC$，あるいは $I(V+M) > IIC$

でなければならない。これが拡張再生産展開の『物質的な基礎ないしは前

提（materielle Basis od. materielle Voraussetzung)』をなす条件である。」（『資本論』第2巻502-4ページ，512ページ）

これは私見というよりはむしろ一般的に認められている極めて当然なこと，しかも極めて基礎的なことを述べたにすぎない叙述であるとおもわれるが，久留間教授はこれを「誤り」であるとし，私が指示している『資本論』のその個所でマルクスは私が述べているような「誤りを正そうとしている」のだと，次のように述べられている。

「……あなたが指示しておられる個所でマルクスはけっして，『第Ⅰ，第Ⅱ両部門の不変資本の補塡に要する以上の……生産手段の生産が，第一部門においてあらかじめなされていなければならない』とか，『これが拡張再生産展開の〈物質的基礎ないしは前提〉をなす条件である』とか，そういうことをいってはいません。まさにその反対に，あなたが指示されている個所でマルクスは，ここであなたがいわれていることの誤りを正そうとしているのです。生産の拡大が行なわれるためには拡大に必要な生産手段の増産が『あらかじめなされていなければならない』というようなことをいっているのではなく，それがまだなされていない単純再生産の範囲内でいかにして拡大再生産のための物質的基礎がつくり出されうるかを明らかにしているのであり，単純再生産の範囲内での第一部門の編成がえが，この場合，そのあとにくる拡大再生産の物質的前提なのだ，といっているのです。要するに，『生産の増大は，生産が前もって増大していなければ生じえない』という学説を批判しようとしているのです。」（久留間論文30ページ）

この久留間教授の叙述に対して先ず指摘しておきたいのは，教授が私見に関してかなり重大な誤解をされているということである。すなわち教授は，私見を，「生産の増大は，生産が前もって増大していなければ生じえない」とする学説と同じだと考えておられるということである。私見をそうみなしたうえで，そういう見解の誤りをマルクスは批判しているのである，というように論じられているのである。だが，前掲の私の叙述を「偏見なしに読みさえすれ

ば」，そこで述べられていることは，単純再生産の場合には再生産の条件をなしていた I(V+M)＝ⅡC なる等式関係が拡張再生産がおこなわれるためには I(V+M)＞ⅡC なる不等式に示される関係に変らなければならないこと，すなわち $W'_1 － (IC + ⅡC) = \Delta P_m$ なる余剰生産手段（「生産手段の補填に要する以上の・その意味で余剰な生産手段」）が生産されるように生産諸部門間の関係の編成変えがおこなわれていること，これが拡張再生産展開の「物質的基礎ないしは前提」をなす条件なのだ，というにあることを知られるであろう。年総生産物の量的増大がではなく，<u>余剰生産手段を生みだしうるようなその「機能配列」の変化が拡張再生産の「物質的基礎」をなす</u>のだといっているのである。この私見がはたして「誤り」であろうか？　だが，教授は私見を誤解されているだけでなく，マルクスの学説そのものをも誤解されているようにみえる。それはすなわち，「単純再生産の範囲内での第一部門の編成がえが，……そのあとにくる拡大再生産の物質的前提なのだ，と〔マルクスは〕いっているのです。」と述べられている点である。第一部門と第二部門との関係ではなく，第一部門内部の編成がえが，そしてそれのみが，拡大再生産の物質的前提なのだという特殊な理解を教授は示され，この点が「従来案外ネグレクトされ」てきている，或いは「誤解して紹介されている」重要な点なのだとして，次のように述べられている。

　　「この〔単純再生産から拡大再生産への移行の〕場合には，第一部門の規模はまだ拡大されていないのですから，もとの規模の範囲内で（すなわち生産手段の総額があらかじめ増加していることを前提することなしに）いかにして第一部門用の生産手段の増産……が行なわれうるかが問題になります。第一部門の規模がもとのままであり，したがって第一部門の生産総額も以前のままだとすると，この第一部門用の生産手段の増加は第二部門用の生産手段の犠牲において行なわれるほかはない，ということが明らかになります。と同時に，このことが行なわれさえすれば（これは第一部門内部の編成がえ――第二部門用の生産手段の生産を第一部門の生産手段の生産に切りかえることによって行なわれる）いわゆる『余剰な生産手

段』がすでにつくられていることを前提することなしに，換言すれば，蓄積の前に蓄積を前提することなしに，いかにして蓄積が行なわれうるかが明らかにされることになるのです。」(久留間論文26-7ページ，傍点は引用者)

しかしこれは，マルクスの叙述の一部分のみをとり出して，それだけで拡張再生産が行なわれうるかに解した，マルクス説の誤読であるとおもわれる。先ず，教授の述べているところと正反対のことを述べているマルクスの叙述を引用しておこう。『資本論』第1巻第7篇「資本の蓄積過程」第22章「剰余価値の資本への転化」の第1節においてマルクスは以下のように論述している。

「蓄積するためには，剰余生産物の一部分を資本に転化しなければならない。だが，奇蹟でも行うのでなければ，資本に転化されうるものは，労働過程で使用されうる物すなわち生産手段と，そのほかには，労働者がそれによって生活しうる物すなわち生活手段とだけである。したがって，年間剰余労働の一部分は，前貸資本の補塡に必要な分量をこえた追加的生産＝および生活手段の製造に充当されたのでなければならない。一言でいえば，剰余価値は，——それの価値がすなわち剰余価値たる——剰余生産物がすでに新資本の物的諸成分を含むがゆえにのみ，資本に転化されうるのである。...Folglich muß ein Teil der jährlichen Mehrarbeit verwandt worden sein zur Herstellung zusätzlicher Produktions- und Lebensmittel, im Überschuß über das Quantum, das zum Ersatz des vorgeschossenen Kapitals erforderlich war. Mit einem Wort: der Mehrwert ist nur deshalb in Kapital verwandelbar, weil das Mehrprodukt, dessen Wert er ist, bereits die sachlichen Bestandteile eines neuen Kapitals enthält.」(*Das Kapital*, I, SS. 606-7. 圏点は引用者)

みられるように，蓄積がおこなわれうるためには年間剰余労働の一部分が前貸資本の補塡に要する以上の・追加的な生産手段および生活手段の生産に「充当された」のでなければならない，すなわち，剰余生産物が「すでに」新資本の物的諸成分を含むがゆえにのみ剰余価値は資本に転化しうるのである，と述べられている。このマルクスの叙述もまた，「蓄積の前に蓄積を前提する」も

のであるから「誤り」だと教授はいわれるのであろうか？ もしそのようにいわれるならば，この場合，誤っているのは久留間教授であって，マルクスではない。そして前掲の私の叙述は，前貸資本の補塡に要する以上の追加的な生産手段および（追加雇用労働者用の）生活手段のうち，最も規定的な意味をもつ追加的な，或いは余剰の，生産手段に焦点を合わせて論述し，そうした追加的ないしは余剰の生産手段が生産されうるような「機能配列」の変化がなされていることが，「拡張再生産展開の『物質的基礎ないしは前提』をなす条件」だとしたのである。この私の叙述は，さきのマルクスの叙述と同じく，極めて当然至極なことを述べたにすぎず，絶対に「誤り」ではない。そして，第1巻第7篇第22章に述べられたこの論点は，当然第2巻第3篇第21章「蓄積と拡張再生産」においても貫かれていると解すべきであろう。事実また，マルクスは，この第21章のはじめの個所で，蓄積がおこなわれるためには，「長期にわたる，剰余価値の貨幣への転化とこの貨幣の積立て」が必要であり，また，「拡大された規模での生産が事実上すでに前もって行なわれているということが前提される。なぜならば，貨幣（貨幣で積み立てられた剰余価値）を生産資本の諸要素に転化しうるためには，これらの要素が商品として市場で買いうるものになっていなければならないからである。...Es ist vorausgesetzt, daß in der Tat schon vorher Produktion auf erweiterter Stufenleiter eingetreten; denn um das Geld (den in Geld aufgeschatzten Mehrwert) in Elemente des produktiven Kapitals verwandeln zu können, müssen diese Elemente als Waren auf dem Markte kaufbar sein; ...」(*Das Kapital*, II, SS. 485-6) と述べているのである。この叙述は一見したところ，「生産の増大は，生産が前もって増大していなければ生じえない」という教授の排撃される学説と同趣旨のことを述べたもののようにもみえるが，やはりこの場合もマルクスのいわんとするところは，蓄積がおこなわれるためには生産の量的増加が先ずおこなわれなければならないというようなことではなく，一方において貨幣形態で積立てられた剰余価値（潜勢的貨幣資本）が現実に資本に転化しうるための物的諸成分（とりわけ追加の・余剰の生産諸手段）が生み出されうるよ

うな「機能配列」の変化が「すでに，前もって（schon vorher）」なされていなければならない，というにあると解される。こうした点を前提したうえで，教授が引合いに出された第1節「部門Ⅰでの蓄積」の2「追加不変資本」のなかの叙述は，さらに細かく，第Ⅰ部門内部の編成がえについて論じたものとおもわれる。たしかにそれもまた「拡張再生産のための物質的基礎形成の一構成要素」をなすものではあろうが，それだけとり出して，それのみが「拡張再生産の物質的基礎」だとするのは妥当ではない。そのことは，教授が引きあいに出されているいま一つのマルクスの叙述，すなわち第3節「蓄積の表式的叙述」の最初の個所（Werke版Ⅱ, S.501）の叙述を，もう少し先のところまで続けて読めば，比較的簡単に理解できることである。すなわち，マルクスは，教授が引用された個所で，「……単純再生産の与えられた諸要素の量ではなくその質的規定が変化するのであって，この変化が，そのあとにくる拡大された規模での再生産の物質的前提なのである。」と論じてのち，さらにそれに続けて，拡張再生産を表わすところの

表式a） Ⅰ．4000 c＋1000 v＋1000 m＝6000
　　　　Ⅱ．1500 c＋ 376 v＋ 376 m＝2252 ｝合計＝8252

と対比するかたちで，再び単純再生産を表わす

表式b） Ⅰ．4000 c＋875 v＋875 m＝5750
　　　　Ⅱ．1750 c＋376 v＋376 m＝2502 ｝合計＝8252

を掲げ，両者を比較しながら，次のように論述しているのである。「どちらの場合にも，表式aでもbでも，年間生産物の価値量は同じであるが，ただ，一方のbの場合には年間生産物の諸要素の機能配列が再び同じ規模での再生産が開始されるようになっているのに，他方のaではその機能配列が拡大された規模での再生産の物質的基礎をなしているだけである。すなわち，bでは (875v＋875m) Ⅰ＝1750 Ⅰ (v＋m) が残らず1750 Ⅱ c と取り替えられるが，a では (1000v＋1000m) Ⅰ＝2000 Ⅰ (v＋m) が1500 Ⅱ c と取り替えられるさいに部門Ⅰでの蓄積のための500 Ⅰ m という超過分（Überschuß）が残されるのである。」すなわち，この「超過分」を生み出すような，「年間生産物の諸要素の

機能配列」がなされていることが,「拡大された規模での再生産の物質的基礎」をなすのだとしているのである。かくして,さきにみた第1巻第7篇第22章の叙述と整合的に,第2巻第3篇においては「拡張再生産の物質的基礎ないしは前提」に関する叙述を理解することができる。

だが,なお,それでは単純再生産から拡張再生産への移行は如何にしておこなわれるのか,という疑問が残るかもしれない。しかし,それは,再生産の諸要素の「質的規定の変化」,「機能配列の変化」そのものが如何にして生ずるかの問題であり,それはけっきょく,需要構造の変化にともなう部門間比率の変化(第一部門の拡大と第二部門の縮小)によって説明されるほかはないであろう。(教授の好みの表現を用いれば)「蓄積率がゼロからプラスの値をとる」のに応じて需要構造が変化し,それに応じて部門間比率が——フリクションと困難をともなうにせよ——変化し,かくして再生産の諸要素の「機能配列」が変り,「拡張再生産の物質的基礎」が形成されるのである。第一部門内部の「編成変え」(第二部門用生産手段の生産の第一部門用生産手段の生産への切りかえ)は,この「機能配列」の変化の重要な一構成要素をなすものにほかならない。だが,それだけをとり出し,それのみが「拡張再生産の物質的基礎」だとするのは誤りであるとおもわれる。なお,この需要構造の変化にともなう部門間比率の変化の命題をいわば一般化して,蓄積率の値に応じて部門間比率が(フリクションと困難をともなうにせよ,原則として自由に)変化しうるとする,ツガン・バラノフスキィのような推論を展開するのが誤りであることも,既述のとおりである。そうした推論においては,資本主義的生産に固有の「生産と消費の矛盾」は事実上否定されることとなり,第一部門の「自立的発展」は無限界に可能であり,その第一部門の自立的発展に主導されての・壓倒的な過剰蓄積の累積が無制限に展開されうる,ということにならざるをえないからである。

　　(なお,当該問題に関して久留間教授が強調された『資本論』の叙述部分は,実はエンゲルスによって書き込まれたものだということが,後に,大谷禎之介氏の『経済志林』第49巻1,2号(1981年,7,10月刊)所載の労作『蓄積と拡大再生産』(『資本論』第2部第21章)の草稿について——『資本論』第2部第8稿から——」上,下によって明らかとなった。)

〔附論〕 久留間鮫造編『マルクス・レキシコン 恐慌Ⅰ』の
　　　　Ⅶ「恐慌の可能性の一層の発展」の構成について

　『レキシコン 恐慌Ⅰ』のⅦは「発展した恐慌の可能性」に関する久留間教授の独自の見解が示されている注目すべき部分であり，充分な検討に値する。「Ⅶ. 資本の流通過程のもとでの恐慌の可能性の一層の発展（恐慌の抽象的形態が資本の流通過程において受けとる内容諸規定）」には下記の9つの小項目が収められている。

1. 資本流通においては，G−W の W は個人的欲望の対象ではなくて，生産資本の諸要素——$A+P_m$——である。
2. 資本流通においては，W−G は同時に W′−G′ であり，しかも商品量 W′ は，価値増殖された資本の担い手として，その全体が変態 W′−G′ を経なければならない。
3. 生産資本の諸要素の価値変動による資本の再生産の攪乱の可能性。
4. 商品の変態の絡み合いと資本の変態の絡み合い。
5. 資本家としての資本家による供給はその需要を超過する。すなわち彼の需要の最大限は $c+v$ であるが，彼の供給は $c+v+m$ である。剰余価値を貨幣化するための貨幣はどこから来るのだろうか？
6. 貨幣蓄蔵——したがって購買なき販売，需要なき供給——が，固定資本の回転によって必要となる。社会的総資本の再生産過程における均衡成立の条件。
7. 貨幣蓄蔵——したがって購買なき販売，需要なき供給——が，資本の蓄積によって必要となる。
8. 労働期間が長期にわたる場合——たとえば鉄道建設などの場合——の，販売なき購買および供給なき需要。
9. 単純再生産から拡大再生産へ移行するさいに生じる，社会的生産の二大部門のあいだの比率の変化の必然性と，この変化のさいに生じる困難〔このことは，必要な変更を加えれば，蓄積率の変動一般——すなわち上昇ならびに低下——の場合についても言いうるであろう。〕

この小項目の列挙・並記は一見網羅的であり，「潜在的恐慌の一層の発展」を追跡する場合に考慮されるべき事項のすべてが包括的に掲げられているようにみえるが，しかし，これらの小項目のそれぞれを仔細に検討し，また，それらの小項目の編成によって「発展した恐慌の可能性」が充分に把握されうるものとなっているかどうかを考察してみると，この構成には以下に述べるような，かなりに重大な難点が含まれていることが明らかとなる。

先ず，一般的にいって，これらの小項目の列挙の仕方が，次元を異にし，また問題視角を異にする諸要因のかなりに無造作な・或いは無概念的な・並列である点が問題であるとおもわれるが，その点を一応措くとしても，小項目1，2のような要因が恐慌の抽象的形態に内容規定をあたえるものとされている反面，社会的総資本の総＝流通・再生産過程を規定する「再生産の諸条件」が──この最も肝要な要因が──そういうものとして全く項目の一つにも挙げられていないことは，久留間教授のレキシコンが極めて特異な構成をもつものであることを端的に示すものであるとおもわれる。小項目6の「固定資本の回転による貨幣蓄蔵」や小項目7の「資本の蓄積のための貨幣蓄蔵」などはこの「再生産の諸条件」との関連において恐慌の形態に内容規定をあたえ，「発展した恐慌の可能性」を規定する諸契機となるのである。「恐慌の可能性を現実化させる基礎」をなすべき最も重要な要因として当然掲げられなければならないはずの「再生産の諸条件」が項目の一つとして挙示されていないというこの『レキシコン』の構成は，「生産と消費の矛盾」ならびに「過剰蓄積」に関連する問題が意識的に除外され完全に欠落せしめられていることとともに，久留間教授の独特の再生産論理解──第2巻第3篇は「社会的再生産がいかに行なわれるかということを解明」するものであるから，（「生産と消費の矛盾」の問題を含めて）不均衡や不一致の問題は論じえないし論ずべきではないとする再生産論理解（『レキシコン』の栞No. 7の3ページ）──によるものであるが，そうした再生産論理解が決してマルクスに忠実でもなければ理論的にも妥当でもないことはすでに本文において論述したとおりである。そもそも，小項目1の資本流通においてはG-WのWが生

産資本の諸要素（A+P_m）であるということや，小項目2のW-GはW'-G'であるということが，それ自体として，恐慌の抽象的形態に内容規定をあたえるものであるとすることが，果して妥当であろうか？　それぞれに孤立的に考察されたW-GおよびG-Wなる形態運動にではなく，無数の諸商品のW-G・G-Wなる姿態変換運動の絡み合いが形成する《商品流通》のうちに，恐慌の最も抽象的な・だがそれなくしては如何なる恐慌もありえないところの最も基礎的な・「形態 Form」ないしは「可能性 Möglichkeit」がある，というのがマルクスのいわんとするところなのであり，そういうものとしての《商品流通》が諸資本の姿態変換運動の（諸個別資本の諸再生産過程の）絡み合いを媒介するものとして，恐慌の形態に一歩進んだ内容規定があたえられることになるのである。そして，この諸資本の姿態変換の絡み合いの関係は先ず一般的な意味あいにおいて，一方にとってのW-G（それはW'-G'であるが）は他方にとってのG-Wであるという意味における絡み合いと縺れ合いの関係として把握されるが，しかしさらにすすんで，個別諸資本の運動がそれぞれにその部分運動をなすにすぎないところの・社会的総資本の再生産と流通の過程——それは，その不可分の構成要素として「個人的消費」・「所得流通」をそのうちに含む——として把握されることになり，ここに「恐慌の可能性」は真の「内容規定」をあたえられ，「発展した恐慌の可能性」として現われるのである。第2巻第3篇の再生産（表式）論においては，「資本としての資本に固有な・資本の商品および貨幣としての単なる定在のなかには含まれていないものとしての・形態諸規定」から出てくるかぎりにおける「潜在的恐慌の一層の発展」＝「発展した恐慌の可能性」が把握されるとしたのは，まさにこの理由による。それ自体として考察された個々の資本の姿態変換運動（個別資本の循環・再生産過程）においてではなく，それらの諸資本の姿態変換運動の社会総体としてみた絡み合いの関係，所得流通とも交錯・連繋することによって複雑な形態において現われる関係ないしは運動，すなわち，社会的総資本の総＝流通・再生産過程において，「恐慌の可能性が現実化される 基 礎」ないしは「基 盤」があたえられるのであ

る。

　次に,「内容規定の第三」として「生産資本の諸要素の価値変動」という要因が挙げられているが，それは久留間教授の私への「公開回答状」(一)によれば，本来の「価値および剰余価値の実現の困難から起こる恐慌……とは別種のもの」としての・「生産資本への再転化のさいに生産資本の諸要素の価値の騰貴によって起こる恐慌」なるものがあるとする特異な見解（久留間第1論文23ページ）にもとづくものであり，そうした特異な見解が決して妥当ではないことは，教授がその種の「恐慌」の実例だとされる「棉花恐慌」なるものが実は本来的な意味での恐慌ではなかったことの立証とともに，すでに前稿・本書第1部のⅡにおいて論述したとおりである。なお，久留間教授は，そういう種類の「恐慌」の可能性の問題があたかも第2巻第1篇第2章「生産資本の循環」の分析に関連する固有の問題，まさにその個所において論ずべき問題であるかのように論述されているが（久留間第1論文13-4ページ），『資本論』のその個所（第2巻Werke版78ページ）でマルクスは，「この後に詳論されるべき生産諸要素の価値変動については，われわれはここではただ言及しておくにとどめる。」といっているのであって，教授の理解はこの点においても適切でないようにおもわれる。こうした諸点を看過されているということは，第2巻の第3篇以前にも恐慌の抽象的形態に内容規定をあたえるものとして考慮されるべき事項があることをいわんとするために，多少の無理をされているためではないかと推察される。凶作等による原料の価値騰貴などの生産資本の諸要素の価値変動は再生産過程になに程かの攪乱的な作用を及ぼす（どの程度の攪乱作用を及ぼすかは，その価値変動がどういう生産部門のどういう生産要素において生じたか，またその価値変動の度合如何と再生産過程の弾力性如何による）であろうし，ときには（再生産過程内の事情如何によっては，すなわち再生産過程内に恐慌となって爆発すべき諸条件・内的諸矛盾がかなりの程度まで成熟しているさいには）それを「契機」として全面的過剰生産恐慌が生ずる場合もありうるであろうし，或いはまたそれによって恐慌がなお一層激しいものとなり複雑化され変形せしめられ或いは長期化される場合もありうるであろう，というようなことは一般的にいえるにしても，

それをもって教授のように,「資本としての資本に固有な・資本の形態諸規定」から出てくるかぎりでの・「潜在的恐慌の一層の発展」＝「発展した恐慌の可能性」を規定する重要な要因をなすものとすることは妥当ではないようにおもわれるのである。そもそも,生産資本諸要素の価値ないしは価格変動といったような要因は,本格的には,《競争および信用》の論理段階で（恐慌の可能性および必然性が《資本の一般的分析》の論理段階で解明され了ってのちに,産業循環論の段階で）論ぜられるべき極めて具体的な論理次元の問題なのであって,それを「発展した恐慌の可能性」を規定する要因とすること自体に無理があるのである。ましてや,「生産資本の諸要素の価値の騰貴によって起こる」独自な種類の「恐慌」なるものがあり,それもまた本来的な恐慌なのだ,そしてそれを認めないのは私が「偏見」をもっているからだというにいたっては,その特異な立論にいささか驚嘆せざるをえない。

　以上によって,久留間教授が「恐慌の抽象的形態に内容規定をあたえる」ものとされた第1,第2,第3の要因が,いずれも,そういうものとして挙示するには適当ではないことを知ることができよう。第4の「商品の変態の絡み合いと資本の変態の絡み合い」以降は事実上,第2巻第3篇に属する問題であるといってよいであろう。ただし,第5の「資本家としての資本家による供給はその需要を超過する,すなわち彼の需要の最大限はc＋vであるが,彼の供給はc＋v＋mである。剰余価値を貨幣化するための貨幣はどこから来るのだろうか？」という問題は,実際には――或いは正確に考察するならば――「問題そのものが存在しない」問題（『資本論』第2巻 Werke 版 334 ページ）なのであり,それを――他の諸要因と同じような意味で――恐慌の抽象的形態に内容規定をあたえる第5の要因とすることは,妥当ではないようにおもわれる。

　なお,9の項目として述べられていることは,実は,ツガン・バラノフスキィ説と区別し難い内容のものなのであり,それをもって「発展した恐慌の可能性」の一要因だとするのは,妥当性を欠くであろうかと考える。

　かくして,『レキシコン 恐慌Ⅰ』のⅦの9つの小項目のうち,「発展した恐慌の可能性」を規定する諸要因として挙げられうるべき事項は 4,6,7,8 の

項目であり，これに「再生産の諸条件」に関する項目——これが最も主要な項目であるべきである——を加え，また「生産と消費の矛盾」ならびに「過剰蓄積」に関連する項目を（最後に）加え，4の事項を序論的部分として全体を体系的に構成すれば，「発展した恐慌の可能性」に関するマルクスの論述を（その未完成のままの形ででではあるが）概略再現したことになるのではないかと考えられる。「発展した恐慌の可能性」はやはり第2巻第3篇の再生産論において解明され把握されるとすべきだとするのが妥当なのである。《商品流通》——それもまた個々的な事象ではなく社会総体としての事象である——のうちに含まれる恐慌の「形態」ないしは「可能性」（この「形態」ないしは「可能性」の語義については，拙著『増補　恐慌論研究』〔附論一〕の〔附記〕，521-2ページ，本書48-9ページをみられたい。）が，社会的総資本の総＝流通・再生産過程において，可能性の現実化の基礎をあたえられ，「発展した恐慌の可能性」として現われるのである。「発展した恐慌の可能性」は第2巻第3篇だけでなく『資本論』の第2巻の全体がその解明にあてられている「資本の流通過程」一般のうちにもとめられなければならない，というと，一見，第2巻第3篇説よりもはるかに包括的であるようにおもわれ，その方がずっと優れているのだとするむきもあるかもしれないが，それは厳密な理論的観点からすれば，決して妥当なものではないのである。「再生産過程」は「形式的」にではあれともかく第3篇以前でも考察されているのだから久留間説が妥当だとする見解もあるようであるが，その「形式的」に考察された「再生産過程」とは第1，2篇においては原則として「個別資本の循環・再生産過程」にすぎないのであって，<u>それらの個別諸資本の諸再生産過程の社会総体としてみた絡み合いと縺れ合いの関係が問題となるところではじめて，商品流通のうちに含まれていた「恐慌の可能性」が「発展した恐慌の可能性」として把握されてくるのである</u>。

　なお，「生産と消費の矛盾」は，① 資本とは「過程しつつある価値・過程しつつある貨幣」として自立化した価値の無際限の自己増殖運動であり，「価値の自立化」は資本において高度な，発展した形態において現われること（『資本論』第1巻第2篇第5章第1節），そして，② その自立的価値の自己増殖は

「剰余価値の生産過程」としての資本主義的生産過程においておこなわれること，この①および②により，「恐慌の要素」は an sich に「剰余価値のための生産」としての資本主義的生産過程そのもののなかに含まれていること，さらに ③「機械制大工業」において剰余価値の生産過程としての資本主義的生産過程はまさにその概念に適合した形態において現われ，巨大な機械体系の自己運動のもとに人間労働が圧屈・従属せしめられ，生産過程内における「労働の形式的並びに実質的包摂」が完成され強化されるとともに，生産力は——とりわけ，機械が機械によって生産されうるようになることにより——飛躍的な発展能力をもつものとなり，工場から吐き出されるその大量の生産物は国境を越えて世界市場へとあふれ出し，世界市場を創出・形成しつつ，かくして同時にまた，「機械制大工業」は，周期的な世界市場恐慌の生産力的基礎（単なる物的生産力という意味ではなく，「機械制大工業」において直接的生産過程内における資本の労働支配が完成され，人間は資本の無際限の価値増殖のための「生ける労働用具」となるという意味あいを含めて）をなすこと*，そうしてさらに ④ 資本主義的蓄積過程は ㋑個々の資本の競争に媒介されての「蓄積のための蓄積・生産のための生産」の過程にほかならず，そうした過程においては「自立化した価値」自体が過程の主体であり，資本家は単に「資本の人格化」として価値増殖の媒介要因であるにすぎず，この顛倒的な過程において，絶えずより大なる価値増殖をもとめるという資本主義的生産の内在的法則は人間の意志からは独立した客観的な自然法則として自己を貫徹するものとなること，また ㋺そうした価値増殖のための累進的蓄積過程は，生産を無制限に拡大し生産力を無制限に発展させてゆく過程であると同時に，その生産力の発展にともなう・資本の有機的構成の高度化による「労働者人口の相対的過剰化」＝「相対的過剰人口」形成のメカニズムによって，突然の飛躍的な生産拡張のための「予備軍」を確保しつつ労働者人口を資本のもとに全機構的に包摂するとともに，そのことによって同時にまた，賃銀率を資本の価値増殖に適合的な限界内に絶えず圧下しつつおしすすめられてゆく過程であるということ，まさにここに，「生産の無制限的発展への傾向と労働者階級の狭隘な消費限界との

間の矛盾」，この「根本矛盾（Grundwiderspruch）」の基本規定があたえられるのであるということを明確にしたうえで，それとの対応において，第2巻第3篇の再生産(表式)論によって解明される「再生産の諸条件」と関連せしめながら「生産と消費の矛盾」による再生産過程の全面的攪乱の可能性の問題が——もちろん第2巻第3篇の方法的限定の範囲内で——展開されなければならない。(但し，現行の『資本論』のとくに第2巻第3篇は未完成であるため，そうした論述もまた未展開のままに残されているのではあるが。)マルクスの恐慌論体系を包括的に再現しようとするならば，an sich にではあれ恐慌の要素をそのうちに含む「資本の生産過程」からみてゆく必要があるようにおもわれる。なお，「価値の自立化」（Verselbständigung des Werts）という観点は『資本論』およびマルクスの恐慌論体系を貫く基本観点をなすものであるとおもわれるが，第2巻の第1篇第4章において，「資本循環の総過程」把握の観点から，価値が「自己増殖をする価値」として「一の自動的主体」に転化するところの・運動としての資本の全き概念があたえられることが注目されるべきであろう。そうした，価値増殖を自己目的として追求する「自動的主体」たる資本によって必然的に，「消費と価値増殖とのあいだの正常な（或いは適正な）比例関係（das richtige Verhältnis zwischen Konsum und Verwertung)」を保つには過剰に蓄積と生産の拡大がおしすすめられてゆき，その帰結として「価値増殖のための生産が価値増殖に対して過剰」となる・全般的過剰生産恐慌が発生することとなるのである。(„Grundrise" SS. 346-7)「生産と消費の矛盾」はまさにこの過剰蓄積過程において激化してゆくのである。こうしていまや，「恐慌の可能性」は根拠づけられた可能性，「現実的ないしは実在的可能性」（reale Möglichkeit）となる。

* 「工業制度（Fabrikwesen）がある範囲まで普及し一定の成熟度に達すれば，ことに工場制度自身の技術的基礎である機械装置がそれ自身また機械によって生産されるようになれば，また石炭と鉄の生産や金属の加工や運輸が変革されて一般に大工業に適合した一般的生産諸条件が確立されれば，この経営様式は原料と販売市場とにのみその制限を見出すところの，一つの弾力性（Elastizität）を，突発的飛躍的な拡張能力（plötzliche sprungweise Ausdehnungsfähigkeit）を獲得する。

機械装置は一方では，例えば綿繰機が綿花生産を増加させたように，原料の直接的増加をひき起こす。他方では，機械生産物の安価と変革された運輸交通機関とは，外国市場征服のための武器である。……工場制度の巨大な突発的な拡張可能性 (ungeheure, stoßweise Ausdehnbarkeit) と，その世界市場への依存性とは，必然的 (notwendig) に，熱病的な生産とそれに続く市場の過充とを生みだし，市場が収縮すれば麻痺状態が現われる。産業の生活は，中位の活況，繁栄，過剰生産，恐慌および沈滞という諸時期の一系列に転化する。」(*Das Kapital*, I, SS. 474-6)

なお，ここに，「産業の生活は，中位の活況 (mittlere Lebendigkeit)，繁栄 (Prosperität)，過剰生産 (Überproduktion)，恐慌 (Krise) および沈滞 (Stagnation) という諸時期の一系列に転化する」とある．その「過剰生産」とは，『資本論』の他の個所 (第3巻第5篇第30章「貨幣資本と現実資本 I」) において，「過剰生産および眩惑期 (Periode der Überprodukution und des Schwindels) には，生産は生産諸力を最高度に緊張させて，ついには生産過程の資本主義的諸制限をも越えるにいたる」(*Das Kapital*, III, S. 507) とある．その「過剰生産および眩惑期」，すなわち，過剰生産がすでに顕在化した時期ではなく，その直前の，いわゆる Produktion unter Hochdruck「高圧のもとでの生産」により過剰生産が潜在的に激化しつつある時期——好況末期の再生産過程の最高度の・過度な・緊張状態をさすものと解すべきであろう．第3巻第5篇のその叙述の少し前に，「再生産過程が，再び，過度な緊張の状態の直前の繁栄状態に達したならば……」(*Das Kapital*, III, S. 505) とある，その再生産過程の Überanspannung「過度緊張」の状態がそれにあたるわけである．「工場制度」ないしは「機械制大工業」の，巨大な突発的・飛躍的な拡張可能性と世界市場への依存性とが，「必然的に」，熱病的な生産とそれに続く市場の過充とを生みだすのである．

〔1977．1．23〕

第2部
再生産論の課題

I 再生産論の課題〔1〕
―― 『資本論』第2部初稿第3章結節「再生産過程の攪乱」について ――

1 問題の提示

　『資本論』第2部初稿「資本の流通過程」は，現行版の『資本論』第2部の単なる原形をなすにすぎないものとされて，一般には，それほどは強い関心をもたれていないふしがあるようにおもわれるが，それは1864年末から1865年の前半頃までに書かれたとされ，『資本論』第3部のいわゆる「主要草稿」と殆ど同時期といってよいほどの相連なる時期に執筆されたことが推定されるものであって，全体としてもっと重要視される必要がある。とくに，現行『資本論』の第2部第3篇に対応するところの，その第3章「流通と再生産」はその論述内容の密度と完成度が高く，とりわけ恐慌の問題を考えるうえで極めて示唆的ないくつかの論点提示がみられる。それも論述の進行途次，ことのついでに述べておくといったような断片的なコメントに類するようなものではなく，推論が熟してゆく過程において，その帰結として不可避的に，すなわち論理的必然性において，産み出されてくる，注目すべき諸命題なのである。第2部初稿の第3章「流通と再生産」の最終節たる第9節「再生産過程における攪乱 (Störungen im Reproductionsproceß)」は，これらの諸要因――後述するように，それらは内的に相連繋する――によって規定されることにより，資本制的拡大再生産の過程において如何ように全面的な攪乱が生ずることとなるであろうかを，この論理次元に固有の問題視角から，解明しようとしたものかと解

される。

　だが，その第9節「再生産過程における攪乱」は，その題名のみが掲げられているだけで本文としては何も書かれておらず，ただ „Zu betrachten ch. VII. Buch III." という簡単な指示書きが記されているだけであるが，しかし同ページのその下段に，「したがって，この第3章の諸項目は次のとおりである。」として，計7節から成る下記のプランが掲げられている。（新MEGA第2部第4巻第1分冊381ページ。以下 II/4.1, S. 381. と略記する。）

1.「流通（再生産）の現実的諸条件」
2.「再生産の弾力性」
3.「蓄積，すなわち拡大された規模での再生産」
　　3 a.「蓄積を媒介する貨幣流通」
4.「並行，上向的進行における段階的序列，再生産過程の循環」
5.「必要労働と剰余労働　？」
6.「再生産過程の攪乱」
7.「第3部への移行」

　このプランは，書かれた初稿草稿の第1～3節，すなわち第1節「資本と資本との交換，資本と所得との交換，および不変資本の再生産」，第2節「所得と資本。所得と所得。資本と資本。（それらのあいだの交換）」，第3節「再生産過程における固定資本の役割」（但し，この第3節の表題は邦訳者の付したもの）の三つの節が第1節「流通（再生産）の現実的諸条件」に整理・統合され，また草稿の第6節「蓄積を媒介する貨幣流通」がその前の節の「蓄積，すなわち拡大された規模での再生産」のなかにそれに付随する1項目として含まれることになり，さらに最終節すなわち第7節として「第3部への移行」と題する節が設けられているほかは，書かれた初稿草稿の第3章の構成とほぼ同じ構成である。その第6節は，（書かれた初稿草稿の第1～6節がプランでは計3節に整序されたため，第9節が第6節となっただけであり）初稿草稿の第9節と同じく第3章「流通と再生産」の論述を総括し締め括るべき位置に置かれていると見るべきであろう。第3章の再生産論を総括する位置に再度，「再生産過程の攪乱

(Störungen des Reproductionsprocesses)」と題する節が立てられていること，しかもそのプランでは第7節として「第3部への移行」と題する節が設けられ，その節の直前にそれが置かれていることの意味をわれわれは充分に汲みとらなければならない。すなわち，第3部に入ってゆく前に，社会的総資本の「総＝流通・再生産過程」の把握，「再生産の現実的諸条件(レアール)」の解明を課題とする第2部第3章に固有の問題視角から「再生産過程の攪乱」の問題をマルクスは論じようとしていたのである。

　1865年半ば頃に執筆されたと推定される，『資本論』第2部初稿の末尾に記されているこのプランは，再生産論の課題をマルクスの本来の意図に即して把握するうえで極めて重要な意味をもつ。それは，一方的に方法の限定のみを強調し再生産論の恐慌論に対してもつべき意義をnegativeにしかとらえようとしないわが国の一部の論者たちの見解がいかに誤ったものにすぎないかを極めて端的に示すものといってよいであろう。

　第2部第3章（現行『資本論』の第2部第3篇）の再生産論を締め括るべき個所において，その論理次元に固有の問題視角から「再生産過程の攪乱」の問題を論ずるのがマルクスの意図であったことを確認しうるということのもつ意味はまことに重大である。時期的には殆ど同じと言えるほど相連なった時期に書かれたとみられる第3部「主要草稿」に出てくる恐慌に関する諸論述は，やがて書く心づもりであった第2部第3章での「再生産過程の攪乱」に関する考察を暗黙の前提として展開されていると解されるからである。例えば，第3部第3篇第15章における「剰余価値の生産の条件と実現の条件の矛盾」に関する論述などは，そうした構想に裏打ちされたものと解することによってより一層納得のいくものとなるであろうかとおもわれる。

　では，第2部初稿第3章においてどのような諸論点が再生産過程の攪乱を規定すべきものとして提示され，それらが第9節ないしはプランの第6節においてどのように総括されようとしていたのであろうか？　この問題は，恐慌論体系はどう展開されるべきであろうかという観点から問題を考えようとする場合，極めて重要なそしてまことに興味ある問題であるとおもわれるが，その問

題に入る前にかたづけておかなければならない一つの問題がある。それは，さきにみた „Zu betrachten ch. VII. Buch III." と書かれた指示書きをどう読むかという問題である。

　上述のプランとの関連からしても，「第3部第7章をbetrachtenすること」，或いは「……をbetrachtenすべきだ」というこの指示書きは，第2部第3章で「再生産過程の攪乱」の問題の論述を展開するにさいしての留意事項，念頭に置くべき事項を書き記したものと解するのが妥当であるとおもわれるが，邦訳『資本の流通過程――『資本論』第2部第1稿――』(1982年，大月書店) の当該個所の訳 (大谷禎之介訳) は「これは，第3部第7章で考察すべきである。」(同書，294ページ) となっている。論述にさいしての留意事項を記した指示書きを論述個所の指定と見做し，「再生産過程の攪乱」の問題は第2部第3章においてではなく第3部第7章で論ずべき問題であるとここでマルクスが記しているかのように訳したものであって，前述の第2部初稿の最終ページに記されたプランから明らかに読みとれるマルクスの意図とはまさに逆の意味内容の訳文となっているのである。しかもそうした訳文を掲げながら，(他の個所では良心的で読者に親切な，こと細かな訳註――マルクスの誤記と解される箇所の指摘や，とくにロシア語訳との異同等の指摘など――が付されているのに) そこにはなんの訳者註も付されていない。「第9節　再生産過程の攪乱」という節の題名だけで本文としては何も記されておらず，「これは，第3部第7章で考察すべきである。」という訳文が掲げられているのを，その部分だけをとり出して読めば，おそらくは誰でも，「再生産過程の攪乱」の問題は第2部第3章で論ずべき問題ではなく，「第3部第7章で考察すべき」問題だと第2部初稿のマルクス自身が考えていたのだと解するであろう。事実そのように解した著書や論文も，いくつか見られる。だが，そうした訳とそれにもとづく解釈は，前述のプランとの関連からして，また，„Zu betrachten ch. VII. Buch III." という文そのものの構造からして，明らかに誤りである。そこで筆者は『資本論体系』第4巻「資本の流通・再生産」(有斐閣刊，1990年) の第Ⅱ部「論点」の第9論文「拡大再生産の構造と動態〔Ⅱ〕」のA「第2部第3篇の分析視角と課

題」の「補説」(同書295-8ページ) において，またその巻に付された「月報No. 6」において，その点の誤りであることを指摘した。前者は，現行『資本論』第2部第2篇註32の「覚え書」末尾における「次のAbschnitt」の問題との関連において第2部初稿第3章の最終節の「再生産過程の攪乱」の問題を論じて，第2部の初稿 (1865年半ばまでに執筆と推定される) と第2稿 (1868年12月〜1870年7月執筆と推定される) の問題視点はなんら異なるものではないことを論じたものであり，後者すなわち「月報」の拙論は第2部初稿第3章第9節に記されている „Zu betrachten ch. VII. Buch III." という指示書きを，「これは，第3部第7章で考察すべきである。」と訳すのは誤訳であり，草稿の同ページのそのすぐ下に掲げられている前記のプランとの関連からしても極めて不適切である点を指摘したものである。この筆者の指摘に対して，この度，大谷禎之介氏は，『資本論体系』第1巻の「月報」において，大谷訳は必ずしも誤りではないという趣旨の反論をよせられた。ただ，その反論は，上掲の第2部初稿第3章の最終ページに掲げられたプランとの関連には一言もふれることなく，ただひたすら「第3部第7章で考察すべきだ」とする訳もまた可能であることを主張したものにすぎないのであるが，その論旨はまた甚だしく明快さを欠き，分かり難いものである。以下，大谷氏の論述の要点を紹介し，検討を加えてみることにしよう。

2 第2部初稿第9節の指示書きの大谷訳の問題点

氏の述べられるところは率直にいって余り論理的とは言えないので，それを整序し要約することは困難であるが，大体のところ以下のような段どりで論が進められていると見てよいであろう。

先ずはじめに，『資本論』第2部初稿の最終ページの中段に 9) Störungen im Reproductionsproceß とあり，本文としては何も書かれておらずただ „Zu betrachten ch. VII. Buch III." とだけ記されているというその箇所だけに焦点を合わせて，大谷氏は以下のように論述している。

132　第 2 部　再生産論の課題

　　「この第 1 稿を編集したチェプーレンコは，この箇所をどう読んだのであろうか。まずまちがいなく，ロシア語版『著作集』の訳者と同じく，したがってまた拙訳と同じく，「第 3 部第 7 章で〔この傍点は大谷氏〕考察すべきである」と読んだであろう。というのも，マルクスの草稿の多くを原文で見てきている者にとっては，マルクスが「第 3 部第 7 章を〔この傍点も大谷氏〕betrachten すべき」と書いているのだなどというのは，ほとんど思いもつかないことだからである。」

„Zu betrachten ch. VII. Buch III." は「第 3 部第 7 章で考察すべきだ」と読むのが当然であり，それを「第 3 部第 7 章を betrachten すべきだ」と読むなどということは，マルクスの原文の解読やメガのテキストの編集に携わっている者にとっては「思いもつかないこと」だという，この初歩的な文法上の常識無視の発言が余りに断定的に言われているのにはいささか辟易し，驚くの外はないのだが，一体，これはどうしたことであろうか？　だが，„Zu betrachten ch. VII. Buch III." がそのままでは「第 3 部第 7 章で考察すべきだ」とは到底読めないであろうことぐらいは，実は大谷氏自身が承知していることではなかろうか？　だからこそ，ロシア語版『著作集』第 49 巻の訳も大谷訳も，その「どちらの訳でも，„Zu betrachten ch. VII. Buch III." を „Zu betrachten [in] ch. VII. Buch III." と読んでいるわけである。」と述べているのではないか。„Zu betrachten ch. VII. Buch III." は「第 3 部第 7 章を betrachten すべきだ」と読む以外にはない。そう読むのが当然なのである。原文の解読作業やテキストの編集の仕事を行っている者であってもなくても，その点に変りがあるはずはない。なお，テキスト編集者がテキストに勝手に „[in]" を補ったりしてはならないことは，これまた当然のことである。そうした原典の改竄に類することは，一切してはならないことである。それは，編集者がどうこう「判断」するという問題ではない。また，単なる「禁欲」といった次元の問題でもない。守らなければならない絶対の鉄則なのである。われわれ研究者が切に望むことは，マルクスの草稿が読める形で一字一句も違えずに，原文がその原形のままに再現されるというその一点にある。ここはどう読むべきか，どう解釈

すべきかというようなことは、『資本論』全巻の綿密な体系的把握に立ってでなければ言えないことであるし、またそれぞれの研究者の判断と相互討論にまかせるべきことであろう。原文の解読者やテキストの編集者としてはsachlich なその仕事にのみ徹して、そうした解釈に関することがらについてはすべて読者にまかせ、信頼するに足る客観的なデータを提供することにこそ意を用いてほしい。翻訳においても、一切の先入見や主観を混えず、ひたすら原文に忠実に、一字一句違えず行うべきである。やはり、解釈はすべて読者にまかすべきなのである。この場合について言えば、「これは、第3部第7章で考察すべきである。」という訳者の独自の見解を強く反映した文を訳文として掲げること自体がすでに根本的に問題なのであるが、そうした原文とは異なる訳文を敢えて掲げる場合には、それに訳註を付して、原文は „Zu betrachten ch. VII. Buch III." であるが、ここはロシア語訳に従って、事実上は「原文に in という語を補った」（大谷氏自身の言葉）訳文を掲げておくことにする。と、一般の読者によくわかるようにしておき、そのうえで、そうした訳をするのが正しいかどうかの判断は「読者にまかせる」べきであったのである。（例えば、同訳書の3ページほど手前の 291 ページの訳者註(1)のように。）それが訳者としてなすべき最低限の義務であろう。筆者が「明らかな誤訳である。しかも殆ど逆の意味となるだけに、重大な誤訳というべきであろう。」とまで『資本論体系』第4巻の「月報」で記したのは、その個所の訳に関しては、そうした配慮が全くなされていなかったからである。ロシア語訳と大谷訳の「二つの訳は意識して行なわれた改変なのである」などと、大谷稿に記されているようなことは、私自身は何処にも書いてはいないが、そうした配慮はあっても良かったのではないか、いや、あって然るべきではなかったかと考える。案外、マルクス学の世界は、ソ連体制の影響もあってか、そうした点で、他の研究分野に比して大きく遅れているのではないかとおもわれる。ロシア語版『著作集』を出す前に、或いはせめてそれと併行して、文字通りに原文のままのマルクス・エンゲルスの全集が刊行されて然るべきだったのだ。そうすれば、第2部初稿第3章「流通と再生産」の最終ページ第9節「再生産過程における攪乱」の個所に記され

た指示書きの原文が "Zu betrachten ch. VII. Buch III." であったことをわれわれは最初から知ることができたはずであり，余計な迂路を径ずに，「第3部第7章をbetrachtenすべきである」と普通に読み，第2部第3章のこの個所，すなわち第9節（プランでは第6節）でこの「再生産過程の攪乱」の問題に関する論述を展開するにさいしての留意事項が記されているのだなと，ごく自然な理解を容易に得ることができたはずである。すなわち，第3部第7章におけるより具体的な問題視角からする論述を予定し，それとの対応を念頭におき意識しながら，第2部第3章の論理段階に固有の問題視角から「再生産過程の攪乱」の問題の論述が展開されるべきだという，その意味での留意事項についての指示書きだということが容易に納得できたはずである。こうした指示書きの趣旨からして，私は，この場合のbetrachtenは，「充分に念頭におく」という意味合いで，「考慮する」と訳すのが最も適切ではないかと考えたのである。第9節「再生産過程の攪乱」を執筆するにさいしては「第3部第7章を考慮すること」というほどの意味合いで書きとめられたものかとおもわれる。「これは，第3部第7章で考察すべきである。」と大谷氏のように訳すのは，やはり無理であり，誤りである。しかも，その指示書きのすぐ後に，同ページ内に記された第3章のプランが示すマルクスの意図とはまさに逆の文意となってしまうのである。

3 大谷訳の正当性の主張に対する批判

　実は私はかなり早い時期から問題のその個所の指示書きが "Zu betrachten ch. VII. Buch III." であることを知っていた。「ＭＬ研から提供されたタイプライターで書かれたマルクスの手稿の解読文」の第3章「流通と再生産」の最終ページ（134ページ）の第1行目にはっきりとそう記されていたからである。だが，ＭＬ研のその個所の解読は或いは誤っていたのかもしれないので，当該部分を含む新MEGAの発刊を待つことにした。前掲訳書の「訳者あとがき」には「ＭＬ研から提供された手稿のコピーおよびタイプライターで書かれた

その解読文を底本とし，ロシア語版全集第49巻を参考にした。」(前掲訳書，304ページ)と書かれていたので，おそらくはマルクス自身の手書きの手稿そのものには「これは，第3部第7章で考察すべきである。」と訳すのを根拠づける何らかの手がかりを読みとりうるようなものがあり，だからこそロシア語訳も大谷訳もそうなっているのであろうかとも考えたからである。1982年大月書店刊の同訳書が全体としては極めて良心的で，読者に親切な，こと細かな訳注（マルクスの誤記と解される個所の指摘や，特にロシア語訳との異同等の指摘など）が付されていたので，ますますもってそのようにもおもわれ，私にとって他のより重要と思われる諸論点の究明や，私自身の積極的な理論展開などに没頭してゆくうちに，その件は私の脳裡から一旦は消えてしまったほどであった。

　だが，1988年に新MEGA第2部第4巻第1分冊が発刊された。その137-381ページが第2部初稿すなわち第1稿であり，そのうち301-381ページが第3章「流通と再生産」であるが，その第3章の最終ページすなわち381ページに記されていたのは，タイプライターで書かれた前記のＭＬ研の手稿解読文の第3章の134ページ（この解読文は章ごとにページを更めている）のそれと全く同じく，"Zu betrachten ch. VII. Buch III."であり，しかもMEGAのそのすぐ前のページには<u>第1草稿の最終ページ（150ページ）のコピーが掲載</u>されていて，マルクスの手稿原形のその個所が，そのすぐ下に記された前記第3章のプランと共に，そっくりそのまま載っていたのである。そして，そのマルクスの手書き原稿に記されていた問題のその個所の指示書きはやはり "Zu betrachten ch. VII. Buch III."であったこと，すなわちinは書き記されてはいないことが判明したのである。こうした事実を知るに及んでは，もはや，第2部初稿第3章第9節「再生産過程における攪乱」の指示書きを「これは，第3部第7章で考察すべきである」とする大谷訳が誤訳ないしは不通訳以外の何ものでもないことを指摘するに躊躇すべきなんらの理由もなくなったわけである。

　『資本論体系』第4巻「資本の流通・再生産」（有斐閣，1990年刊）の第Ⅱ部「論点」第9論文「拡大再生産の構造と動態〔Ⅱ〕」のＡ「第2部第3篇の分

析視角と課題」の「補説」（同書295-8ページ）およびその巻に付された「月報」No. 6における，大谷訳批判は，こうした事実確認にもとづいてなされたのである。

しかし，大谷氏は，『資本論体系』第1巻の「月報」においてあくまでも，「これは，第3部第7章で考察すべきである。」という氏の訳もまた充分に成立可能なのだとして，MEGA編集員の1人であるフォルグラーフ（Carl-Erich Vollgraf）氏とかつて交わしたことのある「この箇所の読み方についての会話を文章化したもの」を紹介されている。既述のところといくらか重複するが，氏に応えて，その論旨を伝えたうえで再度論評を加えておくこととしよう。

その「対談」において先ず大谷氏は，二様の訳を対置して次のように問題を提示している。

「『資本論』第2部第1稿の最後の部分での，„Zu betrachten ch. VII. Buch III."という文章はどういう意味なんだろう。ロシア語訳では「第3部第7章で考察すること」となっているし，日本語訳でぼくも「これは，第3部第7章で考察すべきである（Man soll dieses Problem in ch. VII. Buch III betrachten.）」と訳した。つまりどちらも，Zu betrachten [in] ch. VII. Buch IIIというように，原文にinという語を補って読んでいるわけだ。inのないマルクスの文章をこのように読めるだろうか。それとも，「［この問題の考察のさいには］第3部第7章を考慮すべきである（Man soll〔bei der Betrachtung dieses Problems〕ch. VII. Buch III berücksichtigen.）というふうに読むほかはなく，あるいはまた，そう読むべきなのだろうか。」

「第3部第7章で考察すべきだ」とするロシア語訳も，それに事実上従った大谷訳も，そのいずれも，「原文にinという語を補って読んでいる」ということをここで大谷氏がはっきりと自ら認めていることを先ず確認しておこう。「〔ch. VII. Buch IIIの前に〕inのないマルクスの文章」は，そのままでは決して「第3部第7章で考察すべきだ」とは読めないはずなのである。„Zu betrachten ch. VII. Buch III."というマルクスの原文のままならば，„ch. VII.

Buch III."が他動詞 betrachten の目的語であるから,当然,「第3部第7章を betrachten すべきだ」と読むより他はない。そのように読むことが「ほとんど思いもつかないことだ」などという,第1節でさきにみた大谷氏の発言が全く不当なものであることを,ここでは氏自らが認めていることになる。なお,大谷訳の独文として „Man soll dieses Problem in ch. VII. Buch III betrachten."が掲げられている。この文では betrachten の目的語として „dieses Problem" が置かれ,„ch. VII. Buch III." には前置詞 in が付されて „in ch. VII. Buch III." として「第3部第7章で」と訳す以外にない句を形成するものとなっている。こういう文であるならば「これは,第3部第7章で考察すべきである。」と訳しても勿論誤りではないが,文章の構造も,それに伴ってまたその文章の意味内容も,マルクスのもとの原文とは大きく異なるものに転化していることに,充分な注意を要する。他方,原文に書かれているままに普通に読む場合は,betrachten をことさら berücksichtigen と置換えたりする文を作成してみる必要も全くないであろう。大谷訳の独文とつきあう形で強いて念入りな表現をしようとするのならば,„Man soll ch. VII. Buch III betrachten,〔bei der Bemerkung dieses Problems.〕"(この問題の論述にさいしては,第3部第7章を考慮すべきである。)とでもすればよいであろう。この場合には,„Zu betrachten..." が „Man soll betrachten..." となっただけで,原文の変更や語の置換えは一切ない。本来,原文に手をくわえたりしてはならないのである。原文の文章そのものを変えてしまっては,翻訳ではない。私は,ここでの betrachten に「考慮する」という訳語を当てたが,その「考慮する」という言葉を,それが本来もっていた重い語義において,充分に念頭に置くという意味合いで用いた。訳としては,「(に)目を向ける,(に)心を向ける」等の betrachten の本来の語義に沿うものであり,また,前記のプランと整合的に,執筆にさいしての,すなわち,この問題を第2部第3章の最終節で論述するにさいしての,留意事項を書きとめたものとしての,この指示書きの趣旨を正しく伝えるものであれば,それで良いであろう。

　さて,こうした大谷氏の問題提示に対して,フォルグラーフ氏は,先ずメガ

のテキストそのものは,「草稿のとおりにしておかなければならない。」「メガのテキストに in を(„[in]" のように,編集者の挿入であることを明示するとしても)挿入することは論外だ。」と,編集者たるものの守るべき絶対の鉄則について述べた後に,しかし訳となると話は別だというかのように,次のような論を展開する。

„Zu betrachten ch. VII. Buch III." という文章は「二様に理解することができる」。「一方では,もちろん」,「第3部第7章を考慮すること」というようにも読むことができようが,「しかしこの文章〔Zu betrachten ch. VII. Buch III.〕は,次のように読むことがまったく可能だ。すなわち,„Zu betrachten : ch. VII. Buch III." と。そしてこの文章は,semantisch には(意味の上では)次の文章と完全に等価だ。„Man soll dieses Problem im folgenden Abschnitt betrachten : d. h. ch. VII. Buch III."(この問題は以下の部分で考察すべきである——すなわち第3部第7章で。)この場合には,内容的には,ロシア語訳および日本語訳での……訳文とまったく同じことになる。」と。

これが,「この問題は,第3部第7章で考察すべきだ。」という大谷氏の訳もまた成立可能だとするフォルグラーフ氏の主張である。すなわち,Ⓐ „Zu betrachten ch. VII. Buch III." を Ⓑ „Zu betrachten : ch. VII. Buch III." と読むことが「全く可能」[?!]であり,そしてそれは,Ⓒ „Man soll dieses Problem *im* folgenden Abschnitt betrachten : d. h. ch. VII. Buch III." と「semantisch には(意味の上では)……完全に等価」だとする。これが論証のすべてなのである。だが,Ⓒは,その正当性を(これから)証明すべき訳文の前掲の独文すなわち „Man soll dieses Problem in ch. VII. Buch III betrachten." と事実上まったく同文なのである。だからまた,「内容的には……その訳文とまったく同じことになる。」のはあたりまえのことである。これを〈論証〉と言えるのだろうか? 要するに,Ⓑというやや不可解な文(文の途中にコロンを打つことで,奇異な文章構造のもとに,事実上の文意変換を図ろうとしている文*)を介することによって,「これは,第3部第7章で考察すべきである。」という訳が文法的には不可能でも「意味(論)的には」可能だと強弁しているに

I 再生産論の課題〔1〕 139

すぎない。判じ物めいた文章も，よく注意して読んでみれば，実は説得力が全くないのである。

　　＊　おそらくは，コロンを打つことによって，書かれていない目的語や前置詞をそこに読み込んでもらいたいというねらいだろうが，しかしそれでは原文にない „in" を勝手に補って読む論法となんら変わりがないことになる。

　そこで最後の切り札として持ち出されてくるのが，マルクスの留保文言ないしは論述個所の指定が，例えば „Dies gehört in ch. VII. Buch III." というように通常はなされているという事実である。だが，それは実は大谷説の側の切り札なのではなく，逆にこちらにとっての切り札なのだ。ここでそのように „gehört in..." というように記されていないのは，この文が論述個所を指定したものではなく，論述するにさいして留意すべきことがらについての指示書きであったからなのだ。この点を取り違えたため，私の訳文が「異様なもの」に見えたり，また，マルクスの原文にはない „in" を強引に挿入したうえではじめて成立しうる訳文を作成し，その正当性を証明すべく苦心惨憺する破目になったのではないかと思う。

　„Zu betrachten ch. VII. Buch III." を「これは，第3部第7章で考察すべきである。」とする訳もまた充分に成立可能だとする上にみたような迷論を承けて，だとすれば「明らかな誤訳だ」という私の指摘は当らない「ということになるね」と大谷氏が念をおしたのに対して，フォルグラーフ氏は，「もちろんだ」としてのち，さらに以下のような論を展開している。──すなわち，「翻訳の場合にはいつでも，いくつかの解釈可能性のうちから一つを選ばなければならないことが生じる」のだから，そうした訳すなわち，「これは，第3部第7章で考察されるべきである」という訳を選択したのも「当然のことだ。ぼくが訳者だったとしても同じ選択をしたことは確実だ。」としてのち，「ただ，メガのテキストそのものでは，そのような解釈による訂正はすべきでないし，またこの場合にはできもしない，ということはもう一度強調しておきたいね。」と述べている。〈語るに落つ〉とは，まさにこうしたことを言うのであろうか。当然のことではあるが，フォルグラーフ氏自身もまた，そうした解釈を

行うにはマルクスの原文にそれを可能にするような「訂正」を訳者が加えなければならないことを実は承知しているのである。だが，原文になんらかの訂正を加えなければならないような解釈を行うことは，原文が原形のままでは意味をなさないとか読解不可能であるというような場合にだけ許されることである。„Zu betrachten ch. VII. Buch III."というマルクスの書いた短い文は，普通に，「第3部第7章を betrachten すること」と読解可能なのであるから，これに勝手に „in" を挿入した解釈を行い，「第3部第7章で betrachten すること」というようにその文章の意味を変えてしまうことは本来は決して許されないことであろう。もし上にみたような「会話」における言説が仮にそのまま事実であったとするならば，フォルグラーフ氏にはこの点についての認識がやや不足しているようにおもわれる。「いくつかの解釈可能性のうちから一つだけを選ぶ」という場合は，いずれも原文のままで成立可能ないくつかの解釈のうちから一つを選択するという場合か，或いは原文がそのままでは読解不可能な場合に考えうるいくつかの訂正にもとづく複数の解釈のうちから一つを選択するという場合の，それぞれいずれかにおいて生ずるのであって，原文のままで読める文をそのまま原文に忠実に読んだ訳文と原文に事実上訂正を加えたうえではじめて成り立つ訳文とを全く「等価」なものとして並置して，そのうちのいずれか一つを訳者が選択したのは「当然だ」とし，しかも後者の訳がより妥当だとするのは極めて不当な，敢えて言えば不見識な見解だというべきであろう。テキスト編集におけると同様に，翻訳の場合にも厳格な「禁欲」が要請されているのである。

4 「第3章のプラン」との関連

„Zu betrachten ch. VII. Buch III."という短い文の構造からして，また第1節の冒頭において既述のように，その指示書きの同ページのすぐ下に記されている第2部第3章「流通と再生産」の執筆プランの内容からして，「再生産過程の攪乱」の問題をその第3章においてマルクスが論ずる予定であったこと

Ⅰ　再生産論の課題〔1〕

は疑問の余地なく明らかである。第2部第3章の論述を締め括るべき個所において，再び第6節として「再生産過程の攪乱」という表題が掲げられ，しかも第7節「第3部への移行」の直前にそれが置かれているということは，<u>第3部に入ってゆく前に，「再生産の現実的(レアール)諸条件」の解明を課題とする第2部第3章の再生産論を総括するものとして「再生産過程の攪乱」の問題を論ずる意図であった</u>ことを明示していると言えよう。大谷氏はこのプランの内容との関連については全くふれようとしていないが，この点こそが決定的に重要なのであり，このプランの内容に照らして大谷訳の誤りであることは明白である。もし仮りに，大谷訳ならびにそれと類似の解釈（例えばMEGA第Ⅱ部第4巻編集部の見解）が妥当だとするならば，マルクスは<u>第2部初稿の最終ページという同一ページで同時に正反対のことを述べている</u>ことになるからである。かくしてこのプランはまた，マルクスは再生産論においては不均衡や攪乱の問題を論ずる意図は無かったのだとする，わが国の一部の論者に根強く残る解釈や先入見が無根拠であることを端的に示すものなのである。

　この論争は，現行『資本論』第2部第2篇註32の「次のAbschnitt」の問題としてすでにマルクス研究者の間では周知の決着ずみの論争の延長線上に位置するといってよいであろう。一見したところ，この類似の二つの論争は，いずれも訓詁学的な解釈学の域を出ない，まことにtrivialな問題についての論争にすぎないようにも見えるであろうが，<u>第2部第3篇の再生産論は『資本論』全体系のうちに如何なる位置を占め，どういう問題視角から何を解明しようとするものであるか</u>という，極めて根本的な重要問題と係わる論争なのである。

　そこで，〈「次のAbschnitt」の問題〉に関する論争の要点について再度概観したうえで，この二つの論争を通じて，マルクスにおける再生産論の課題を把握するうえにおいて重要な意味をもつような，どういう事実が照し出され浮かび上がってくるであろうかを考察してみることにしよう。

　現行『資本論』の第2部第2篇註32において，全社会的にみた「商品資本の，したがってまた剰余価値の実現」が「生産と消費の矛盾」によって「限界

づけられる」次第が指摘されているのであるが,そうした叙述の最後のところで „Dies gehört jedoch erst in den nächsten Abschnitt."「だが,これは次篇に入ってから論ずべきことである。」と記されている,この「次の Abschnitt」とは,すでに篇別構成がとられている現行『資本論』第2部の第2篇（Zweiter Abschnitt）において「次の Abschnitt」と記されているのであるから,当然,「次の篇」すなわち第2部の第3篇をさすものであると一般に理解されてきた。「ロシアのシスモンディスト」ナロードニキ批判のレーニンも,それを継承しようとした山田盛太郎氏も,またその山田説の激しい批判者であった山本二三丸氏も,そして筆者もまた,例外なくみなそのように理解してきた。「次の Abschnitt」すなわち第2部第3篇という,そうしたとらえ方は,いわば学界における常識のようなものであった。「再生産論と恐慌論」の問題に関する諸論議は,そうした共通の理解を前提したうえでおこなわれてきたのである。だが,そうした前提自体を真っ向から否定しようとする見解が,大谷禎之介「『内在的矛盾』の問題を『再生産論』に属せしめる見解の一論拠について──『資本論』第2部註32の『覚え書』の考証的検討──」（東洋大学経済経営研究所『研究報告』第6号,1973年）と題する論稿によって提示されたのであった。その大谷論文の論拠とするところは,その註32の叙述は第2部の第2稿に記されているものであり,その第2稿の執筆段階においては「まだ第2部の3篇構成がとられていなかったのであるから」,「次の Abschnitt」を「次の篇」と読み「第3篇」だとすることはできないはずであり,それは「次の部」ないしは「次の部分」と読むべきであって,これを「第3部」と解するのが妥当であろう,というにあった。この大谷氏の立論がもし妥当であるとするならば,われわれが当然の前提としてきた論議の前提そのものが覆ることは確かである。「生産と消費の矛盾」によって全生産物の実現が制限され,限界づけられるといったような問題は第2部第3篇の再生産論においては論ずべき問題ではないとする見解はそれによって決定的に論拠づけられることとなるであろう。だが,大谷氏の立論は,一見綿密な文献考証の結果として導き出されてきたかのように見えながら,実は当然充たされるべき文献考証上の要件を欠

いていた。「われわれは，エンゲルスが原稿〔第2部の第2稿〕でのKapitel を Abschnitt に変更したとは，まず考えられない，と結論することができるのである。マルクス自身が『第2稿』のなかに『次のAbschnitt』と書いたのであり，エンゲルスはこれをそのまま，註32のなかに保存したのである。」（前掲誌，196ページ）と述べているところから明らかであるように，大谷氏はマルクスの第2部第2稿のその個所の論述に実際に当ることなしにマルクス自身がはじめから「次のAbschnitt」と書いたに相違ないと決めてかかり，そうした思い込みを前提としたうえで立論していたのである。この点についての疑問は，私は久留間＝富塚論争の最初の論文「恐慌論体系の展開方法について――久留間教授への公開書簡（その一）――」（福島大学『商学論集』第41巻第7号，1974年7月，本書の第1部のIとして収録）以来，「マルクスが『次のKapitel』としてあったのを，編者エンゲルスが第2巻の3篇構成に応じて『次のAbschnitt』と訂正したということも充分に考えられるところ」ではないか，と指摘していたが（本書45ページ），その後しばらくして第2部初稿の解読原稿のコピーを入手しえて，その初稿（そこではすでに3章構成が確立している）以降は，マルクスは「この問題はどこそこで論ずる」という場合の論述個所の指定は殆どすべて「どのKapitelで」というように記されていることを知り，そうだとすれば第2稿においても同様であった確率は極めて高いと考え，当時御夫妻でロンドンに留学中の福田川八重子女史に，アムステルダムの社会史国際研究所におもむいて同研究所に所蔵されているマルクスの『資本論』第2部第2稿の原手稿またはそのコピーを直接に見て，問題のその個所がマルクスのもとの草稿においても „... in den nächsten Abschnitt" となっているか，それとも „... in das nächste Kapitel" と記されてあるか調べてほしい，「私にはどうも，マルクスの草稿には „in das nächste Kapitel" と書かれており，それを編者エンゲルスが現行版の3篇構成に応じて „in den nächsten Abschnitt" と書き改めた，というように思われてならないのだが」と述べた依頼状（1975年11月15日付）を出したところ，1976年1月14日付の返信があり，大谷氏がその立論の前提とした想定――それが単なる想定にすぎ

なかったことこそが問題なのだが——とはまさに逆の事実が報じられてきたのである。その詳細については，「再生産論と恐慌論との関連について——久留間教授への公開書簡（その二）——」（中央大学『商学論纂』第17巻第3号，22-7ページ，本書の第1部のⅡ）に，それの「付記Ⅱ」として，その手紙の関係個所を生まの文面のまま掲載してあるので御一読願いたい（本書72-4ページ）。そこには，「Abschnitt と書かれている単語の上に一本線で訂正の線がひかれていて，その上に Kapitel と改めて書かれていました。」とあり，「その両方の文字は比較的はっきりと読むことができました」がこの両方の文字がマルクスの字かどうかを念のため確かめるべく同研究所の付属研究員でマルクス研究者である Jürgen Rojahn 氏に聞いたところ，「この遺稿そのものにはエンゲルスは全く手を加えておらず，マルクスは，はじめ Abschnitt と自分で書いて，それをさらに自ら Kapitel と書き改めた」のであり，「それが印刷段階でエンゲルスにより再び Abschnitt と書き改められた」のだという返事であり，こうして最終的には第2稿においてマルクス自身は「次の章で in d. nächste Kapitel」と書き，それをエンゲルスが『資本論』第2部の3篇構成に応じて「次の篇で in den nächsten Abschnitt」と訂正したのであることが確認されたのであった。大谷説の前提していた想定そのものがこれによって完全に否定されてしまったことは明白であり，「生産と消費の矛盾」の問題や「不均衡」の問題は第2部第3篇の再生産論においては「論じえないし論ずべきではない」とする見解はマルクス自身のものとは決して言えないこともまた明らかとなったわけである。だが，問題は，調査の結果たまたま不運にも大谷・久留間説とは逆のことが出てきてしまったというような点にあるのではなく，文献考証的な論を立てる場合に前提として当然踏まなければならない手順を踏むことなしに，マルクスが草稿で Kapitel としていたのをエンゲルスが Abschnitt としたということは「まず考えられないと結論することができるのである。」と断定した点にこそあるのだ。そうした予断は文献考証には禁物なのである。（それは，翻訳の場合に，たとえ前置詞一つであれ勝手に挿入して文意を変えてしまったりしてはならないのと全く同断である。）すでに25年前のことである

が，いまは懐しく思いおこされる。体調思うにまかせぬ私に代って，アムステルダムに御夫君の福田川洋二氏とお二人でおもむいて，調査の労をとって下さったことに更めて感謝の意を表したい。

その後，久留間氏の側からは，「次の Abschnitt」が第2稿では「次の Kapitel」であったことは確かに認めるが，① その文の前半の部分は „Dies gehört jedoch..." ではなくて „Diese ganze Geschichte jedoch gehört..." であること，また，② 第2部初稿第2章の丁度問題となったその個所に対応する叙述においては「生産と消費の矛盾」の問題は全く論じられていないことなどが指摘されたが，先ず①に関して言えば，「これは，次の章に入ってから論ずべき問題である」が「これらすべての事柄は，…」となっていたからといって，「生産と消費の矛盾」が全生産物の実現を制限し限界づけるという問題がその「すべての事柄」のなかの規定的な一要因として含まれていること自体をなんら否定するものではないことはいうまでもないことであろう。なおまた，Diese ganze Geschichte が Dies とエンゲルスによって書き改められたのは，論述個所の指定が「次の Kapitel で」，すなわち「第3章で」とマルクス自身によって明確化され，それにともなって論述内容もまた「生産と消費の矛盾」による「実現」の問題に限定されることとなったことに対応した措置と解される。この点について詳細には，本書第1部のⅢの第2節の叙述，とくに87-96 ページを見られたい。②の点に係わる，建設期間が長期の固定資本投資の攪乱作用の問題については，第2部初稿第3章「流通と再生産」においても「生産と消費の矛盾」，その基礎上での「過剰蓄積」が「再生産過程の攪乱」を規定する重要な要因として論定されていることとの関連において，後に論じよう。

こうして，大谷氏の論稿に始発した「次の Abschnitt」の問題をめぐる論争を通じて，第2部第1, 2稿の「第3章」(現行『資本論』では第3篇)の再生産論において，「生産と消費の矛盾」を含めての「再生産過程の攪乱」を規定する諸要因に関する論述が行われるべきだとされていたことが，確認されたということができよう。

以上にみた論争の成果によってまた，以下のような重要な事実が浮かび上がってくる。すなわち，（1864年の末頃から1865年の半ば頃までの間に執筆されたと推定される）第2部初稿の最終ページに掲げられていた第3章のプランに示されていたところの，「再生産過程の攪乱」の問題の解明をその重要な一課題として含む再生産論の構想は，（1868年12月頃から1870年7月頃までの間に執筆されたと推定される）第2部第2稿にも引きつがれていたと解されるということである。『資本論』第3部のいわゆる「主要草稿」は1865年12月末に書き了えたとされるのであるから，このことのもつ意味は重大である。だが，この構想は容易には実現されえず，マルクスの最後の草稿たる第2部第8稿（1880〜1881年執筆と推定）へともちこされてゆくが，そこでも未展開のままに終る。「現代の経済表」たる再生産表式，とりわけ拡大再生産表式が悪戦苦闘してもなお本格的には展開されえず，それを基準として展開されるべき不均衡化過程の動学的構造の解明が殆ど手つかずのままに終わったためであろうかとおもわれる。

ここに，われわれに残された重要な一課題があると考えるべきであろう。「未完の大著」の空白の一章を埋めるべく全力を傾倒することこそが肝要なのである。その〈空白の一章〉たる「再生産過程の攪乱」はまた，「世界市場と恐慌」をもって完結すべきマルクスの恐慌・産業循環論の全体系の不可欠の一環をなすものでなければならない。

5 「第3部第7章」蓄積過程における貨幣還流把握の意義

第2部初稿第3章第9節の指示書きに関してなお残されている論点は，「第3部第7章をbetrachtenすること」と記されているその「第3部第7章」とは何を指示するものであったか，という点であるが，それはやはり，「資本主義的生産の総過程における貨幣の還流運動」であった公算大である，というのが妥当であろうかとおもわれる。論述個所の指定として「第3部第7章」が指示されている第2部初稿の他の二個所の叙述内容から推しても，そう考えるの

I　再生産論の課題〔1〕　147

が妥当であろう。

　なお，その二個所の叙述は，第1章第1節「資本の諸変態」のI「循環の第一の形態」におけるものと，第2章「資本の回転」の第2節の終りに近い個所におけるものとの二つであるが，前者においては "Näher gehn wir erst hierauf *im* ch. VII. Buch III."「われわれは，第3部第7章ではじめてこの点に立ちいるであろう。」(II/4.1, S.153, 訳24ページ) と記され，後者においては，"Wir werden die Sache näher untersuchen *im* Buch III. ch. VII."「この問題は，第3部第7章においてより詳しく考察しよう。」(II/4.1, S.289. 訳183ページ) と記されているのであって，いずれも論述個所の指定であることは明白であり，従ってまた訳文にもなんら問題がない。前掲の第9節の指示書きとは，文章の構造もその趣旨もはっきりと異なるのである。この点に注意を促しておきたい。第9節の指示書きを論述個所の指定と解することこそが，甚だ「異様」なのである。

　だが，「資本主義的生産の総過程における貨幣の還流運動」が第7章であるとして，その第7章は，実際に執筆された第3部の草稿においては無くなっている。何故か？　それは，「商業資本」論と共に「第4章」に含まれていた「利子生み資本」論が，「利子生み資本」そのものの規定，ならびに利子生み資本の運動形態としての「信用」の〈一般的分析〉の展開として，量的にも内容的にも大幅に拡充されて，「第5章」として独立の章を形成するにいたったことが大きく関係しているとみるべきであろう。だが，「資本主義的生産の総過程における貨幣の還流運動」の基底的過程をなすべき「総流通＝再生産過程を媒介する貨幣還流」の態様把握そのものは，本来，第5章の「利子生み資本」論や第4章「商業資本」論がその主要な考察対象とすべきものではなく，「再生産の現実的諸条件」の規定的な一要因をなすものとして，それの本格的な解明が再生産論の課題とされなければならないものである。第2部の第8稿における，蓄積基金の積立と投下の対応関係の問題を含む拡大再生産過程における貨幣還流の態様分析の展開は，第2部第3篇の再生産論の発展という見地からしても極めて重要な意味をもつ。と同時にまた，拡大再生産論が貨幣的契機を不可欠の構成要素としてそのうちに含むものとして充実した内容をもつことにより，「再生産過程の攪乱」の問題は，ますます明確に射程範囲内の問題として，

まさに再生産論に包括されるべき問題として，把握されてくることとなるのである。

あとがき 当初の予定では，第2部初稿の第7節において，最終生産物へと帰結してゆく「段階的序列」をなす生産の流れ——生産諸部門間の技術的＝経済的連繋の把握のもとに，「生産と消費の矛盾」が社会の総生産物の〈実現〉を制約する関係が論定され，そうした把握の基礎上に，第8節においては，過剰蓄積が社会の総再生産の均衡を攪乱する規定要因をなすことが指摘され，この相関連する二要因に長期の建設期間を要する固定資本投資の再生産過程の攪乱要因としての作用（それは，初稿第2章「資本の回転」の第3節「回転と価値形成」で端緒的に提示され，第3章第8節においてさらに展開される）が加わり，以上の三者が，未展開に了った結節での「再生産過程の攪乱」の論述を準備するものであったであろうことを指摘し，それら三つの論点の内容と相互関連について論述するつもりであったが，紙幅の都合もあり，ひとまずこのあたりで稿を閉じることとする。

大谷氏が「月報」No.9の文の末尾に記されていることについて，最後に一言。「偉大なる暗闇」先生のその面影を私もまた懐しむが，第2部第1稿のなかの「自説を覆す箇所」を「嬉々として」語られていたというのは，少し誇張が過ぎるのではないか。ならば，その第1稿の最終ページに記されている第3章のプランについてはどう「話されていた」のであろうか？ 古典を尊重することと，一貫したテーマについて，自説を修訂を加えながら少しずつ完成させてゆくこととは，決して背反することではない。むしろ，その逆であろう。『要綱』に接して余儀なくされた『資本論』＝「資本一般」説の修訂も，淡々と記されてはいるが，事実は苦渋に充ちた過程であったのである。それが研究者たるもののあるべき姿かとおもわれる。

なお，福田川女史のアムステルダム訪問のいきさつについては前述したとおりである。その後，何人かの研究者が同地を，事実の確認と，「次章に属する」とされた事柄がどういう問題までを含むものであったかを探査すべく，訪れられているが，それぞれの問題関心によるものであり，「マルクスそのものに対する興味」も大谷氏ともなんら異なるところはない。見当はずれな評言は慎むべきであったかと思う。

本稿は，『資本論体系』第1巻（2000年12月，有斐閣刊）の「月報」に寄せられた大谷氏の異色の論稿「メガの編集者は禁欲を要求される……」への対応として書かれた「トランプ遊びにもルールはある，その切り札は私の持ち分」と題する小論——それは，学術誌などに近年よく見られる，批判とreplyを同時掲載する手法によっ

て，同「月報」に載せる予定であった——を，拡充して成ったものである。その後，大谷氏の論稿にも編集部からの註文により細部になにほどかの改変が加えられたかもしれないが，議論の本筋には全く変更はないようであるし，また，『商学論纂』記念号の発刊期日の制約もあるので，このまま発表することにする。

　以上をもって，10年越し（ないしは25年越し）の論争問題も，すでに充分に決着のついた問題となったかと考える。
                                              2001.1.10

〔補論〕 本書の第2部「再生産論の課題」の[I]として掲げた拙論に対して，大谷禎之介氏は，「〈betrachten〉すべきは〈再生産過程の攪乱〉か〈第3部第7章〉か——富塚良三氏の拙訳批判に反論する——」（法政大学『経済志林』第70巻第3号，2002年刊）と題する論稿において，反論を試みられている。だが，その「反論」の論旨は，一方では「再生産過程の攪乱」の問題をマルクスは第2部初稿の第3章（後の第3篇）において論ずるつもりであった，それは第3章のプランの内容との関連からして疑いえないところであるとして認め，その限りにおいて私見の主要点を全面的に容認しながら，しかし他方では「これは，第3部第7章で考察すべきである。」とした氏の訳文は依然としてなお，誤りではないのだと言い張るという，まことにわかりにくいものである。

　Zu betrachten ch. VII. Buch III. は，書かれている原文どおりに，「第3部第7章を betrachten すること」と読むべきであり，それは「再生産過程の攪乱」の問題を<u>第2部第3章において論ずるさいの留意事項を記したもの</u>であって，<u>論述個所を指定したものではない</u>，それを「第3部第7章で betrachten すべきだ」と原文に in を事実上書き込んだ訳を敢えてするのは誤りである，というのが私の指摘した点であるが，大谷氏は第3章の末尾に記された「第3章のプラン」の内容から見て私見は認めざるをえないが，しかしなお大谷訳は依然として誤りではないのだと頑強に主張されているのである。

　その主張をするため，betrachten の訳語の問題に焦点を当て，それを「考慮する」と訳すのは不適切であるとして，例によってドイツ語大辞典の大動員によってその主張の正当性を根拠づけようとされている。他方また，それならば「第3部第7章を考察すべきだ」と訳せば良いのかというと，それもまた，まだ書かれていないものを「考察」するというのは「珍妙きわまりない」ことだとして退ける。こうして，消去法のようにして大谷訳はやはり正しいのだとあくまでも言い張るのである。

　私はやむをえず，これまた大谷論文と同様に長い論文を『商学論纂』第44巻第6号（2003年6月刊）に書いて再度の批判をしたが，付随的な問題にしては如何にも長文にすぎるので，本書ではこれを掲載することはやめ，最も適切

I　再生産論の課題〔1〕　151

かと思われる部分だけを以下に記しておくこととする。

　その論稿の訳語の問題を論じた第5節のおわりの個所で私は，次のように論述している。——

　最後に，大谷論稿の末尾に参考までにとして掲げられている *Deutsches Wörterbuch von Jacob Grimm und Wilhelm Grimm*, Erster Band, 1854 を見よう。その betrachten の項の冒頭の個所には，„BETRACHTEN, *considerāre* [→consider], *contemplāri*[→contemplate], *intuēri*[→intuit]...“（角括弧内は引用者）と記されていて，betrachten と consider, contemplate, intuit との間に語源的な観点から見ても近い関係があることが示されており，また betrachten の語義説明の 1) として beschauen *ist inniger als* besehen, und betrachten *nachdenklicher als* beschauen,... としてのち，2) として端的に，erwägen〔consider, take into consideration〕，überlegen〔consider〕が，記されている。総じて，betrachten の本来の語義の簡明，適切な説明がなされているように思う。なお，「～を～と見做す」という，いま一つの語義は，いきなり文例だけが掲げられている。

　こうした三とおりの語義は，その後の諸辞典においても，大体のところ継承されてきているといってよいであろう。

　Grimm の辞典は，古いといっても，ドイツ語学史上の一劃期をなすとして高い評価を得ている辞典であり，しかもマルクスとほぼ同年代の頃の辞典なのである。その点からしても，betrachten の語義に関する当面の問題を考えるうえで，重要な意味をもつものと考えるべきであろうかとおもわれる。大谷氏はこの辞典に関して，「当面の問題にはあまり役立たないので省く」とし，ただ「意識的に Grimm を取り上げなかったと思われることを避けるために，本稿の末尾に掲げておく」と記されているが，何をもって「当面の問題には役立たない」とするのか，まことに不可解である。古典とも言うべき著作を理解するには，むしろこうした辞典こそが「役立つ」はずである。しかも，上記のようにマルクスと同時代の辞典なのである。

　以上に見てきたような諸点を充分に考え合わせてみるならば，betrachten

の語意のうちには,「考察する」だけでなく「考慮する」も含まれている, としてよいかとおもわれる。少なくも, 氏のような断定的なきめつけは, 不適切であろう。折角いくつものドイツ語大辞典を持ち出してこられたのであるから, グリムの辞典も含めて, もう少し丁寧に, そしてまた Vorurteil なしに, その語義説明を検討し, 読みとるべきではなかったかとおもわれる。

　　大谷禎之介氏は,「『内在的矛盾』の問題を『再生産論』に属せしめる見解の一論拠について——『資本論』第2部註32の『覚え書』の考証的検討——」(東洋大学経済経営研究所『研究報告』第6号, 1973年) において,『資本論』第2部第2篇註32の「次の Abschnitt」は「次の篇」すなわち「第3篇」と読むべきものではなく,「次の部」すなわち「第3部」を指すものと解すべきだとする斬新な見解を展開されるにさいしても, 今回の論稿におけると全く同様にドイツ語大辞典を大々的に動員して Abschnitt という単語の語義に関する氏の独自の (しかし実はやや特異な) 見解を根拠づけようとされた。いくつものドイツ語大辞典からの大量の引用は一種くらまし的な効果を発揮し, また久留間鮫造編の『マルクス レキシコン』においてその説が採用されたこともあってか, 一時はその説が肯定的に受け取られ, 研究者の間に定着しかかったこともあった。対久留間論争の私の最初の論稿「恐慌論体系の展開方法について——久留間教授への公開書簡 (その一)」(福島大学『商学論集』第41巻第7号, 1974年, 本書第1部のⅠ) で述べた, これに対する私の疑問点は, 一つは, 第2部第2稿の当該個所に記されていたのは「次の Kapitel」であり, それが『資本論』第2部の章別構成から篇別構成への変更に伴ってエンゲルスの手で「次の Abschnitt」と書き改められたということも充分にありうるのではないか, という点であり, いま一つは,「次の Abschnitt で」と記すことによってマルクスが第3部を指示しようとしたのだとするならば, 何故マルクスは「次の Buch で」と書き記さなかったのだろうか？ という点, この二点であった。前者の点が明確となることによってこの論争は決着がついたのだが, 実は後者の点も重要である。ドイツ語大辞典の大動員によって, Abschnitt を「部」と読み「次の Abschnitt」は「第3部」だとする大谷氏の解釈が妥当であるかのように思わせられた論者も少なくはなかったかもしれないが, しかし, Abschnitt とは, abschneiden された物の「切片」が本来の語義であり, 転じて「部分」,「(全体の) 一部」, それからさらに転じて「(本の) 篇, 章, 節」等を意味するものとなっていった語であって,「部分」,「(全体の) 一部」, という意味をもつからといって, それから Buch という意味での「部」を意味するとする

には無理があるというべきであろう。ドイツ語大辞典を動員しても，この点に変りはないはずである。この側面から見ても，大谷説には，実は，はじめから無理があったのである。ドイツ人であるJ.ローヤン氏が，第2稿の当該個所においてマルクスがはじめ「次のAbschnitt」と書き，それを「次のKapitel」と書き改めたことに関して，「いずれにしても，比較的近い次の個所でというつもりだった（つまり，マルクスは初めはやや広いめに漠然とした表現で「次の個所で」と書き，それをすぐもう少し明確に，限定的に「次の章で」と書き改めた）のではないでしょうか」という趣旨のことをアムステルダムの研究所において述べていた旨，福田川八重子氏が註32の「覚え書」を含む第2稿の当該部分の叙述を囲む〔　〕の位置に関して報告してきたロンドンからの次の便で再度知らせてきたが，そういう受け取り方が母国語に対するドイツ人の感覚からしてもごく自然なことではなかったかとおもわれる。「次のAbschnitt」を「次のBuch」，「第3部」だと読む斬新奇抜とも言うべき大谷氏の発想は，はじめからやや不自然で，「奇態なもの」だったのである。

　もちろんローヤン氏は，そうした第2部第2稿の当該個所に関する事実が，わが国における再生産論と恐慌論に関する論争の一端と関連して問題となっていることなどは，全く関知するところではなかったのであるが。

　それはともかく，本稿の主題とする私の本来のテーマからすれば，二次的・副次的な問題にすぎない，betrachten という単語の語義解釈，というよりはむしろ訳語撰定の問題——これはこれで，やっているときりもなく論議が続けられることになるであろうが——にこれ以上深入りすることは，当面はさし控えることとしよう。

〔2001. 1. 10〕

II 再生産論の課題〔2〕
―『資本論』第2部初稿第3章「流通と再生産」―

1 問題設定

　『資本論』第2部の初稿は，現行版第2巻の「序言」でのエンゲルスの，「最初の独立の，しかし多かれ少なかれ断片的な論稿」であり「利用はできなかった」とする叙述に大きく影響されてか，現行版『資本論』第2部の単なる粗描ないしは原型をなすにすぎないものとして受け取る論者も依然としてなお少なくないようであるが，しかし，すでに前稿において指摘したように，第2部初稿は1864年の末頃から1865年の半ば頃までの間に，すなわち『資本論』第3部のいわゆる主要草稿と殆ど同時期といってよいほどの相前後する時期に執筆されたとされるものであって，仔細に検討してみるならば，決してそうはかたづけられない注目すべき内容を含むものなのである。最も整序と彫琢を要するかに見える部分は，現行『資本論』第2部第1篇「資本の循環」に対応するところの「第1章　資本の流通」であろうが，しかし，そこにおいても資本循環論の核心をなすべき本質的な内容の部分は――ときおり，やや粗削りな叙述表現ながらも――すでに展開されているということができよう。とくに注目すべきは，現行『資本論』第2部第3篇に対応する「第3章　流通と再生産」である。本稿では，そのうちの第5節「蓄積すなわち拡大された規模での再生産」以降の諸論述を中心に考察することとする。

　『資本論』第2部用の草稿は，初稿すなわち第1稿から第8稿までの8草稿

と若干の「抜き書き帳」とから成るが，資本の循環論・資本の回転論・再生産論の三者を含むものは第1稿と第2稿とだけであり，また，再生産論は，第1稿，第2稿，および第8稿の三者においてのみ展開されている。そのうち，「蓄積，すなわち拡大された規模における再生産」の問題が論じられているのは，――第2稿にはその表題のみが掲げられているだけで本文中にはその叙述が全く見られず――第1稿と第8稿とにおいてだけである。この点からしても，第2部第1稿における拡大再生産に関する論述とそれに含まれる諸論点，とりわけ最終節の課題として提起された「再生産過程における攪乱」を規定すべき諸要因についての，とくに第7，8節における示唆的な論点提示に，われわれは充分な留意を要するのではないかと考えるのである。さきにも述べたように，第1稿は第3部のいわゆる「主要草稿」が書かれたのとほぼ同時期といってよいほどに相連なる時期，すなわちマルクスの経済学的思考が最高の成熟度に達した多産的な時期に記されたものであり，他方，1879年ないしは1880年から1881年までの間に執筆されたと推定される第8稿は，マルクスの最晩年の最後の論稿である。前者すなわち第1稿において提起された諸論点，諸問題が後者すなわち最終稿たる第8稿においてどのように解明されようとしていたか，或いはそうした諸問題の解明のための理論装置の設定準備がなされていたかを問うことは，マルクスの再生産論および恐慌論を発展的に展開するうえで重要な意味をもつかとおもわれる。

2　第2部初稿の資本循環論

　先ず本節で第2部第1稿における資本循環論を概観したうえで，次節において単純再生産過程の想定のもとでの「流通(再生産)の現実的諸条件(レアール)」の解明の跡を辿り，再生産論の骨格構造がすでに第1稿において定立されていた次第を確認することから始めよう。
　第2部第1稿の第1章「資本の流通」の第1節「資本の諸変態」は，現行版の第2部第1篇「資本の諸変態とそれらの循環」の第1〜4章に当る個所であ

るが，そこで展開されている資本循環論は，① 貨幣資本の循環，② 生産資本の循環，③ 商品資本の循環のほかに，①と②の間に，「第 2 の循環」として $G-W(P_m+A)$ の W，すなわち「生産手段および労働能力の形態にある商品」を起点および終点とする循環形態が立てられ，計四つの循環形態として論が展開されているためもあってか，やや未整理で錯綜した印象を与える叙述となってはいるが，しかしその全体をよく注意して読んでみるならば資本の循環形態論の核心をなすべき部分はすでに充分に展開されていることを読みとることができるであろう。各資本循環形態の特質も明確に把握されている。例えば，G を起点とし G′ を終点とする資本循環の第一の形態は流通形態としては $G-W-G'$ であり，「この形態のうちに表現されているのは，交換価値それ自体が運動の規定的目的，自己目的であるということである。」「前貸しされた貨幣の前貸しした人への還流」すなわち「出発点への貨幣の還流」は，「資本としての貨幣の流通の本質的な表現である。」としてのち，「この形態のうちには，自己増殖が，……資本主義的生産の目的として最も純粋に表現されているだけでなく，この価値のその貨幣形態への転化が，したがって貨幣資本としての資本の増大が，貨幣を生みだす貨幣としての資本が，最も純粋に表現されているのである。……それゆえこの形態は，重商主義に最も親近な形態である。古典派経済学は，……これとは逆に，価値の貨幣形態の重要性と必然性とを完全に捨象しようとする。彼らがそうするのは，またまちがってそうするのだが，それは……彼らが資本主義的生産形態を生産の絶対的な形態として描こうとするからであり，またそれゆえにその独自の諸制限を捨象するからである。」(MEGA II/4.1, S. 163-4, 訳 29-30 ページ) と述べている。「生産過程が，運動の出発点および終着点として，したがってまた再生産過程として現われる」ところの，また，それを（本来的な商品流通の形態たる）$W-G-W$ という流通形態の流通が媒介するところの，生産資本の循環形態を基準とする古典派経済学の重商主義批判の視点に関説しながら，資本の循環諸形態の特質が語られているのである。『剰余価値学説史』(1961〜3 年草稿) における古典学派を中心とする経済諸学説の徹底的な内在的検討に裏打ちされての指摘であることは言うまでもない

であろう。なおそのさい，その同じ個所において，「流通過程を資本主義的再生産過程と同一のものとして把握した」重農主義の「偉大な功績」についても述べられている。年総収穫をもって始まり年総収穫をもって終わる，総流通＝再生産過程の態様を一枚の表に総括表示したケネーの経済表を歴史の忘却の彼方から呼び起こし，それの経済学史上にもつ決定的意義を明らかにしたのは，他ならぬマルクスであった。彼は，1863年に，そのケネーの経済表を改作した独自の経済表を作製している。上記の「重農主義者たちの偉大な功績」についての指摘は，そうしたことを想起してのことであろう。W′で始まりW′で終わる商品資本の循環形態を論ずるにさいして，「消費過程それ自体は，……消費が生産的消費であるというかぎりでのみ，資本の流通過程または変態列のなかに含まれるものとして現われる。」と述べ，また「消費過程の資本主義的再生産過程にたいする現実の関係は第3章〔流通と再生産〕の考察に属する。」（II/4.1, S.172, 訳46-7ページ）と記している。さらに，現行版第2巻の第1篇第4章「循環過程の三つの図式」における論述に当る内容の叙述――すなわち，資本の循環過程を総体として，不断の連続性において見るならば，「過程のすべての前提が，過程の結果として現われ」，生産過程と流通過程とは相互に「媒介的な契機として現われる」のであって，貨幣資本G，生産資本P，商品資本W′の資本諸姿態は――連続的な資本の自己増殖運動が展開され続けてゆくためには――連続的な継起において，また（一定の比率関係を保った）同時的な並行として，絶えず次の段階へと移行すべき諸段階をなすものとして，現われなければならないこと，また，そうした各個別資本のぐるぐると絶えず回転する円環運動は，一方が他方に生産条件を提供するものとして，一方におけるW－Gは他方におけるG－Wによって対応されなければならないという関係において相互に絡み合い条件づけあう関係にあるのであるが，しかし，社会総体として見たW′は，資本によって買われるべき生産手段だけでなく所 得（レヴェニュー）によって買われるべき生活手段をも重要な構成部分として含むのであって，商品資本の貨幣形態への転化は個別諸資本相互の絡み合いと縺れ合いの連鎖の単なる社会総計としては把握しきれない問題を内包していることが指摘さ

れている。「……第一段階の W′—G〔商品資本の貨幣形態への転化〕も，その G は，W′ が生産条件としてそこに入ってゆく他の一資本の一段階の転化した姿態であるか，あるいは収入(レヴェニュー)の転化した姿態であるか，のいずれかであるということを前提〔unterstellen〕している。これらの諸契機は，個別資本の再生産過程および流通(ウムラウフ)においては現われることなく，そこにはただ互いに交換される貨幣と現存商品とがあるだけであるから，それ自体として孤立した，こうした再生産過程は単に形態的〔formell〕なものであるにすぎない。現実的な〔reell〕な再生産＝および流通過程は，ただ，多数の諸資本の，種々な産業(トレイド)の諸資本に分かれている総資本の，過程としてのみ把握されうる。それ故に，これまでの考察方法とは異なって，現実的再生産過程の考察方法が必要なのであるが，それは，この部〔第 2 部〕の第 3 章〔流通と再生産〕で行なわれる。」(II/4.1, S.182, 訳 59 ページ) こうして，商品資本の循環形態 W′…W′ を基準として，社会的総資本の総再生産＝流通過程の把握がなされるべきであるという第 2 部第 3 章（現行『資本論』の第 2 部第 3 篇）の再生産論に固有の方法的観点が，第 2 部第 1 稿の資本循環論においてもすでに明確に定立されていたことを，知ることができるのである。

3　第 2 部初稿の単純再生産論——再生産の現実的(レアール)諸条件の解明

　第 2 部初稿の第 3 章「流通と再生産」の第 1 節「資本と資本との交換，資本と所得(レヴェニュー)との交換，および不変資本の再生産」——それは，第 2 部初稿の最終ページに掲げられている同第 3 章の計 7 節から成る執筆プランの第 1 節「流通（再生産）の現実的(レアール)諸条件」の主要部分をなすものであろう——において，生活手段を生産する「部面 A」と生産手段を生産する「部面 B」との二部門分割と，不変資本 C ＋可変資本 V ＋剰余価値 M の生産物の価値構成のもとに，社会の総生産物の構成諸部分が相互にどのような交換（価値的・素材的補塡）を通じて資本（不変資本および可変資本）が再生産されると同時に，資本家階級と労働者階級とが再生産されることになるかが——単純再生産の想定のもとに

——詳細に論述されている。初稿の論述においてはまだ再生産表式という形はとられてはいないが、しかし事実上は下記のように容易に表式化しうる内容の考察がすでに展開されているのである。

$$
\begin{aligned}
A &: \boxed{400\ C} + 100\ V + 100\ M = \boxed{600\ 生活手段} \\
B &: 800\ C + \boxed{200\ V + 200\ M} = \boxed{1200\ 生活手段} \\
\hline
&\ \boxed{1200\ C} + \boxed{300\ V + 300\ M} = 1800\ 総生産
\end{aligned}
$$

1863年の《経済表》におけると同じく、まだ二部門の構成は、第2部第8稿による現行『資本論』第2部第3篇での再生産表式におけるのとは逆（すなわち、現行版『資本論』での第Ⅰ部門が上記の「部面B」、第Ⅱ部門が「部面A」）になってはいるが、しかしその分析内容は現行のそれと比べてもそれほど遜色のないほどにしっかりしたものである。不変資本の再生産と可変資本の再生産の態様の本質的な差異や両部門間の相互転態の態様、さらには生産手段を生産する部面内における不変資本の独自の当該部面内での転態と処理などについての深く掘り下げた克明な論述、資本家によって資本（不変資本および可変資本）として或いは消費基金として流通に投じられた貨幣が諸転態の媒介を通じて起点たる資本家の許に還流してくる、その資本流通と所得流通との交錯・連繋と資本還流の態様の綿密周到な論述がなされている。

論述は以下のような段どりで進められている。

先ず、「資本の総流通過程＝再生産過程のこれまでの考察では、われわれはこの過程が経過する諸契機ないしは諸局面を、ただ形態的（formell）に考察してきただけであった。これに対して、今やわれわれは、この経過が進行しうるための現実的（real）な諸条件を研究しなければならない。」(II/4.1, S. 302, 訳200ページ) としてのち、「われわれのこれまでの考察では、個人的消費過程は問題にならなかったか、或いは単に形式的（formell）に問題となったにすぎなかった。……だが、個人的消費は総再生産過程の一契機をなすのであって、まさにそうしたものとしてそれは今や考察されねばならない。」(II/4.1, S. 305, 訳201ページ) と述べ、そうした観点から、生活手段を生産する「部面

A」の可変資本Ｖの転態，次いで同部面の剰余価値Ｍの転態について論じ，さらには，その「部面Ａ」の不変資本Ｃは生産手段を生産する「部面Ｂ」の可変資本Ｖおよび剰余価値Ｍとの間の相互転態を通じて補塡されなければならないことが明らかにされ，そして最後に「部面Ｂ」の不変資本Ｃは同部面内の相互転態によって補塡される次第が指摘されて終わる。そうした順序で論述が進められてゆくのである。全体として論述は周到・緻密であり，とりわけ両部面の可変資本の再生産の問題は入念に論じられている。

　可変資本の再生産の問題，すなわち可変資本として前貸しされた貨幣資本の資本家の許への貨幣形態での還流・復帰の問題は，先ず，第２部初稿第１章第１節「循環の第一の形態」・貨幣資本の循環形態において，次のように論じられている。可変資本としての貨幣資本の前貸しすなわち資本家による労働能力の購買Ｇ－Ａは労働者の側からすればＡ－Ｇすなわち労働能力の販売による賃銀の取得であり，労働者はその賃銀を支出して必要生活手段を買う。すなわち，Ａ－Ｇ－Ｗ。この労働者によるＧ－Ｗは資本家の側からすればその総生産物の一部の販売であり，それによって資本家は可変資本を貨幣形態において回収する。「労働者階級全体と資本家階級全体とを考察すれば，前者は後者から総生産物の一部分を，つまり総生産物のうちの必要生活手段から成っている部分の一部分を買い戻すのである。……資本家は，彼が一方の手で労働の価格(Preiß der Arbeit, price of labour) として労働者に支払うものを，他方の手で，彼が労働者に売る諸商品の価格として取り戻す。(このことは，それがどのように媒介されるにせよ――その媒介のしかたはのちに〔第３章「流通と再生産」において〕考察されるが――階級全体について当てはまるのである。)」(II/4.1, S.154, 訳26ページ) 労働者の行うＡ－Ｇ－Ｗは「単純な商品流通の形態であり，したがって彼にとって貨幣は，単なる流通手段として機能する。」(II/4.1, S.155, 訳27ページ) 他方，労働者にとってのＧ－Ｗは資本家にとってはＷ－Ｇであり，Ｇ－Ａによる生産過程＝価値増殖過程の所産としてのＷ′がＧ′に転化することに他ならない。こうして可変資本として投下された貨幣は，再び可変資本として投下しうべき貨幣形態において，出発点たる資本家の許に

還流するのである。

　こうした可変資本として投下された貨幣の資本家の許への還流は，資本－賃労働関係の再生産の別様の表現に他ならないことが，以下のように述べられている。——「資本家は労働者に，直接に商品で支払うかわりに貨幣で，（商品としての）彼の労働能力の価値の転化形態であり，労働者がそれで買う諸商品の転化形態でもある貨幣で支払うのである。この貨幣は，切符（チケット）として，つまり労賃の価格だけの商品量に対する資本家から振り出された指図証券〔Anweisung〕として機能するにすぎない。労働者がこの指図証券を呈示すると，資本家は再びそれと交換に，今度は労働能力の価値すなわち労賃に等しい諸商品を現実に与えるのである。この還帰（return）は，ただ，切符（チケット）の回収にすぎず，それゆえ切符（チケット）のその発行者への還帰（リターン）にすぎない。それは，必要生活手段から成っている資本の一部分が生きた労働と交換されるという本当の取引を蔽い隠すだけの取引である。商品市場から新たに商品を引き出すためには，労働者は新たにA〔労働力〕を売らなければならない，等々。」(II/4.1, S.156, 訳28-9ページ）かくして，資本家の側に可変資本が貨幣形態において，すなわち再び貨幣資本として労働力の購入に投じるべき形態において回収され還流する反面，労働者は労働力を再び商品として売らざるをえない状態においてのみ自己自身を再生産することができるのである。

　以上に見た貨幣資本の循環形態 G…G′ との関連において把握された可変資本の循環と再生産が，社会的総生産物 W′ の各構成部分の価値的・素材的相互補塡運動を通じて「どのように媒介されるか，その媒介のしかた」が，個人的消費が不可欠の一契機をなすところの「総再生産過程の現実的（レアール）諸条件」の解明がなされるべき第3章「流通と再生産」において更めて主題の重要な構成部分をなすものとして論じられる。第2部初稿においては，その生産物が個人的消費の対象たる生活手段を生産する部門が「部面A」，生産的消費の対象たる生産手段を生産する部門が「部面B」とされ，部面Aは不変資本400Cと可変資本100Vを投下して100C＋100V＋100M＝600の生活手段を生産し，部面Bは不変資本800Cと可変資本200Vとを投下して800C＋200V＋200M＝1200の

生産手段を生産するとし，剰余価値の全額が消費支出されるとする単純再生産の想定のもとにこれらの両部面の生産物の各構成諸部分が価値において素材において相互にどのように交換され補塡され合うかが，本稿159ページにおいて前掲の表式のように容易に総括表示されうるような内容において詳細に論述されている。その要点のみを当面の論述に必要な限りで略記すると，以下のとおりである。

先ず部面Ａの可変資本Ｖおよび剰余価値Ｍの転態について見よう。

「可変資本そのものは，労賃に，それ故にまた労働者にとっての所得(レヴェニュー)に，転化してしまうのではない。それは，資本家にとっての労働すなわち労働＝必要労働＋剰余労働に転化する。その限りでの可変資本は，さしあたりはわれわれの考察の外に置かれる。」(II/4.1, S.306, 訳202ページ)労働力を売って得た労賃収入を支出して生活手段を買うさい，「〔労働者たちは〕資本家に，彼らの労賃が前貸しされたさいの貨幣を返すのであり，したがって彼らは，自分たちの貨幣所得の支出によって，可変資本の貨幣形態を補塡する。しかし，彼らは，この資本そのものを補塡するのではない。……同じその貨幣が，交互に，労賃の貨幣形態および可変資本の貨幣形態として存在する。現実の(wirklich)可変資本は消尽されてしまうのであり，それは，資本家と労働者との間のこうした交換によってではなく，それの新たな再生産によって補塡されるのである。」(II/4.1, S.310, 訳207-8ページ)この一連の叙述は，可変資本のMetamorphoseの独自性ないしは特質を指摘しようとしたものとして注目すべきものである。労働力は，その価値によって「価値どおり」に買われるとしても，不変資本すなわち生産手段の価値のようにその労働力の価値が生産物のうちに移転されるのではない。それは直接的生産過程内における「資本家にとっての労働，すなわち労働＝必要労働＋剰余労働」によって新たに生み出される「価値生産物」Ｖ＋ＭのＶ部分として再生産されるのである。投下資本Ｃ＋ＶによってＣ＋Ｖ＋Ｍなる「生産物価値」が生み出される。このＣ部分と（Ｖ＋Ｍ）部分との性格の相違が認識されなければならない。直接的生産過程内における労働によって（Ｖ＋Ｍ）なる価値が新たに生み出されると同時に過去労働

の所産たる不変資本Cの価値が生産物へと移転されるのである。そうした過程にあるものとしての,「その限りでの可変資本は,さしあたりはわれわれの考察の外に置かれる」のである。この過去労働の所産たるCの生産物への移転と年労働によって新たに生み出される（V＋M）なる価値部分との関係については,アダム・スミスのV＋Mのドグマ批判とも関連させながら,第2部初稿第3章第1節の後半部分においてかなりに立ち入った論述が展開されており,その点においても,主として第2部第8稿による現行『資本論』第2巻第3篇「社会的総資本の再生産と流通」の第20章「単純再生産」における論述と相対応する内容となっている。

　生活手段を生産する部面Aの価値生産物200のうちの100V部分はAの資本家たちによる100の可変資本の投下によって生じた100の労賃所得の消費支出によって買われることによって実現され,かくして投下された資本は貨幣形態において資本家たちの許に還流するのであるが,価値生産物のうちの残りの100Mは資本家たちの所得の消費支出によって買われなければならない。そもそもその剰余価値を体現する剰余生産物が売られ実現されなければ,消費支出されるべきその所得そのものが成立しえないのである。だが,そのための貨幣は何処から出てくるのか？　それは結局,その資本家たち自身から出てくるとされなければならない。彼らは相互に売りあい相互に買いあう。消費者であると同時に生産者たる彼らは,「一方の手で絶えず貨幣を支出し,また同様に他方の手で絶えずそれを再たび受け取る。だから全通貨（カレンシー）が継続的にすべての人々の手中に,すなわち同時に消費者でもあるこれらすべての生産者の手中に配分されている。」(II/4.1, S.309, 訳206ページ) ということになる。彼らの所得の一部が貯蓄されることによって形成された消費基金が交互に絶えず流通に投じられ,また絶えず彼らの許に還流する。誰が所得のうちのどれだけを貯蓄し,またどれだけを流通に投ずるかは,不確定で絶えず変化し,かくしてまた彼ら資本家たちの「所得の流通」に必要な「通貨（カレンシー）の配分」は絶えず入れ替わり,総じて不安定である。だが,剰余価値M部分が実現し,資本家たちの「所得」が流通してゆくためには,交互的な消費基金の流通への投下とその還

流が絶えず行われていなければならない。この「還流は〔それ自体としては〕資本の還流とはなんの関係もない。」(II/4.1, S.310, 訳207ページ)

　この問題に関連してマルクスは，「この点は後に，剰余価値がもはや単に資本家の所得として現われるのではなく，さらに地代および利子に分裂するようになると，重要になる。」(同上) と述べている。そうした諸階層への所得の偏在および彼らの消費動向が，剰余価値の実現に，従ってまた剰余価値に依存するそれら諸階層の所得総計に，それ故にまた，ひいては社会的総資本の再生産の動向そのものに，重大な影響を及ぼしうることになるであろうことを指摘したものかとおもわれる。

　以上，生活手段を生産する部面Aの，個人的消費の対象たるべき可変資本Vおよび剰余価値M部分の実現がどのように行われるであろうかを見た。残るは不変資本C部分，前掲159ページの表式でいえば400C部分の実現である。

　部面Aの400Cは現物形態としては生活手段であるが不変資本の価値移転分であり，不変資本の補塡に充てられるべき部分である。したがってそれは部面Bの生産物たる生産手段に転換されなければならない。他方，部面Bの生産物のうちの200V＋200Mは現物形態としては生産手段であるが可変資本および剰余価値として消費支出に充てられるべき価値部分であり，したがって部面Aの生産物たる生活手段に転換されなければならない。かくして，部面Aの400Cと部面Bの200V＋200Mとは相互に転換され合わなければならない。この両部面間の相互転換は次のようにして行われる。すなわち，部面Aの資本家は400Cを現物補塡すべく部面Bから200V＋200M相当の生産手段を買う。これによって部面Bの生産物のうちの200V＋200M相当部分は実現されて貨幣形態に転態する。部面Bの資本家のこの200V相当の可変資本投下による労働者の賃銀支出と剰余価値の消費支出とが行われるとすれば，部面Aの400C相当の生産物部分は実現されて貨幣形態に転態し，投下された400の不変資本は再び貨幣形態に復帰し，この貨幣もまた出発点たる部面Aの資本家の手に還流する。こうして，部面Aの不変資本400Cの現物補塡と貨幣補塡とが共に行われることとなる。これを部面Bの側から見れば，部面Aの100Vおよび

100Mに関して行われたのと同様のことが，部面Bの200Vおよび200Mに関して——部面Aの400C部分との相互転態という「回り道」を通じて——行われるのである。こうした錯綜した諸転態を通じて部面Bの200Vの可変資本も貨幣形態において復帰し，また200Mの剰余価値の流通に投じられた消費基金も回収される。

最後に残されているのは部面Bの不変資本800Cであるが，生産手段の現物形態をとり不変資本の補塡に充てられるべき規定性において存在するこの部分は，部面B内の諸資本の相互的な持ち手変換を媒介する資本家間の流通によって処理される。また，そこでは「貨幣は主として支払手段として，相互の差額を決済するために機能する。（信用貨幣が流通するのであれば，この〔信用〕貨幣は，この流通の必要が要求するのに応じて，発生し，また消滅する。）」(II/4.1, S.320, 訳220ページ) という指摘がなされている。

なお，さきに部面Aの不変資本Cと部面Bの可変資本Vおよび剰余価値Mとの相互転態を論ずるにさいして，部面Bの労働者の賃銀や資本家の所得の消費支出に用いられる「通　貨」（カレンシー）が「〔部面〕Aの商品資本のうち不変資本を表わす部分が転化してゆく貨幣形態」をなし，かくして「社会の総通貨のうちのこの部分は」部面AのCおよび部面BのVとMの流通という「二重の過程を経過」し「二重の機能を果たす」ということになると記している。社会的再生産における価値・素材補塡の論理としてはそうであろうが，実際には，部面Aの不変資本C部分の流通，とくにその現物補塡などの大口取引には商人資本の介在や信用機構の媒介などもあり，その点，部面Bの不変資本Cの場合と異ならないであろう。そうしたことも念頭にあってか，マルクスはさきの叙述にさいして下記のような覚え書ふうの指示書きを記入している。——すなわち，「最終的な叙述では」先ず貨幣流通を顧慮することなく再生産における価値素材補塡の問題を論じ，次にもう一度，貨幣流通の要因を入れて論ずるという方法をとったほうがよいであろう。いまそうしているように，〔はじめから〕貨幣流通を考慮に入れることは，絶えず展開の脈絡を破ることになるからだ。」(II/4.1, S.314, 訳213ページ) と。第2部の第2稿においてはマルクスは実際にその方法で論述の展開を試みている（水谷謙次・名和隆央「『資本論』第2部第2稿（第3章）の未公開部分について」，『立教経済学研究』第33巻第1号，1979年所収）。この点に関する現行『資本論』第2巻の「序言」におけるエンゲルスのやや不適切な，

とおもわれる指摘，それに依拠しての最近のわが国の一部の論者による特異な見解の表明などについては「補説」において論ずることにしよう。

　われわれはさきに第1章における商品資本の循環形態 W′…W′ 循環の考察にさいして「〔個人的〕消費過程の資本主義的再生産過程にたいする現実の関係は，第3章〔流通と再生産〕の考察に属する。」とされているのを見た。また，その第3章第1節の論述に入るや，「個人的消費は総再生産過程の一契機をなすのであって，それはいまやそうしたものとして考察されねばならない。」とされているのを見た。そうした「再生産の現実的諸条件」の解明の視点との関連において，社会的総生産物における価値の構成，すなわち，過去労働の所産たる不変資本 C なる価値部分の生産物への移転と年労働によって新たに生み出される（V＋M）なる価値部分との関係についての第2部初稿のマルクスによる入念な論述の意図が読みとられなければならない。そうした年間総労働の生産物価値の内的構成の再生産論的視角からする分析・解明によって，アダム・スミスの V＋M のドグマをその発生根拠から根底的に批判することが可能となるのである。

　マルクスによるアダム・スミスの「V＋M のドグマ」批判は入念を極めているが，その要点だけを以下に記すと，「総商品資本のうち所得（Revenue）が表示する部分の全体は，年々生産される商品資本のうち，年間に部面 A および B で，つまりすべての生産部面で付加された新たな生きた労働の全分量〔によって〕それの価値が規定されている部分の全体，言い換えれば，この労働の全分量が結晶化してそれの価値となっている部分の全体に等しい。」(II/4.1, S. 315, 訳215ページ) すなわち，159ページに前掲の表式に見る部面 A の総生産物600の1/3の100V＋100M，部面 B の総生産物1200の1/3の200V＋200M，計600の所得（V＋M）が両部面の年労働によって新たに生み出された価値である。この「労働の年間価値生産物は，年間労働の生産物価値（1800）とは異なる」。なお，「A は，A の不変資本の補塡のために必要なかぎりでのみ B の諸商品を買う」のであり，それは400であるから，その400が「B の所得の限界をなす」。両部面間の「現実的素材変換を考察」するならばそうならざるを

えない。その意味において「Aの不変資本の価値はBの所得(レヴェニュー)の価値に等しい」(II/4.1, S.316, 訳216ページ)。すなわち　AのC＝Bの(V＋M)である。いわゆる「単純再生産の条件」をなす部門間関係は，このように第2部初稿においてもすでに明確に，しかもその命題が内包すべき本来の含意において，把握されていたのである。「したがって」として，さらに以下のような論述が展開されている。――「したがって第一に，社会の総所得(レヴェニュー)(賃銀および剰余価値)は商品資本Aで消費し尽される。すなわち，それは，その使用価値から見るのであれば，社会の現実的所得(ヴィルクリッヒ)を，――社会の年間生産物のうち消費ファンドに移行すべく規定されている部分をなす。第二に，Aの総商品資本の価値，すなわち生活手段の生産に充用された資本の総生産物の価値は，年間に新たに付加された総労働が生産した，すなわちそこに結晶化している総価値に等しい。……Aの不変資本は新たに追加された労働から成っている(それを表示する)のではなく，その反対に過去の労働を表示するものであるにもかかわらず，それは事実その通りなのである。(Dieß ist der Fall.)」(II/4.1, S.316, 訳216ページ) ここに，アダム・スミスのドグマの秘密がある。「総生産物Aはイコール社会の総所得である。(Das *Gesammtproduct A ist＝ der Gesammtrevenu des Gesellschaft**.)」(II/4.S.1, 317, 訳217ページ　＊マルクスの原草稿のままの表現) 最終消費財たる部面Aの総生産物の価値は，A，B両部面の所得(V＋M)の総計，すなわち両部面の労働によって新たに生み出された価値の総計に等しい。単純再生産の前提のもとではそうなる。この事実こそがスミス的発想の根拠をなすものであった。以下，スミスのドグマを念頭に置いての入念を極めた論述が第1節の後半部分において展開されてゆくのである。この問題は結局のところ，現行『資本論』でいうとその第1巻第2篇第5章および第3篇第6章で解明されている以下の点，すなわち，生産過程における労働そのものの二面的な属性，すなわち一方では労働対象に新価値をつけ加え，同時にまた他方では，労働対象に含まれる(旧労働の所産たる)旧価値を維持し生産物へ移転するという二面的な働きにもとづいてのみ，充分に説得的な説明がなされうるであろう。この点は，第2部の初稿においてもすでに指摘されてい

るところである。

〔補説 I〕「可変資本の循環・再生産」に関する謬見

　以上第2,3節の論述によって，第2部初稿において独自の充実した内容をもった資本循環論および再生産論がすでに展開されていたことを明らかにしえたかとおもう。とくに可変資本の再生産の問題，すなわち可変資本の運動としての $G-W(A) \cdots P \cdots W'-G'$ と賃労働者の $A-G-W$ との絡み合いが，社会的総生産物 W' の各構成部分の価値的・素材的相互補塡運動のなかでその基底的な一環をなすものとしてどのように展開されてゆくかが，充分に解明されていた次第を明らかにしえたかとおもう。この意味での可変資本の再生産の問題はすなわち可変資本として投下された貨幣がどのようにして諸転態を媒介しつつ起点たる資本家の手に還流するか，その社会総体としての態様を明らかにすることに他ならず，それはまた同時に，「資本関係」すなわち「資本－賃労働関係」がそうした総・流通＝再生産過程を通じて，どのように維持・再生産されるかを解明することに他ならない。そうした内容がすでに第2部の初稿において，その独自の視角から入念に論述されているのである。そうした論述を単純に第8稿での論述の原初形態をなすものだとすることはできないようにおもう。それは，再生産論そのものの理解を深めるうえに独自の意味をもつものであるようにおもわれる。（『資本論』第1巻初版の価値形態論が価値形態の理解を深めるのに極めて有意味的であるように。）

　以上によってまた，「可変資本の再生産」がマルクスの最終稿たる第2部第8稿においてはじめて展開されたかのように論ずるわが国の一部の論者の見解が不適切であることもまたおのずから明らかであるとおもわれる。

　こうした見解を最も強く打ち出した最近のものとして，伊藤武氏の『マルクス再生産論研究——均衡論批判——』（2001年，大月書店刊）がある。『資本論』第2巻の「序言」でのエンゲルスの「第2稿では，再生産が，まずもって，それを媒介する貨幣流通を顧慮することなしに取り扱われ，次にもう一度，これを顧慮して取り扱われていた。このようなことは取り除かれ，また

この篇全体が一般に著者の拡大された視野に照応するように書き直されるべきであった。こうしてできあがったのが第8稿である。」という指摘。また，「第2稿に比べて新たに得られた諸観点を確立し展開することが重要」であったとする叙述をやや過大に受け取って，伊藤氏は「第8稿は第2稿に対する自己批判として成立した」のだとし，そこから一挙に，「第2稿と第8稿の根本的な差異に気づかず，第2稿の理論的誤りを認識することなく，第2稿の理論的水準に止まっていた，戦前からこれまでの再生産論研究は皆誤っていた」と断定する。

　だが，さきに本稿第3節の本文で註記しておいたように第2部初稿第3章第1節で両部門間の相互転態を論ずるにさいして，「〔最初から〕貨幣流通を考えに入れることは，絶えず展開の脈絡を破ることになり」不都合であるから，「最終的な叙述では」先ず貨幣流通を顧慮することなく再生産の問題を論じ，次にもう一度，貨幣流通を顧慮して論ずるという叙述方法をとった方が良いのではないかという趣旨のことを記しているのであって，第2稿でマルクスは実際にその方法による叙述展開を試みたが，第8稿において再び初稿と同様の叙述方法がとられることになった，というわけであろう。それ故に，そのことだけから，第2稿に決定的な誤りがあったかのように言うのは不適切であるとおもわれる。エンゲルスは「再生産論をよく理解していなかった」ということを強調する伊藤氏にしては，このエンゲルスの指摘を鵜呑みにし，しかもそれを過大に受け取って，第2稿には根本的な誤りがあり，第2稿と第8稿との間には決定的な断絶があるかのように言われるのは納得し難いところである。さきのような指摘をするその反面でエンゲルスは，同じ「序言」のなかで，「第2稿は第2部の論稿のうちで或る程度まで完成している唯一のもの」であり，「最後の改訂のための覚え書き」において「第2稿が基礎にされなければならない」とマルクス自身が「明言している」ことを伝えているのである。「根本的な理論的誤まり」をしていると自ら考えているものを「基礎にせよ」と言うであろうか？　マルクス自身は第2稿が「根本的な理論的誤まり」をしていたなどと考えてはいなかったのである。

そう解するのが当然であろう。この論点に関する「深刻な自己批判」説は，エンゲルスのやや不適切な発言に発した伊藤氏の頭の中での出来事にすぎなかったかとおもわれる。

では，一体どういう根拠によって，「可変資本の再生産の問題が第2稿までの分析においては欠落していた」とされるのであろうか？　伊藤氏によれば，「第2稿までの理論水準においては，可変資本は労働者の所得たる賃銀として把握され，商品価値はC+(V+M)として，したがって資本はCすなわち不変資本だけとして把握」され，その結果，社会的総生産物の流通の分析はただ「不変資本の現物形態での補塡」を明らかにするにすぎないものとなっている。そこには，「明らかに資本循環論，とりわけ貨幣資本循環論の視点が欠如している」というのである。ここには，不変資本の再生産と可変資本の再生産との質的な相違についての認識欠如がある。投下資本＝不変資本C＋可変資本Vによって生産された生産物はC+(V+M)という価値構成をもつ。Cは過去労働の所産たる旧価値が生産物へと移転されたものであり，それに対してV+Mなる価値部分は労働によって新たに生み出された価値であり，それは所得ないしは収入として処分可能な価値部分である。投下された貨幣資本のうち可変資本を成す部分は労働力を購入し，その労働力は生産過程において労働＝必要労働＋剰余労働として新価値V+Mを生み出し，それが販売されて貨幣形態に復帰し，かくして可変資本の循環・再生産が行われる。このように過程の連関を把握することは，なんら「貨幣資本循環論の視点の欠如」や可変資本を欠落した「不変資本としてのみ資本を把握」する見地をとることを意味しないのである。この点についてはすでに第3節の本文において論述した。そうした短絡的な主張は，氏の理論的基礎そのものを疑わせる。

なお，伊藤氏は，第2稿においては資本循環論が未だ充分に確立されておらず，そのため可変資本の循環・再生産の把握もなされえていなかったかに述べられているが，『マルクス・エンゲルス，マルクス主義研究』の第4号から7回にわたって掲載された，八柳良次郎氏の『資本論』第2部第2草稿

第1章のロシヤ語版からの訳を見ると，第2稿の資本循環論がその全体の構成も，論述内容も，極めてしっかりしたものであることがわかる。それが不充分だとされるのならば，現行『資本論』第2巻第1篇のそれと比べてどの点が重要な欠落部分であるかを，具体的に明確に指摘してもらいたい。なおまた，氏が第2部第2稿においては可変資本の循環・再生産の問題が把握されえていなかったと主張されるのであるならば，本文で前掲の水谷謙次・名和隆央両氏による「『資本論』第2部第2稿（第3章）の未公開部分について」(『立教経済学研究』第33巻第1号)――この論稿は，ＭＬ研究所のヴィゴツキー氏のはからいにより第2部第2稿のオリジナル解読文を水谷氏が閲読写筆されてきたその原文に極めて忠実に内容紹介された貴重な業績である――を一読されたい。同論文の164ページには，a「貨幣流通による媒介なしの叙述」のなかの第2稿154ページにおいて，資本－賃労働関係の再生産の問題が論述されていること，さらに同論文の168-9ページには，b「貨幣流通による媒介を考慮した叙述」のなかの第2稿174-5ページにおいて，a)「可変資本として投下された貨幣の還流」b)「可変資本として投下された貨幣の還流と剰余価値（資本家の収入）の流通手段として機能する貨幣の還流との相違」c)「購買手段としての貨幣の作用と資本あるいは収入の貨幣形態としての貨幣の作用」といった諸項目を立てての立ち入った論述がなされており，そうした内容の事実上の翻訳といってよい，原文に忠実な「要旨の紹介」がなされている。諸貨幣還流の態様（もちろん可変資本として投下されたそれを含めて）は，第8稿による現行『資本論』よりもむしろより詳細に論述されている。「なぜ第8稿では〔貨幣流通を入れない場合と入れた場合との〕二重の叙述をやめたのか疑問が残る」と同論文の156ページに記されているが，私はむしろ，エンゲルスとは逆に，両氏の見解に同感するところがある。

　以上によって，従来の再生産論理解は「第2稿の理論水準」に止まるものであり，「貨幣資本を捨象した超歴史的な物量均衡式として再生産論を理解するもの」，とくに可変資本の循環・再生産の問題は「全く把握されていな

い」とする伊藤氏の主張は，根拠のない暴論にすぎないことが明らかとなったであろう。そもそも，「再生産論は実現の問題を論じたものでなく，商品資本の生産資本への再転化の諸条件を解明したものである」とする氏の再生産論理解そのものが根本的に誤っているのである。

伊藤氏が私見の批判として提示した論点は，「可変資本の再生産」の問題と「蓄積のための貨幣源泉」の問題の二点である。ここでは，以上の論述をしめくくりつつ，前者の問題について，貨幣還流の問題との関連においてさらに見ておくことにしよう。

拙著『経済原論』第2篇第3章「社会的総資本の再生産と流通」第1節「単純再生産」のb.「貨幣還流の法則」において，諸転態を媒介しつつ貨幣が出発点に回流・復帰する態様を私は以下のように総括している。アンダー・ラインを付した個所は，「均衡蓄積軌道論の虚構性」（『大阪経大論集』第50巻第3号）――伊藤氏前掲書の第6章，146ページにおける私見批判にさいして伊藤氏が拙著を引用するさい（割愛の印も付さずに）勝手に削除してしまった個所であるが，氏によって削除されたその個所こそが「可変資本の再生産」を把握するうえでも重要な個所であるのでそれを復元し，また伊藤氏がその直前で引用を打ち切ってしまった「貨幣還流」と「資本関係の再生産」の関連を指摘した肝要な結論的部分の叙述――〔　〕内の叙述部分――も掲げておく。

「両部門の資本家によってそれぞれ流通に投下された貨幣額は，後に同量の価値額の商品を販売する起点たる同じ部門の資本家の手許に還流・復帰する。それによって両部門の資本家は再び生産手段と労働力とを購入すべき貨幣をその手に回収する（<u>すなわち，資本を貨幣形態において回収する</u>）だけでなく，消費基金として消費資料を購入すべき貨幣をもその手に回収する。他方，賃労働者は消費資料の入手と引換えに賃金として支払われた貨幣を資本家の手に（<u>部門Ⅱの労働者は同部門の資本家に直接に，部門Ⅰの労働者は部門Ⅱの資本家の手を通じて彼等が所属する部門Ⅰの資本家に直接に</u>）返還する，〔<u>流通を媒介する貨幣は，すべていずれかの部門</u>

の資本家の手から流れ出て起点たる同じ部門の資本家の手に流れ帰り，労働者の手には止まらない。かくして，資本家の側に可変資本が貨幣形態において回収される反面，労働者はその労働力を再び商品として販売せざるをえない状態においてのみ自己自身を再生産することができる。両部門の不変資本が生産手段をもって補塡され，また両部門の資本家と労働者とがそれぞれ消費資料をえて再生産されると同時に《資本関係》そのものが維持・再生産されるのである。かくして，総流通（＝総資本の総生産物の価値・素材補塡運動）を媒介する貨幣の出発点への回流・復帰の法則は……《資本関係の再生産》の別様の表現にほかならない。〕」（前掲拙著，237-8ページ）

ここに《資本関係》とあるのは《資本－賃労働関係》に他ならないことは言うまでもないであろう。拙著におけるこの論述を原形のままに，とくに伊藤氏が全く引用しなかった肝要な結論部分に留意して読めば，貨幣還流の態様を明らかにすることは，すなわちまた「可変資本の再生産」を明らかにすることに他ならないことを理解することができるであろうし，それ故にまた，私においては「貨幣回流」が述べられているにすぎず，「可変資本の再生産」が把握されていないとする伊藤氏の私見批判が全く不当なものであることもおのずから納得しうるであろう。なお，私の再生産論においては，山田盛太郎氏の場合と同様に，貨幣は「流通手段としてのみ把握」され，また「可変資本と収入との混同」がなされているとする批判もまた，無根拠である。その「混同」とは，可変資本そのものが労働者の手に渡り，労賃という「収入(レヴェニュー)」ないしは「所得」として機能するのだとする俗説にすぎず，可変資本がではなく，「同じ貨幣が，まず資本家の手中では彼の可変資本の貨幣形態として，次いで労働者の手中では販売された労働力と引換えに得られた労賃すなわち所得(レヴェニュー)として，機能する」のである（K. II, S. 437, 訳706ページ）。こうしたことがらも，第8稿にいたってはじめて明らかにされたわけではなく，すでに初稿において，また第2稿において「可変資本の再生産」と共に論述されているのである。「第2稿までの再生産論」においては「不

変資本はいかにして補塡されるのかという問題」が分析されているにすぎないのであり，それが「揚棄」されて第8稿においてはじめて「可変資本の循環が定立」されたのだとする伊藤氏の見解は，決して妥当ではない。

4　第2部初稿の蓄積論(1)

　蓄積論に入ろう。第2部初稿の第3,4節における「固定資本の作用力（Wirkungskraft)」や「潜在的な力（latente Kraft)」に関する叙述，「再生産の弾力性（Elastizität)」に関する論述など，興味ある論点提示もなされているが，紙幅の都合上，また，論点が拡散するおそれもあるので，いきなり「第5節，蓄積，すなわち拡大された規模での再生産」の検討に入ることにする。
　「剰余価値の資本への再転化の現実的諸条件（レアール）」についてマルクスは次のように論述している。
　すなわち先ず，「剰余価値のうち生産資本に転化されるべき部分は，可変資本と不変資本とに，しかも種々なる生産諸部門に照応する比率において，転化されなければならない。」としてのちに，剰余価値の追加可変資本への転化がなされるには，追加的労働の供給が前提されるならば，「剰余価値を表すところの剰余生産物の一部が，〔資本家の消費にではなく〕労働者の消費に入るような形態で生産されていなければならない」し，また，剰余価値の追加不変資本への「転化が可能であるためには，剰余生産物は追加的生産手段の形態で……再生産されていなければならない」とする。このように，拡大再生産がおこなわれるための物質的前提条件が明らかにされるのであるが，それに関連して次のような論述がなされている。——すなわち，「すべての蓄積すなわち拡大された規模での再生産は，継続的な相対的過剰生産に，すなわち，既存資本……を再生産するだけの再生産に比較しての過剰生産に帰着する。しかもこうした過剰生産は，資本主義的生産様式の不断の，継続的且つ内在的な一契機をなすものである。」(II/4.1, S.357, 訳270ページ）と。さらにまた次のようにも論述されている。——「資本主義的生産様式が一国で発展するのに比例して，

蓄積の必然性（Notwendigkeit），その衝動が，またそれを実現するための，すなわち，新たな資本を生産するための，手段（Mittel）が増加する。言い換えれば，絶えず増大する規模での絶えざる過剰生産（これまで考察された意味での）が再生産過程の内在的一契機となるのである。」(II/4.1, S.358, 訳272ページ）と。

すなわち，ひとたびシスモンディの言うような「螺旋」を描く拡大再生産の継続的運動が展開されるや，或る段階の再生産は次の段階の再生産を規定する。現存資本の再生産に要する以上の・余剰の生産手段および（追加雇用労働者用の）生活手段の生産がすでに行われているということは，それだけの追加資本の投下を可能にする条件であると同時に，それを規定する条件でもあるということに他ならない。

「第6節　蓄積を媒介する貨幣流通」においては，冒頭まず「蓄積を媒介する貨幣流通が，さらに特別に論じられるべきなんらかの問題を提出するかどうかには，疑問がある。」として，「一見して明らかなように，次のことからはどんな違いも生じない。——すなわち，資本家間の所得（レヴェニュー）の流通のために役立っていた既存の貨幣が，流れを変えて，(1) 一部は，彼らによって相互に支払われるのではなく，先ず追加労働者に支払われてから，次にこの労働者たちから生活手段の購買で再び資本家に払い戻される，……(2)〔また他の部分が〕いまや，彼ら資本家たちの間で，相互に追加不変資本を売買するために流通する。ここまででは，どんな新しい問題も出てこない。」(II/4.1, S.359, 訳273-4ページ）としてのち，だが，蓄積にともなって再生産と流通の規模が拡大し，実現されるべき剰余価値総額も増大する，その場合のそれに要する貨幣量の増大は，「支払手段としての貨幣の発展，信用制度とそれの諸形態の発展，貨幣流通の加速化」等による節減で賄いえなければ，——金属流通の前提の下では——金の追加生産によって調達されるとするの他はない，という論旨が展開されている。全く同様の論旨が『資本論』第2巻第2篇第17章「剰余価値の流通」（第2稿による）の第2節「蓄積と拡大再生産」においても見られる。第8稿による第2巻第3篇第21章の論述においても，——蓄積基金の積立と投下

の対応関係と貨幣還流の法則の変容された貫徹態様の考察がなされることによって議論がさらに一歩具体化されてはいるが——問題把握の基調そのものはなんら変りがないのである。「蓄積を媒介する貨幣流通」の問題に関しては，以上のことを先ずもって明確に認識しておくことが肝要なのである。

〔補説 II〕「蓄積のための貨幣源泉」に関する謬見

　　伊藤武氏が提示した二つの論点のうちいま一つの問題は「蓄積のための貨幣源泉」の問題であるが，マルクスにおいて一貫している上記の問題把握の基調からは大きくずれた観点から問題が提起されているように思われる。追加資本の投下は言うまでもなく一方的な購買として行われるが，そのための何らかの特別な「貨幣源泉」が必要なわけではない。しかるに伊藤氏は，マルクスが両部門の均等発展の表式展開を先ず試みようとして失敗した，研究者の間ではすでに周知の，「われわれはここで一つの新しい問題にぶつかる」とした個所（K. II, S. 503, 訳 828 ページ），すなわち I M の「超過分」＝余剰生産手段のすべてが部門 I での蓄積に充てられると誤って想定してしまったために，部門 II が蓄積を行うためには部門 I からは還流しない「一方的購買」のための「貨幣源泉」がなければならないことになるが，一体その「貨幣源泉は II のどこから湧き出るのか」と自ら問うたその個所である。だが伊藤氏は，この混乱したマルクスの「病気と必死に闘った痕跡」の一つと解すべき叙述のうちに神秘的な啓示を見出し，この「一方的購買のための貨幣源泉」の追求こそが第 8 稿を貫く本来のテーマなのであり，諸々の表式展開はそのための「準備的考察」にすぎないのであって，「そもそも表式的整合性などは問題ではない」のだと言う。そして迷路をさ迷うがごとき行論の末，氏が最後に「暫定的な結論」だとしてようやく辿り着くのは「〔部門〕II にとっての本源的な貨幣源泉は，II C の一部分と交換される金生産（者）I の V＋M である。」という文言をもって始まる，『資本論』第 2 巻第 3 篇および第 8 稿の最終個所の叙述である。（K. II, S. 517-8, 訳 855-7 ページ。）若干の欠落と混乱を含むかとおもわれるこの個所の叙述に修正と補足を加えながらどういう

内容の事柄を読みとることができるであろうかについては、富塚・井村編『資本論体系』第4巻「資本の流通・再生産」157ページの拙論の論述部分を参照されたいが、この個所のマルクスの叙述——それは、引用文の冒頭の文言から知られるように、金生産者と部門IIとの間の転態を事実上想定したものである——は、伊藤氏がこれこそが第8稿の本来的なテーマだとした、部門IIの（部門Iからは決して還流しない）「反復される一方的購買」のための「貨幣源泉」という奇妙な問題に合理的な解答を与えるものではない。

そもそも氏はその「貨幣源泉」なるものを本来の意味での二部門間の転態のうちにではなく、部門IIの内部から「湧き出る」ものとしていたのではなかったのか。他者を批判し論難するよりも前に、氏自身が定立した（或いは、定立したつもりになっている）問題そのものが果たして合理的な根拠をもつものであったかどうかが先ず充分に吟味され検討されるべきであろう。まさに、「大山鳴動して鼠一匹」。いや、その鼠一匹さえ出てこないのである。当初の問題設定が誤っていたからである。

5　第2部初稿の蓄積論(2)
——諸部門間の技術的=経済的連繋と生産と消費の矛盾、過剰蓄積——

以上の諸節において、「再生産の現実的諸条件」(レアール)の基本的考察を、単純再生産ならびに拡大再生産の場合について、ひとまずなし了えてのちに、第7、8節において「再生産過程の攪乱」を規定する基本的諸要因が提示される。すなわち、第7節においては、最終生産物へと帰結してゆく生産諸部門間の技術的＝経済的連繋の把握の下に、「生産と消費の矛盾」が社会の総生産物の〈実現〉を制約する関係が論定され、そうした把握の基礎上に第8節においては、過剰蓄積が社会の総再生産の均衡を攪乱する規定要因をなすものであることが指摘される。この相関連する二要因に、長期の建設期間を要する固定資本投資の拡大再生産過程の攪乱要因としての作用に関する論述が加わる。以上の三者が、未展開に終わった第9節「再生産過程における攪乱」の論述を準備する論点と

して，提示されていると解される。以下に，提示された上記の三論点の内容を概観しておく。

　第7節に対応するのは初稿の最終ページに記されている第3章プランでは第4節であるが，そこでの題名は「並行，上向的進行での段階的序列，再生産過程の循環」となっており，この方が内容がより明確に読みとれてよいであろう。なお，ここに「上向的進行」とあるのは，初稿では生活手段の生産部門をAとして上に置き，生産手段の生産部門をBとして下に置いて論述しているのでそういう表現になっているわけである。種々なる商品を生み出す諸々の生産過程の或る一定比率での同時的並存，その意味での「並行（Parallelismus）」と区別されるものとしての，最終生産物の姿に順次に近づいてゆく「連鎖的な生産諸段階（aufeinander folgende Produktionsphasen）の列」，すなわち「段階的序列（Stufenfolge）」が形成されるとする。生産物の「最終の姿」は，「直接的な最終の消費」すなわち「個人的消費」の対象たる諸々の生活手段であるか，あるいは機械その他の工場設備等の種々なる労働手段であろうが，後者は再び「新たな生産過程に入ってゆく」べきものであって，あらゆる生産の「段階的序列」をなす流れがそこに到り着いて止む「最終の姿」は最終消費財に他ならない。

　こうした縦に見た「段階的序列」の他に，例えば石炭が補助材料として機械製造に入り，機械が労働手段として石炭生産に入るというような，相異なる生産過程が相互にそれらの生産諸手段を供給しあう——初稿のマルクスはそれを「屈折」，「交互性」ないしは「循環」と呼んでいる——相互補塡関係がある。この相互に前提しあう関係にある生産諸部門は，「直接的な最終の消費」のための「最終生産物」へと順次に結実してゆく諸々の「段階的序列」をなす生産の流れから或る程度まで自立した発展をなしうるであろうが，しかしやはり最終的には社会的生産の主流をなす後者のそれへと注ぎ込んでゆくべきものであろう。

　最終生産物にいたる「連鎖的な生産諸段階の列」はいわば時間の流れに沿ったものであるが，しかし拡大再生産が円滑に進行して行くためには，その序列

をなす生産諸段階のすべての生産が，つねに同時に，生産技術的に規定された或る一定の比率を保ちあいながら，並行して行われ並行して増大してゆかなければならない。

「すべての生産過程の絶えまない同時性，たゆみなき並列的進行」その意味での「並行 (Parallelismus)」によって，「段階的序列」をなす生産の流れの順当な経過が条件づけられているのである (II/4.1, S. 368, 訳279ページ)。

こうした生産諸部門間の立体的な技術的＝経済的連繫の把握のうえに，「消費過程は，再生産過程の内在的な一契機をなす。」という命題が打ち出されるのである。この関連が銘記されなければならない。

かくしてまた，同節の結びの個所において，〈生産諸部門間の比例均衡〉と〈生産と消費の均衡〉とを重ね合わせて捉える視点から，「生産と消費の矛盾」が「恐慌の根拠 (Grund)」をなすことが，以下のように論定されているのである。

「再生産過程の全体を考察すれば，消費はこの過程の内在的一契機である。……

個人的消費は，しかし，再生産過程の不可欠で内在的な契機ではあるが，消費と生産とは決して同一のものではないし，また個人的消費は決して資本主義的生産様式の規定的かつ先導的な動機(モティーフ)ではない。……資本主義的生産様式は，まさに，直接生産者・生産者大衆たる労働者の消費と生産とが相互に全く何の関係もなく，むしろ資本主義的生産様式の発展に比例して乖離してゆくということに基づいているのである。〔生産と消費の〕この両契機の相互に対する疎外と，他方における，両契機の内的関連ないしは相互一体性は，それらの強力的な均衡化たる恐慌において自己を貫徹する。かくして，生産と消費とは相互に或る一定の内在的な限度と割合とをもっており，生産の量はやはり究極的には消費の量によって規制されなければならない，という恐慌に対立する根拠(グルント)は，まさしく恐慌にとっての根拠(グルント)なのである。何故ならば，資本主義的生産の基礎上においては，このような相互的規制は直接的には存在しないのであるからである。」(II/4.1,

180 第2部 再生産論の課題

　　S. 371, 訳 283-4 ページ)

　第8節「必要労働と剰余労働（剰余生産物）」においては,「蓄積のための蓄積, 生産のための生産」を至上命題とする古典派的な問題把握に対して根本的な疑義を表明し, 蓄積と生産の自己目的としての果てしない追求は逆に「富の痙攣」を「豊富の只中における貧困」をもたらすであろうことを直観的ながら鋭く指摘し, 資本主義的生産そのものに対する疑惑を表明したシスモンディを手がかりとしながら,「剰余生産物の資本への大きすぎる再転化」すなわち《過剰蓄積》によって社会的再生産の全体としての均衡が撹乱されるであろうことを以下のように論述している。

　「シスモンディは大工業の諸矛盾を感じており, 生産のための生産に, 既存資本の価値増殖が究極目的たる生産様式の基礎上での生産力の絶対的発展に激しく反対する。それゆえ彼は, 或る一定の比例関係において与えられている消費を生産の規制者たらしめようと欲している。それゆえにまた, 彼の関心事は, とりわけ資本（したがってまた生産的消費）と所得（レヴェニュー）との比例関係である。とはいえ, 彼はどこでも, このことに関して経済学的に意味のあることを発見してはいないのであるが。だが, 所得と資本との交換ならびに所得と所得との交換, それゆえにまた再生産の全体の均斉（Ebenmaß）は, 剰余生産物の資本への再転化が大きすぎること……によって, 絶えず撹乱されるのである。」（II/4.1, S. 377. 訳292ページ。）

　「全般的過剰生産（allgemeine Überproduktion）は,〔単に商品が〕消費にたいして過剰に生産されたために生ずるのではなく, 消費と価値増殖との間の正しい比例関係（das richtige Verhältnis zwischen Konsum und Verwertung）を保つには過剰に……生産されたために生ずる。」（Gr., S. 347, II/1.2, S. 353）とする,『経済学批判要綱』の「資本に関する章」における, 再生産表式の原型をなすものと解しうる表を掲げての論点提示が, ここに再び, 過剰蓄積こそが「再生産過程の撹乱」を,「全般的過剰生産」をもたらす要因に他ならないのだとして, 提示されているのである。

　以上の第7節および第8節において述べられた命題が, 第9節「再生産過程

の攪乱」の論述を展開するさいの基本的な論点をなすものであろう。これに，第三の論点として，長期の建設期間を要する固定資本投資が再生産過程に及ぼすであろう攪乱作用が加わる。

　その論点は，現行版『資本論』第2巻第2篇註32の「覚え書」の論述との対応が指摘されうる第2部初稿の第2章「資本の回転」の第3節「回転と価値形成」で端緒的に提示されている。例えば鉄道建設などのような長期の「生産期間」すなわち建設期間を要する事業に従事する労働は，その期間，なんらの生活手段も供給せず，費消された原料，機械等を補塡することもない。かくして，「年間の消費過程の，或いは再生産過程のいかなる要素も形成しない。……したがって，もしこうした労働が年々の総労働のうちの不釣り合いな部分を占めるならば，その年の終りには過度に大きな部分の労働が，使用価値を考えるかぎりはさしあたり役立たない形態で，また交換価値を考えるかぎりは実現することのできない形態で費やされている，ということになろう。」(II/4.1, S. 291. 訳185ページ) と論じられている。その叙述は，第2稿からとられた現行版『資本論』第2巻第2篇第16章「可変資本の回転」の第3節「社会的に考察した可変資本の回転」における，同様の内容の論述と比べるとやや論述内容が不明確なところがあるが，しかし，長期の建設期間を要する固定資本投資がその建設期間の間，一方的な需要要因としてのみ現われることによって再生産過程に対する有力な攪乱要因として作用しうるであろうことが指摘されたものとして，注目に値する。そして前記現行版第2巻の註32の「但し書」におけると同じく「しかし，これはここで論ずべき問題ではない。〔この問題に関する〕論述はすべて再生産過程の第3章で行うべきだ。(Dies gehört jedoch nicht hierher. Die ganze Bemerkung gehört in ch. III vom *Reproductionsproceß*.)」と述べられていることも極めて注目すべきことであるとおもわれる。「再生産過程における攪乱」を最終節とするところの，「再生産の現実的諸条件」の解明を課題とする，第3章「流通と再生産」において，この問題すなわち長期の建設期間を要する固定資本投資がその期間の間，生産諸手段および労働者の雇用を通じて生活手段に対する一方的な需要要因としてのみ作用することによっ

て再生産過程に攪乱的に作用するであろうという問題に関する「全論述」がなされるべきだとするこの指摘は重要である。この要因が過剰蓄積への内的傾向と結びつくことによって蓄積を異常に加速し，再生産過程のまさに強力な攪乱要因として現われるであろう。第8節の終りに近い個所，第9節の直前の個所において，その異常に加速された蓄積の不可避的な帰結としての側面が以下のように論じられている。――「資本主義的生産の高い段階では実際につねに起ることであるが，年々の剰余生産物の大きな部分が固定資本に，しかもその生産が一年以上にもわたる間，ひょっとすると数年もたってからやっと，生産的に機能するような固定資本に転化される，ということは確かにあるであろう。しかしそれはやはり，最後には，生産的に機能しなければならない。そして，こうした転化が毎年毎年行われるのだとすれば，それは最終的には，必需品の過剰生産という災いを増大させずにはおかないであろう。」(II/4.1, S.378, 訳293-4ページ）と。

　以上に概観したような三つの論点を念頭に置いて，「再生産の現実的諸条件」の解明を課題とする再生産論をしめくくるべき位置において「再生産過程の攪乱」の問題を論じようとしていたものと解される。だが，単純再生産の想定のもとでの「経済表」はすでに展開されえていたものの，拡大再生産過程の論理構造の解明たる拡大再生産表式が全く未展開であったため，「第3部第7章をbetrachten すること」という指示書きを記したのみで本文の執筆は思い止まざるをえなかったものと推察される。

　だが，そうした構想自体をマルクスが決して捨ててはいなかったことは，本書第2部II第5節において既述のように，第2部初稿第3章の第9節「再生産過程の攪乱」に記された前記の指示書きのそのすぐ下に書き記されている第3章のプランがこれを何よりも有弁に物語っていると言えよう。「再生産過程の攪乱」の問題の解明をその重要な一課題として含むそうした再生産論の構想が，(1868年12月頃から1870年7月頃までの間に執筆されたと推定される）第2部の第2稿にも引きつがれていたと解されることが『資本論』第2部第2篇註32の「覚え書」の考証的検討に関する論争を通じて再確認されることとなっ

た次第についても，さきに述べたとおりである。第2部初稿以来の再生産論のこうした構想，そのなかに含まれる諸論点・諸問題は，1880年前後の最晩年の作である第2部第8稿においてどのように解明されようとしたか，そうした観点から，更めて主として第8稿による現行『資本論』第2巻第3篇「社会的総資本の再生産と流通」の論述内容が発展的に検討されなければならないのである。

(2001. 1. 10 執筆，11. 10 加筆)

Ⅲ　再生産論の課題〔3〕
―― 『資本論』第2部第2稿第3章の再生産論について ――

1　第2部の諸草稿の関連

　『資本論』第2部「資本の流通過程」のために書かれた諸草稿をその執筆順に列記してみると，下記のようになる。

　　第1稿（1864年11月下旬－1865年半頃）
　　第3稿（1865年－1867年）
　　第4稿（1867年－1868年）
　　第2稿（1868年－1870年）
　　第5稿（1877年）
　　第6稿（1877年－1878年）
　　第7稿（1878年）
　　第8稿（1880年－1881年）

　現行『資本論』第2部のように資本循環論・回転論・再生産論の三者を含むものは，草稿としては，第1稿と第2稿とだけであるが，第2稿は第1稿において展開された諸論述をさらに整序し明確化し，また体系化しようとしたものであるとおもわれる。第1稿と第2稿の間に記されたとされる二つの草稿のうち第3稿は三つの断片的な論述部分から成るものであって余り重要視する必要はないもののようであるが，第4稿は資本循環論および回転論の最初の部分についての「印刷に付しうるばかりの論稿」であって，第2部の「それぞれ該当

する個所〔現行『資本論』第2部第1篇の第5,6章および第2篇第7,8章〕において実際に利用」された，とエンゲルスは第2部初版の「序言」において述べている。第4稿がそれほどしっかりした内容の，また叙述としてもそのまま印刷に付しうるほどによく整ったものであるとするならば，何故マルクスはその第4稿をそのまま書き続けてゆこうとしなかったのか，何故あらためて第2稿の資本循環論の冒頭からもう一度書きなおしたのか，若干疑問が残るが，それは絶えず更めて同じ論点をくり返し論じなおしてゆくことによって問題把握をさらに深く掘り下げ，なおいっそう明確化してゆこうとするマルクス独特の研究態度によるものであろう。ただ，後から書かれたものを優先して採用するというエンゲルスの編集方針からすれば，第2稿が第4稿の後に書かれたことが明らかであったとするならば何故この両者すなわち第2稿と第4稿に関してはその原則が守られなかったのか，それが果たして妥当であったのかについて疑問が残るようにおもわれる。「形式においていっそう完全なので」というエンゲルスの説明だけでは，やや腑に落ちぬように感じられるのである。ロシア語版からの第2部第2草稿の第1章「資本の循環過程」の訳者である八柳良次郎氏がこの点に関連して，「第2草稿と現行『資本論』第2部との直接的対比が可能かつ興味深いのは，現行『資本論』第2部第1篇第5,6章の論述であるが，両者の対比的分析は，当該諸章の理解にとってかなりに決定的な影響をおよぼすと思われる理論的または叙述上の相違点を明らかにしてくれるにちがいない。」(『マルクス・エンゲルス，マルクス主義研究』第4号，1988.7月，3ページ)と述べ，問題の所在を示唆されている。だが，この問題は本稿の主題ではないので，ここではこれ以上の関説はさし控えることとする。

　問題は，第5稿以降の資本循環論に関する諸草稿の論述をどう評価すべきかである。それは，第2稿に比べてなんらかの決定的に重要な論点を新たに提示するものであったのであろうか？

　当初に掲げた表示によって明らかであるように，執筆順からすれば第2稿(1867年以降1870年までの間に執筆)の次に書かれたのは第5稿(1877年4月19日以降，1877年10月26日以前に執筆されたと推定される)であるが，その

間には7年間もの病気による長い休止期間がある。しかもその病気からの回復は決して充分ではなく，そのあたりの事情についてエンゲルスが，「この頃，マルクスには，自分の健康状態の完全な変革なしには自分自身で満足のいく第2部と第3部との改稿を完了するまでには到底いたらないだろう，ということが分かったように思われる。事実，第5〜7稿には，意気阻喪させる病状としゃにむに闘った痕跡が余りにもしばしば見られるのである。」と前記の「序言」で記しているほどであった。そうした状況のもとで執筆された，「二つ折り判56ページから成る」とされる第5稿の論述内容とその叙述様式としての完成度，ならびにそれを「印刷に付しうる」ように整序しようとする第6，7稿の試みに関して，エンゲルスはさらに下記のように述べている。——「これ〔第5稿〕は〔現行『資本論』第2部第1篇の資本循環論の〕最初の4章を含んでいるが，まだ殆ど仕上げられてはいない。本質的な諸論点が本文の下の註で取り扱われている。素材が集められているだけで選別されていないが，しかしそれが第1篇〔資本循環論〕のこの最も重要な部分の最後の完全な叙述なのである。——これから印刷に付しうる原稿を作ろうとする最初の試みが第6稿(1877年10月以後，1878年7月以前)にあるが，これは第1章〔貨幣資本の循環〕の大部分を含んでいるが，四つ折り判17ページにすぎず，また第二の——最後の——試みは〈1878年7月2日付〉の第7稿にあるが，これは二つ折り判7ページにすぎない。」(K. Ⅱ, S. 11) と。反面，同じその「序言」のなかで，エンゲルスは「第1篇〔資本循環論〕の最も困難な部分は第5稿で新たに書き改められた。」とも記しているが，その資本循環論における「最も困難な部分」とはどの部分をさして言うのであるか，またそれがどのように「書き改められた」のか，明らかではない。「殆ど仕上げられてはいない」第5稿から「印刷に付しうる原稿を作ろうとする試み」として第6，7稿があげられているが，両者はいずれも貨幣資本の循環について論述されたものであって，その論述内容は第2稿における当該個所の叙述と比べて格別に目新しい論点を提示しようとしたものではない。いや，むしろ，<u>すでに第2部第1稿においてとらえられ，第4稿→第2稿と，次第により整序された論述</u>となってきていた貨

幣資本の循環形態の特質把握が，第5，6，7稿においてさらに明確化され，より確定的な表現形態を与えられることとなっていった，というようにこれらの諸草稿の関係を見るべきではないかとおもわれる。第5，6，7稿においてはじめて貨幣資本の循環形態の把握そのものがなされえたかのように解するのは，論外というべきであろう。同じ問題をくり返し論じ深めてゆくマルクス独特の論究態度に学ぶべきことは言うまでもないが，しかし，マルクスに残された貴重な時間とエネルギーは，第2稿がそこで（すなわち，第3章の単純再生産論が書きおわって，これから拡大再生産論に入ってゆこうとするその個所で）途切れてしまったそれから先の問題の論述にこそ注いでもらいたかったように思われてならない。この点については，本稿の第4節において，第2部初稿第3章のプランと対比しながら第2稿の第3章の構成について論ずるさいにまたふれることにする。

　第6，7稿が現行『資本論』第2巻においてどのように使用されているかについてもう少し詳しく見てみることにしよう。第6，7稿は現行『資本論』第2巻第1篇第1章「貨幣資本の循環」の「大部分を含んでいる」と前掲の「序言」でエンゲルスが述べているが，（ページ数から言うと）その前半部分を含むだけである。二つ折り版7ページの第7稿は，その第1章の書き始めの導入部の個所（ヴェルケ版31-2ページ。この個所は「第2稿より」と註記されているが，「第7稿より」の誤記であろうと最近の諸研究によって指摘されている。例えば，リュベルの研究による八柳良次郎氏の指摘——前掲誌第4号1988年7月刊，3ページ，また，1997年12月刊の新日本出版社の全5冊新版『資本論』第2巻46，47ページの註記等）と第1節「第1段階，G—W」および第2節「第2段階，生産資本の機能」の前半部分（ヴェルケ版32-42ページ）とに使用されており，四つ折り版17ページの第6稿は，同章第2節「第2段階，生産資本の機能」の後半部分と第3節「第3段階，W'—G'」の前半部分（ヴェルケ版42-5ページ）に使用されている。すなわち，両稿とも第1章「貨幣資本の循環」のなかにその章の前半部分をなすものとして収められているのである。それ以降の第1章第3節「第3段階，W'—G'」の後半部分および同章のしめくくりをなす第4節「総循環」は第5

稿によるものであり，さらに同篇の第2章「生産資本の循環」，第3章「商品資本の循環」，第4章「循環過程の三つの図式」，すなわち<u>第1篇の資本循環論の残りの主要部分のすべて（ヴェルケ版 45-120 ページ）は，二つ折り版 56 ページ（実質 54 ページ）からなるとされる第5稿による</u>ものである。

こうして，資本循環論の成熟過程は，第2部第1稿→第2稿→第5稿という三つの草稿を対比検討することによって把握されるということになるであろうが，問題は，その第5稿が，「まだ殆ど仕上げられてはいない」ものであり，「本質的な諸論点が本文の下の註で取扱われて」おり「素材が集められているだけで選別されてはいない」といったような，叙述形式からみれば完成度の低い文字通りの「草稿」というべきものであった（と解される）点にある。だからこそ，「これから印刷に付しうる原稿を作ろうとする」試みとして第6稿および第7稿が書かれたのであり，その第7稿と第6稿が現行『資本論』第2巻第1篇の第1章「貨幣資本の循環」の前半部分（ヴェルケ版 31-45 ページ）に収録されているわけであるが，その第1章「貨幣資本の循環」の後半部分およびそれ以降の第2章「生産資本の循環」，第3章「商品資本の循環」，第4章「循環過程の三つの図式」は，「第5稿より」となってはいるが，もし第5稿が前記の「序文」においてエンゲルスが述べるような状態のものであったとするならば，それを「印刷に付しうる」ものとする作業は編者エンゲルスの手に委ねられたと解する以外にないであろう。そのさいエンゲルスは何をベースとしてその作業を行ったであろうか？　それはおそらくは第2稿（ないしは，場合によっては第4稿）ではなかったかと推察される。「<u>第2稿が基礎にされなければならない</u>」という<u>マルクスの指示書き</u>からしても，第2稿をベースとして，その作業を行うことは，妥当だったというべきであろう。いや，そもそも，マルクス自身が第5稿を執筆するにさいして，（7年間の空白があるとはいえ，執筆順からいえばその直前の）第2稿における論述を前提し，それをさらに展開しようとして仕事にとりかかったと解すべきであろう。第2稿のロシア語版からの翻訳を行うにさいして，八柳良次郎氏が，「第2草稿と現行『資本論』第2部とのあいだで類似する箇所も決して少なくない。」（前掲誌第4号3ページ）と

述べているが，現行『資本論』の当該個所と対照しながら訳出作業を進めてゆくにさいして，そうした感を強くもたれたのであろう。事実，第2部第2稿の資本循環論と「第5稿による」現行『資本論』第2巻第1篇の資本循環論との間に決定的な差異や断絶を見出すことは，困難であるようにおもわれるのである。「第5, 6, 7稿の資本循環論によって，第8稿の再生産論は第2稿までの理論水準とは異なる〈新たな観点〉に立つものとなった」といったような言説には，やはり充分な根拠がないと言うべきであろう。

2　第2部第2稿の資本循環論

　第2部第2稿においては，資本循環論は，その構成および論述内容ともしっかりしたものとなっており，資本循環論の骨骼構造はすでに第2稿において確立されたと見てよいであろう。前稿「再生産論の課題〔Ⅱ〕」における第2部第1稿の資本循環論の考察と対比するかたちで，第2稿における各循環形態の特質把握を見てみることとしよう。
　第2稿においては，資本循環の諸形態は下記のように表示される。
　　第1の流通図式　　　$G-W-P-W'-G'$
　　第2の流通図式　　　$P-W'-G'-W-P$
　　第3の流通図式　　　$W'-G'-W-P-W'$
　第1の流通図式すなわち貨幣資本の循環形態に関して第2稿で論述されていることの主要点のみを略記すれば，「形態 $G-W-P-W'-G'$ の循環」は「流通過程と生産過程との統一」として現われるが，しかし，その循環形態においては，生産過程は，$G-W-G'$ という流通形態をなす流通の二過程 $G-W$ と $W'-G'$ の「中間に存在」するところの単なる「媒介」ないしは「媒介的契機」にすぎず，「価値の自立的姿態」たる「現実の貨幣」を「運動の出発形態および終結形態」とするその循環形態は，$G-G'$ に，すなわち「貨幣を生む貨幣」に帰着する。それ故にまたその循環形態は，「資本主義的生産の推進的動機と規定的精神とを最も明白に表わす」ものであり，「個別資本の現実的な運動形

態」として現実の資本家たちの「頭脳を支配」するところの, 一般的・通例的な資本循環の形態である。だが,「致富の合理的な〔表現〕形態」たるこの流通図式が「資本価値の循環の一般的かつ排他的な形態として固定されるならば, その幻想的性格はすぐ目につく」ものとなる。すなわち, GがG′となる, そのG′は「資本関係の没概念的な形態」に他ならぬからである。(以上, 主として八柳良次郎訳『資本論』第2部第2草稿(3), 前掲誌第6号, 36-41ページ, 草稿ページ10-1。)

　第2の流通図式　P－W′－G′－W－P　すなわち生産資本の循環形態に関しては, 以下のような諸点が指摘されている。この流通図式においては「生産資本, およびその機能である資本主義的生産過程が, 過程進行中の資本価値の前提および結果, 出発点および終結点をなし」, したがってそれは,「連続性における資本主義的生産過程の, すなわち同時に再生産過程である限りでの生産過程の, 流通図式である」。出発点としてのPと終結点としてのPの間にあってこれを媒介するのは商品流通W－G－Wの二局面たる販売W－Gと購買G－Wであり, その商品変態の過程において「貨幣は単に流通手段として, 商品交換の媒介として, 消え失せてゆく貨幣形態として, 機能する。」そうした過程に媒介されて「商品資本の生産資本への再転化」が行われる。「生産諸要素の商品生産物への転化, したがって生産資本の商品資本への転化は, 生産部面で行われる。商品のその生産諸要素への再転化, すなわち商品資本の生産資本への再転化は, 流通部面で行われる。この再転化は単純な商品変態によって媒介される。しかし, その内容は, 全体として考察された再生産過程の一契機である。〔かくして,〕W－G－Wは, 資本の流通形態としては, 形態変換のほかに, 機能的に規定された物質代謝を内含している。」なお,「剰余価値が収入として支出されるか, それとも最初の資本に増分としてつけ加えられるかという問題」は, 第1の流通図式すなわち貨幣資本の循環形態においては「この循環自体の内部では生じない」のに対して, 第2の流通図式すなわち生産資本の循環形態においては, その問題は,「過程進行中の資本価値が循環の次の諸局面を経過する前に解決されなければならないし, またその解決次第で循環の性格

が変わる」そういう問題として，その循環自体の内部で生じてくることが指摘されている。

　さらにまた，重金主義的・重商主義的思考の合理的表現形態たる第1の流通図式に対する第2の流通図式の特質と古典派経済学の問題性について，次のような論述が展開されている。――「資本価値の貨幣形態が循環の図式Ⅰでもつ自立性の外観は，この第2の図式では消えうせる。したがって第2の図式は図式Ⅰを批判し，それをその真の内容――自己増殖する価値の独特な現象形態――に帰着させる。しかし，批判されているのは，過程進行中の資本価値の貨幣形態の自立性――貨幣を生む貨幣の形態――だけであり，まさにこの価値に資本の性格を与え，生産過程に資本主義的生産過程の性格を与えるところの，過程進行中の価値そのものの自立性ではないことを注意せよ〔nota bene〕。古典派経済学は，重商主義に対するその啓蒙主義的な自惚れのなかで，価値を生む価値というこの種差〔differentia specifica〕そのもの，すなわち資本としての価値の性格を顧みない。そのため，古典派経済学は，資本主義的生産過程のうちに単に労働過程だけを見て，労働過程と価値増殖過程との統一を見ない傾向がある。資本主義的生産様式のもとでは，その推進的動機は使用価値ではなく致富そのものであるから，したがって……絶えず増大する規模での剰余価値の形成であるから，資本主義的生産の正常な形態は，単純再生産の定式ではなく拡大された規模での再生産の定式……である。これは，生産のための生産の定式，より高い自己増殖力をもつ生産資本の創造を目的とする生産資本機能の定式である。人間にたいする生産過程の専制を表現するこの定式は，古典派経済学の最良の代表者たち，とくにリカードゥを支配している。この定式は歴史的に是認されてきた。なぜなら，資本主義時代の歴史的課題は，生産過程が人間の側での計画的な社会的統制にゆだねられ，人間の支配に服されることができる，まさにその点まで，……生産過程の物質的諸要因および社会的結合を容赦なく成熟させることにあるからである。だが，古典派経済学は，生産過程の歴史的に一時的な形態を永遠の自然的形態として描き出すときにはいつでも錯覚にとらわれるのである。」（前掲誌，第7号，49-55ページ，草稿12-4ペー

ジ。)

　第3の流通図式　W′－G′－W－P－W′　すなわち商品資本の循環形態に関しては，以下のような論述がなされている。「図式ⅠとⅡでは，循環は，一方は貨幣資本の形態にある資本価値で，他方は生産資本の形態にある資本価値で開始される。図式Ⅲでは，循環は商品資本で開始され，この商品資本はつねに資本価値のほかに剰余価値を内含している。……商品資本の運動W′－G′は総生産物の運動であり，それゆえ総価値の運動である。図式Ⅰ，Ⅱは最初から……自立的な資本循環の二つの異なる形態であるのに対して，図式Ⅲは資本価値から始まるのではなく，むしろ資本価値の循環は，第2局面においてはじめて総生産物の総価値の流通から自立的循環として分離される。図式ⅠとⅡでは播種から出発し，図式Ⅲでは収穫から出発する。または，重農主義者たちが言うように，最初の二つの図式では〈前貸し〉から出発し，後者では〈回収〉から出発する。」「図式Ⅲでは，出発点および終結点が完成した商品生産物であり，それは使用価値として消費に役立たなければならず，またその属性に応じて，あるいはただ個人的消費に，あるいはただ生産的消費に，あるいは最後に両方の消費過程のそれぞれに，入ってゆくことができる。それゆえここでは，そのさまざまな形態における消費過程は，資本価値の循環そのものの諸条件の一つとして現われる。」「図式Ⅰは，W′－G′という行為……で終わる。……ここでは力点は，単に形態的な側面に」すなわち「資本価値の商品形態から貨幣形態への再転化」および「剰余生産物として存在する剰余価値」の貨幣形態への転化すなわち実現にある。図式Ⅱ　P－W′－G′－W－P　では，生産資本それ自体の循環にとって「商品資本の運動W′－G′は，W′－G－Wの契機としてのみ，すなわち商品の生産諸要素への再転化としてのみ，決定的である。」これに対して，「図式Ⅲ　W′－G′－W－P－W′では，商品資本の運動，すなわち資本主義的に生産された総生産物の運動は，資本価値の自立的循環の前提としても現われ，またその運動がこの循環によって条件づけられるものとしても現われる。それゆえ，この図式がその独自性において理解され，考察されるならば，円運動を行う資本価値の二つの流通局面W′－G′およびG－Wは，一方では資

本変態の機能的に規定された諸断片をなし，他方では一般的商品流通の諸環をなすということに触れるだけでは，もはや充分ではない。個別資本の変態のもとでの価値の運動と他の個別諸資本の諸変態との〔関連〕，および社会的総生産物のうち個人的消費に充てられる部分の流通との〔関連〕を解明することが必要になる。けれども，循環の形態だけを問題にしているここでは，このことはまだ解明されないであろう。われわれは，この問題を本書の第3章で考察することになる。」このように論じて，「ケネー博士の独創的な大胆さ」について言及し，「ケネー博士はその『経済表』のなかで，若干の線と交差した線とを使って，経済の完全な運動を一般的図形の形で一目瞭然に総括し叙述しようと試みた。」と述べている（前掲誌第8号56-60ページ，草稿14-6ページ）。

こうして，ほぼ完全な形において，商品資本の循環形態 W′…W′ の特質がすでに第2稿において把握されていたことを知ることができるであろう。その意味での再生産論を展開するに充分な方法的視点が，定立されていたのである。

「循環の三つの図式」についての論述は，紙幅の都合上，省略する。

3 第2部第2稿の単純再生産論――再生産の現実的(レアール)諸条件の把握

前稿「再生産論の課題〔Ⅱ〕」において前掲の水谷謙治・名和隆央「『資本論』第2部第2草稿（「第3章」）の未公開部分についてその概要と解説」(『立教経済学研究』第33巻第1号，1979年) は，ＭＬ研究所のヴィゴツキー教授らの好意的なはからいによって閲読しえた『資本論』第2部第2稿（オリジナルの解読文）の「第3章」(現行版『資本論』第2巻第3篇「社会的総資本の再生産と流通」) の未公開部分，すなわち現行『資本論』のなかに含まれていない部分を水谷氏が写筆してきたものの主要部分の原文に忠実な「要旨」の紹介〔事実上は，そのままの翻訳〕であって，現行『資本論』第2巻第3篇第20章「単純再生産」のなかの「第2稿より」と指示されている箇所とつなげて読んでみるならば，第2部第2稿第3章の構成と主要内容を概ね把握することが可能となるようにおもわれる。水谷・名和論稿において，草稿のこの個所は現行『資本

『論』のどの叙述部分に続けて書かれているものであるかが要所ごとに指示されているので，読者としてわれわれがそうした作業を行うことは比較的容易である。そのようにして再現され浮かび上がってくる，<u>単純な規模での再生産過程における社会的総生産物 W′ の各構成部分の相互補塡運動と，それを媒介する貨幣流通，その資本家の許への還流の態様に関する第 2 稿の論述内容は，前稿で見た第 1 稿におけるものや主として第 8 稿による現行『資本論』第 2 巻第 3 篇第 20 章における論述内容と大筋において異なるものではない</u>。ただ，大きく異なるのは，第 1 稿および第 8 稿とは異なって第 2 稿においては「媒介する貨幣流通」を入れた叙述と入れない叙述とが a, b というように節を分けて二重に展開されている点であり，また，第 2 稿においても第 1 稿の場合と同様に生活手段ないしは消費手段を生産する部門が「部門 I」（第 1 稿の場合は「部面 A」）生産手段を生産する部門が「部門 II」（第 1 稿では「部面 B」）と，1863 年の「経済表」以来の表示方法がなお踏襲されているのに対して，第 8 稿においては生産手段部門が部門 I，消費手段部門が部門 II となっている点である。

　後者の点は，社会的総生産の流れの上流・下流というように通常は考える現今のわれわれの思考習慣にもなじむ表示方法であるし，また，拡大された規模での再生産が行われるための物質的前提条件として先ず余剰生産手段が生産されていることが規定的な意味をもつという点からしても，より適切な表示方法であるかとおもわれる。しかし，第 1, 2 稿での表示方法が決定的な誤りであるかのように解するのは，妥当ではないであろう。生活手段の生産こそが社会存立の基盤をなすものであり，生産手段の生産部門はそのための原材料および労働手段を生産する部門に他ならないのだからである。この両面を把握することが，拡大再生産が均衡を維持しながら進行してゆくということは，実体的にみて，そもそもどういうことであるのか，その「現実的諸条件（レアール）」を考える場合に，重要な意味をもってくるようにおもわれるのである。

　　生産手段部門と消費手段部門との順序が第 8 稿で変更されたことの意味を過大に考えて，そのこと自体のなかに決定的ないしは飛躍的な立論構成の転換を読みとろうと

するのは，やや不適切かとおもわれる。例えば，『経済学批判要綱』すなわち1857～58年草稿のノートⅣ，「資本に関する章」のなかに見られる再生産表式の原型をなすと解される表においては，「原料」・「機械」・「労働者用必需品」・「資本家用剰余品」の順での部門配列となっているのである。

　前者の点，すなわち「媒介する貨幣流通」を入れない叙述と入れた叙述とを敢えて分けて二重に叙述する第2稿で採られた方法の妥当性如何の問題については，第2部第1稿において生活手段の生産部門の不変資本Cと生産手段生産部門の可変資本Vおよび剰余価値Mとの部門間相互転態を媒介する貨幣流通を論ずるにさいして，「社会の総通貨のうちのこの部分」は「二重の過程を経過」し「二重の機能を果たす」ことを指摘しているのであるが，そうした叙述の展開方法に疑問を感じてか，マルクスは，「最終的な叙述では」先ず貨幣流通を顧慮することなく再生産における価値・素材補塡の問題を論じ，次にもう一度，媒介する貨幣流通を入れて論ずるという方法をとった方がよいであろう。「いまそうしているように，［はじめから］貨幣流通を考慮に入れることは，絶えず展開の脈絡を破ることになるからだ。」と述べている（Ⅱ／4,1，S. 314，訳213ページ）のであって，第2稿において実際にそうした叙述展開が行われたわけであるが，そうした二重の叙述方法を敢えて採る理由としては，「絶えず展開の脈絡を破ることになり不都合だ」ということだけでなく，次のようなより本質的で積極的な理由があると第2稿のマルクスは述べている。すなわち，第2草稿の142ページは現行版『資本論』第2巻第3篇第20章第1節「問題の提起」に利用されているのであるが，「生産において消費された資本は，価値および素材から見て，どのようにして年々の生産物から補塡されるか，そしてこの補塡の運動は，資本家による剰余価値の消費および労働者による労賃の消費とどのように絡み合うか？」という，提起されている当面の問題を論ずるにさいしては，「諸生産物がその価値どおりに交換されるということだけでなく，生産資本の構成諸部分にはなんらの価値革命も起こらないということも想定される……」と述べてのち，さらにそれに続けて下記のような文章が記されているのである。──「最後に，問題をより単純な諸関係に帰着させ

るには，先ず，貨幣流通，それ故にまた資本の貨幣形態を全く捨象しなければならない。流通する貨幣総量は，明らかにそれが流通させる社会的総生産物の価値の要素をなしはしない。したがって，総生産物の価値がどのように不変［資本］価値等々に配分されるかという問題は，それ自体，貨幣流通からは独立した問題である。貨幣流通を考慮に入れずに問題を分析した後にはじめて，貨幣流通を媒介とする場合に，どのような現象が現われるかを知ることができるのである。」（第2稿142ページ，新日本出版社版『資本論』第7分冊，628ページ。）第2稿142ページに記されているこの段落は，編者エンゲルスによって省略されている。二重に叙述する煩瑣を避けた第8稿を主として現行版『資本論』第2巻第3篇が編集されたからであろう。しかし，先ず，社会的総生産物W′の価値・素材補塡の運動をそれ自体として明確に把握したのちにそれを媒介する貨幣流通を考察すべきだとする，上掲のマルクスの論述は，それ自体として，決して誤ってはいない。勿論，貨幣流通によって媒介されない諸商品の相互転換などはありえない。だが，そのことは，その相互転換の「理解を困難にする」貨幣流通を一旦まず捨象して，価値・素材補塡運動の内容を分析・解明するという方法自体のもつ意味を否定するものではない。事実，現行版においても，そうした手順で論述がなされているのである。媒介する貨幣流通をひとまず捨象した表式展開が行われているからといって，その表式は「物量表示の均衡表式」にすぎないなどというような議論は，決して妥当ではないのである。

　さて，第2部第2稿第3章の再生産論の内容を，前稿「再生産論の課題〔Ⅱ〕」で見た第2部初稿第3章のそれと対比しながら，「可変資本の再生産」の問題把握を中心に，概観してみることとしよう。

　第2稿146ページに，「いま，われわれが年間の商品生産物の総運動を総括するならば，次のようになるであろう。」として下記のような表式が掲げられている。

　1）消費手段　　　600£の価値。　　400£C＋100£V＋100£M
　2）生産手段　　　1200£の価値。　　800£C＋200£V＋200£M

垂直の記号∵は当該の生産物すなわち消費手段部門のVおよびM部分が同部門の個人的消費に入ることを，斜めの記号＼は部門IのCと部門IIのV＋Mの生産物部分が互いに交換されることを，垂直の記号｜は生産手段部門の生産物C部分が再び同部門の生産的消費に入ることを現わしている。第2稿のこの表式は，第1稿の論述を逐一検討しそれを総括してみるならば同稿において事実上想定されていたと解されるとして，私が前稿『再生産論の課題〔II〕』（『商学論纂』第43巻第1号，本書第2部のII）の159ページに掲げた表式と殆ど同一内容のものである。なお，現行版『資本論』第2巻第3篇第20章第2節に掲げられている，「第8稿による」とされる単純再生産表式も部門I，IIの順が逆，すなわち部門Iが生産手段，部門IIが消費手段となっており，また数値が異なったものとなっているほかは全くこれらと同一内容の総生産物W'の価値・素材補塡運動を表示するものに他ならない。<u>単純再生産の基本的論理，その諸条件の解明そのものは，第1，第2，第8稿とも，大筋においては事実上なんら変わりがないのである。</u>

そうした総生産物の価値・素材補塡によって資本―賃労働関係が再生産される次第が下記のように論述されている。――

「資本家は資本家階級として再生産される。なぜなら，生産手段は彼らの不変資本として再生産され，また，労働力は新たにまた生産資本の可変的成分をなしているからである。

労働者階級は賃銀労働者として再生産される。なぜなら，労働の実現手段は資本として，疎外された富として存在し，生活手段は商品資本の一部として存在しているからである。労働者は労働力を新たに資本家に売ることによって，つまり生きている労働力を生産資本の成分に転化することによって，商品資本の一部を買わねばならないのである。」（第2稿154ページ。前掲誌，164ページ。）

さらにまた，前記の再生産表式に表示された総生産物W'の価値的・素材的構成を総体として把握する視点から，下記のような論述がなされている。

商品は個々の商品としても社会的総生産物としてもC＋V＋Mから成ってい

る。いま想定されている年間総生産物は1200C＋300V＋300Mであり，それは素材的には部門Ⅰ生活手段と部門Ⅱ生産手段とから構成されている。部門Ⅰ消費手段は　400C＋100V＋100M　であり，部門Ⅱ生産手段は　800C＋200V＋200M　である。剰余価値の全額が消費支出に充てられる当面の単純再生産の場合には，両部門のVとMの合計すなわち価値生産物総計300V＋300Mは部門Ⅰの生産物価値総計　400C＋100V＋100M　に等しくなければならない。これを部門間の関係として見れば，Ⅰ400C＝Ⅱ(200V＋200M)　である――すなわち，生産手段部門のV＋M＝400は消費手段部門用の生産手段として生産されていなければならない。こうして，前稿において見た<u>第2部の初稿におけると同様に，第2稿においても後に第8稿において単純な規模での再生産の「条件」として定立される関係がすでに明確に認識されていた</u>ことを知ることができるであろう（第2稿155-8ページ，前掲誌164-5ページ）。自明の理ながらも，単純再生産の場合は年労働によって両部門において新たに生み出された価値（V＋M）総額が消費手段部門の生産物価値総額に等しいという関係を明確に把握しておくことは，剰余価値Mの追加資本への転化による拡大された規模での再生産を考察するさいの前提として，拡大再生産表式の展開とそれに伴う再生産の諸条件の解明にさいして，重要な意味をもつ。

　なお，① 消費手段部門のV＋Mの同部門内での転態，② 消費手段部門のCと生産手段部門のV＋Mとの間の相互転態，③ 生産手段部門のCの同部門内での転態という前掲（本書196ページ）に所載の単純再生産表式から読みとれる三つの支点の分析の後に両部門の総体を考察し，<u>年間総生産物</u>――当面の数字例でいえば――　1200C＋300V＋300M＝1800　の<u>価値的・素材的構成</u>などをあらためて論述するという方法は，1863年の「経済表」以来，第2部初稿，第2稿と続けられてきた手法であるが，現行『資本論』第2巻から読みとれる限りの第8稿においては，そうした方法的視点は――少なくともはっきりと目に映るものとしては――見られない。しかし，実は，この考察方法が第8稿において，またそれによったエンゲルス版の現行『資本論』において採られていなかったことが，両部門の均等発展の拡大再生産表式を先ず展開しようとし

III 再生産論の課題〔3〕

た*。そのさいに, 蓄積率の値をどう決定すべきかを考えることを困難にしてしまったようにおもわれるのである**。この点は極めて重要な論点であるので, 後にさらに論ずることとしよう。

* 『資本論体系』第4巻第Ⅰ部「原典解説」第3篇「社会的総資本の再生産と流通」3「蓄積の表式的叙述」A「両部門の併行的発展の想定による拡大再生産表式の試み」132-7ページ参照。
** 同上書, 第Ⅱ部「論点」B「さらに掘り下げ発展させるべき諸論点」, 9「拡大再生産の構造と動態」〔Ⅱ〕298-309ページ参照。

以上が「媒介する貨幣流通を考慮しない単純再生産の叙述」の主要部分をなすものであるが, 第2稿の159ページ以降202ページまでにおいては,「媒介する貨幣流通を考慮した叙述」が展開されている。そのうち159-60ページはその緒論にあたる部分だが, 同稿の第2章の(5), すなわち(第2稿のその部分をそのまま用いたとされる) 現行版第2巻第2篇第17章「剰余価値の流通」で述べられていることの要旨が (そのようにことわり書きを付して) そこに記されている。

「総資本家階級は, どのようにして彼らが流通に投じたよりもより多くの貨幣を絶えず流通から取り出しうるのか?」というトゥックにむけられていた設問に対して, マルクスは次のように答えている。「その問題は, 総商品量の流通のために必要な貨幣は何処から来るのかという問題に他ならない。」「商品に剰余価値が含まれているということは, 流通する商品の価値総量[とその流通を媒介する貨幣総量と]をなんら変化させるものではない。」また, 資本主義的生産が全面的に支配する社会においては,「流通にあるすべての貨幣は資本家階級によって投下され, 資本家階級のもとに還流する。」(第2稿159ページ。) 不変資本および可変資本として前貸しされた貨幣は諸転態を媒介してのち再び資本として前貸しされるべき貨幣形態において資本家のもとに還流し, また, 資本家階級の所得(レヴェニュー)の流通手段として個人的消費のために投じられた貨幣は剰余価値をそのうちに含む商品資本の実現によって資本家のもとに復帰する。「一見どんなに逆説的に見えても, 実際には, 資本家階級自身が, 諸商品に含

まれる剰余価値の実現に役立つ貨幣を流通に投げ入れるのである。」(K. II, S. 532.) このこと自体は，剰余価値の一部が追加資本に転化される蓄積の場合においても変わるところはない。以上のことを先ずもって銘記すべきである。

　第2草稿の本文中に或いは［　］を付して挿入されていたものかとおもわれるが，あらゆる貨幣がその出発点に還流する態様について，ケネーの「経済表」に読みとれる貨幣回流・還流の態様把握に関する次のような註記がある。――「重農主義者たちは……貨幣の出発点への還流を，資本の流通の本質的形態として，再生産を媒介する流通の形態として，強調する最初の人々である。」としてのち，ケネー『商業と手工業者の労働とに関する対話』から下記のような引用がなされている。「『経済表』を見れば分るように，生産的階級から他の諸階級が生産物を買い取るための貨幣を，生産的階級が与えるのであって，他の諸階級は，次の年に生産的階級のもとで同じ買い物をすることによってこの貨幣を生産的階級に返す。……したがって，ここに見られる循環は，再生産がそのあとに続く支出と，支出がそのあとに続く再生産との循環にほかならない。すなわち，支出と再生産とを測る貨幣の流通によって貫かれる循環にほかならない。」(K. II, S. 343, 註33.)

　ここに「生産的階級 (classe productive)」とは，そこにおいてのみ「純生産物 (produit net)」・剰余価値が生み出されるとする農業生産者の階級である。

　以上に見たような内容の予備的考察を行ってのちに前掲（本書197ページ）のような記号表現をもってする再生産表式に示される価値的・素材的構成の総生産物 W' の諸要素の相互補塡・転態運動がどのような貨幣流通によって媒介されるかが，またそれらの諸転態を媒介した貨幣がどのようにして起点たる資本家の許に資本として或いは再び所得として支出されうべき貨幣として回流・復帰するかが，第2稿の159-202ページにわたってかなりに立ち入って論述されている。しかし，その基本的論旨は前稿「再生産論の課題」［II］，本書第2部 II で見た第2部初稿における論述と変わりはなく，それはまた現行『資本論』第2巻第3篇第20章「単純再生産」におけるそれと変わりないものと解されるので，ここでは，本書197ページに前掲の，第2稿におけるマルクスの可変資本の再生産把握と対応すると見るべき論述部分のみを摘記しておくに止めることとする。

第2稿の175ページに,「可変資本として投下された貨幣の還流」の問題が,次のように論述されている。

　　「可変資本の貨幣形態として前貸しされた貨幣は,その貨幣の労働者による支出によって資本家に還流してくる。資本家は労働力に転化するために貨幣を流通に投下し,労働者は所得(レヴェニュー)の貨幣形態として貨幣を流通に投ずる。労働力の価値は,労働者の生産した商品価値の一部をなしている。この商品の販売によって,もともと資本家によって流通に投じられた貨幣がその出発点へ還流する。必要生活手段を生産する資本家には貨幣は直接に還流し,そのほかの資本家には貨幣は種々の媒介を経て還流する。このような可変資本の還流の仕方は,剰余価値の流通のための貨幣の還流の仕方とは違っている。」(第2稿175ページ。前掲誌,169ページ。)

　本書197ページで前掲の論述と上記の論述を,両者の対応においてよく読めば,可変資本の循環・再生産がすなわち資本－賃労働関係の再生産に他ならないことを,マルクスが第2部の第2稿においても極めて明確に把握していたことを知ることができるであろう。

　いや,総じて,「流通＝および再生産過程の現実的(レアール)諸条件」の解明は,「単純な規模での再生産」に関する限りにおいては,第2稿においても基本的にはすでに明確になされえていたということができよう。「媒介する貨幣流通」を捨象した叙述とそれを考慮に入れた叙述との二重の叙述方法が採られたからといって,初稿においてすでになされえていた認識自体が後退してしまったというようなことは決してない。逆にさらに明確になっているのである。

4　第2部第2稿第3章は1)および2)の二節構成, その2)と初稿第3章プランの第4,5,6節との対応

　『資本論』第2部「資本の流通過程」の第2稿(1867年以降,1870年までの間に執筆されたと推定)の第3章は,「流通＝および再生産過程の現実的諸条件」(Die realen Bedingungen d. Circulations ＝ u. Reproductionsproceßes)と

題されている。第2部初稿（1864年末から1865年の半ば頃までの間に執筆）の第3章の表題「流通と再生産（Circulation und Reproduction）」とその最終ページに示されていた同第3章の執筆プランの第1節の表題「流通（再生産）の現実的諸条件（Die realen Bedingungen der Circulation（Reproduction））」とを合成したような表題であり，そうした表題はまた，1861〜3年草稿のリカード蓄積論の批判的検討を行ったさいの「潜在的恐慌のより進んだ発展（die weitere Entwicklung der potentia Crisis）」の解明がなされるべき，社会総体としての「価値および剰余価値の実現」の問題がそこで問題となるところの，「資本の総＝流通過程または総＝再生産過程（Der Gesammt-Circulationsproceß oder der Gesammt-Reproductionsproceß des Capitals——マルクスの原草案のままの表現）」の「現実的諸条件（レアール）」の分析を課題としたことが明瞭に読みとれる表題であるといえよう。

第2稿の表紙（からその裏面にかけて）にマルクス自身によって記入されたと解される目次のうちの第3章の個所を掲げ，これを第1稿第3章の執筆プランと対比してみよう。

　第3章　流通＝および再生産過程の現実的諸条件（レアール）
　　1）　社会的に考察された可変資本，不変資本および剰余価値（130-141ページ）
　　　A　単純な規模での再生産（141ページー）
　　　　a　媒介する貨幣流通なしの叙述（141-158ページ）
　　　　b　媒介する貨幣流通のある叙述
　　　B　拡大された規模での再生産，蓄積
　　　　a　貨幣流通なしの叙述
　　　　b　媒介する貨幣流通のある叙述
　　2）　〈空白〉

（1）すなわち第1節の表題は，草稿の本文のなかでは，「不変資本，可変資本および剰余価値の社会的流通（134-201ページ）」となっている。すなわち，「社会的に考察された」という意味は，「社会的流通」の態様を考察するという

ことに他ならない。なお，その第1節に対して，(2)すなわち第2節が立てられているが，その節の表題も本文も全く記されておらず空白のままである。いや，その第2節の論述に入る前に，Aの「単純な規模での再生産」を書き了えたところで，第2部第2稿の叙述は中断されてしまっているのである。

なお，各節および各項の表題に，括弧を付して何ページから何ページまでとページ数が記入されているが，これを記入したのは草稿執筆者のマルクス自身であったと解される。草稿執筆を中断してから，第2部の全体の構成を書きとめておこうと考えて，第2稿の表紙とその裏面に記入したものであろう。ただ，それを記入した時点は，第3章の第1節「社会的に考察された可変資本，不変資本および剰余価値」のA「単純な規模での再生産」のa.「媒介する貨幣流通なしの叙述」を書き了えた直後であったかもしれない。b.「媒介する貨幣流通のある叙述」のページが（159-202ページ）と記入されておらず，また，A「単純な規模での再生産」には（141ページー）とだけ記されていて（141-202ページ）とは記されていないことから，そのようにも推察される。なお，第1章「資本の循環（1-33ページ）」，第2章「資本の回転（34-129ページ）」と記されているのに第3章「流通＝および再生産過程の現実的諸条件」にはそのページ数が書き込まれていないが，それは，第1節のB「拡大された規模での再生産，蓄積」が全く未展開のままであったからであろう。しかもそれだけでなく，第2部の第3章「流通＝および再生産過程の現実的諸条件」は二節構成であり，第1節の「社会的に考察された可変資本，不変資本および剰余価値」すなわち「不変資本，可変資本および剰余価値の社会的流通」の単純再生産・拡大再生産の各場合における価値・素材補塡の態様分析だけにとどまるものではなく，その分析の基礎上に展開しうるし，また展開されるべき問題に関するいま一歩進めた考究が第2節に意図され予定されており，それが全く未展開であったことが大きかったかと推察される。第1節のB「拡大された規模での再生産」における総生産物W′の各構成部分の価値的・素材的相互補塡運動を総括表示すべき拡大再生産表式が未展開であったことが，第2節の内容の本格的展開を不可能にしたのであった。そうした問題領域を念頭におきなが

ら,「蓄積」すなわち「剰余価値の追加資本への転化」による「拡大された規模での再生産」の場合の「不変資本,可変資本,剰余価値の社会的流通」の態様とそこにおいて充足されるべき条件とを析出・把握しうべき再生産表式はどう展開されるべきであろうかを考究しはじめた,或いは考究しようとした,まさにその時期に,マルクスの健康は決定的に損なわれ,第2稿の論述は中断されることとなったのであろう。1870年のことである。『資本論』第2巻初版の「序言」においてエンゲルスは,「第2稿は,第2部の論稿のうちで或る程度まで完成している唯一のもので,1870年のものである。」と記してのち,「1870年以降,再び休止が生じたが,それはおもに病状のためであった。」と記している。その病気は重く,7年後の「1877年のはじめ」になってからようやく「本来の仕事に着手できる」ようにはなったが,しかし,1877年から1881年頃までに書かれたと推定される「第5～8稿には,意気阻喪させる病状と懸命に闘った痕跡が余りにもしばしば見られる」程のものであり,また,第5～7稿はいずれも資本循環論だけを論じたに止まるものであって,マルクスが再び再生産論の問題に立ち戻ってくるのは,1879年ないしは1880年から1881年までの間に書かれたと推定される最後の第8稿にいたってからであった。

そのマルクスの最終稿たる第8稿において再生産論に含まれるべき課題がどこまで果されえたかの検討は後に行うこととして,ここでは先ず第2部第1稿の第3章「流通と再生産」において提示されていた諸論点・諸問題が,第2稿の第3章「流通＝および再生産過程の現実的諸条件」の二節構成においてどのように位置づけられようとしていたかを考察してみよう。

第2部第1稿第3章の末尾に掲げられていた第3章の執筆プランは,下記のとおりであった。すでに本書第2部Ⅰの冒頭(本書128ページ)に掲げてあるが,読者の便宜上,ここに再度掲げておくことにする。

1.「流通(再生産)の現実的諸条件」
2.「再生産の弾力性」
3.「蓄積,すなわち拡大された規模での再生産」
    3a.「蓄積を媒介する貨幣流通」

4.「並行, 上向的進行における段階的序列, 再生産過程の循環」
 5.「必要労働と剰余労働？」
 6.「再生産過程の攪乱」
 7.「第3部への移行」

　本書のIにおいて既述のように，このプランは，書かれた初稿草稿の第1～3節が第1節「流通（再生産）の現実的諸条件」に整理・統合され，また第6節「蓄積を媒介する貨幣流通」がその前の節の「蓄積，すなわち拡大された規模での再生産」のなかにそれに付随する1項目として含まれることになり，さらに最終節すなわち第7節として「第3部への移行」と題する節が設けられているほかは，書かれた第2部の初稿草稿の第3章とほぼ同じ構成である。本書第2部I「再生産論の課題〔1〕」においては，書かれた第2部の初稿草稿の第3章の結節たる「再生産過程における攪乱（Störungen im Reproductionsproceß）」が，第3章のプランにおいて再生産論を総括すべき位置において再度，第6節「再生産過程の攪乱（Störungen des Reproductionsprocesses）」として掲げられ，しかもそれが新たに設けられた第7節「第3部への移行」の前に置かれていることが，再生産論に固有の課題を考えるうえに如何なる意味をもつとすべきであるかを中心に論述し，また，本書第2部IIにおいては，その1および2における準備的考察の後に，3において，上掲のプランで言えばその第1節「流通（再生産）の現実的諸条件」における，「単純な規模での再生産」のもとでの総生産物の価値的・素材的相互補塡運動の態様とそれにおいて充足されるべき再生産の諸条件，ならびにその相互補塡運動を媒介する貨幣流通・還流の態様についての論述，とくに可変資本の再生産の問題，その態様と特質についての立ち入った考察がなされ，また不変資本のそれとの差異に関連してアダム・スミスのV＋Mのドグマの入念な批判が展開されている次第を見た。（すでに第2部の初稿においてそうした論述が展開されていることを明らかにすること自体が，「第2部の第2稿までの段階においては不変資本の補塡が論じられているにすぎない」とする比較的最近のわが国の一部の論者の見解が誤っていることをおのずから明らかにするものではないかとおもわれ

る。)そうした論述のうえに,本書第2部Ⅱの4および5においては,上掲の初稿の第3章プランにおける第3,4,5節(書かれた初稿草稿の第5,6,7,8節)の蓄積論,拡大再生産論の論述内容を検討した。その初稿第3章プランの第3節(書かれた初稿草稿の第5節「蓄積すなわち拡大された規模での再生産」および第6節「蓄積を媒介する貨幣流通」)が前掲の第2部第2稿第3章「流通=および再生産過程の現実的諸条件」の⑴すなわち第1節「社会的に考察された可変資本,不変資本および剰余価値」のB「拡大された規模での再生産,蓄積」のa「貨幣流通なしの叙述」およびb「媒介する貨幣流通のある叙述」に対応し,⑵すなわち第2節は,初稿第3章プランの第4,5,6節(書かれた初稿草稿の第7,8,9節)に対応する内容のより発展した論述展開が予定されていたであろうかと推定される。初稿第3章プランの第4節「並行,上向的進行における段階的序列,再生産過程の循環」(書かれた初稿草稿の第7節)においては,<u>最終生産物へと帰結してゆく「段階的序列」をなす生産の流れ</u>,その縦にみた・生産技術的に決定されるべき或る一定比率の・「段階的序列」をなす生産の流れの円滑で順当な進行は,<u>その序列をなす・すべての生産の同一比例での同時的=並行的な増大</u>──《Parallelismus》によって条件づけられていること,すなわち,<u>生産諸部門間の技術的=経済的連繋の把握</u>のもとに,<u>「生産と消費の矛盾」が社会の総生産物・総商品資本の「実現」を制約する</u>関係が論定され,そうした把握の基礎上に,プランの第5節(書かれた初稿草稿の第8節)「必要労働と剰余労働」においては,<u>過剰蓄積が社会の総再生産の均衡を攪乱する規定要因をなすこと</u>が指摘され,さらにまた,<u>長期の建設期間を要する固定資本投資がその過剰蓄積の強力な加速要因</u>として作用する次第が書き添えられて,これら<u>三つの論点</u>の提示が初稿第3章プランの第6節「再生産過程の攪乱」(書かれた初稿草稿では第9節)での論述を準備するものであったであろうことを指摘した。これらの一連の論述内容のより発展した展開が,第2部の第2稿第3章の第2節として構想されていたものかと推定される。「未完の大著」の〈空白の一章〉がなお空白のままに残されていた,その痕跡を,われわれはここに読みとるべきであろう。だが,第2部第2稿の第3

章「流通=および再生産過程の現実的諸条件」は，その第1節のA「単純な規模での再生産」が論述されただけで，B「拡大された規模での再生産，蓄積」はその表題が掲げられているだけで本文は全く記されておらず，第2節はその表題も本文も記されていない。しかし，そうした問題領域が第2部の第3章（現行『資本論』では第2巻第3篇）のうちに構想されていたであろうことは，(2)すなわち第2節という節が立てられていたこと自体が物語っていると解すべきかとおもわれる。最晩年の作たる第8稿は，残念ながら，そうした構想を実現するものではなかった。マルクスの健康状態がそれを阻んだのである。

5 エンゲルス編『資本論』第2巻第3篇の問題点，未完の大著の〈空白の一章〉の所在

さきに掲げた第2部第2稿第3章の目次（本書202ページ）と第2部初稿第3章のプラン（前記204-5ページ）とを対比しながら，以上の論述を総括しよう。——現行『資本論』第2巻第3篇「社会的総資本の再生産と流通」の第20章「単純再生産」は第2部第2稿第3章の第1節のA，初稿第3章プランの1に該当し，第21章「蓄積と拡大再生産」は第2稿第3章第1節のB，初稿第3章プランの3に該当し，そして，それに止まる。すなわち，<u>第2稿の第2節，初稿第3章プランで言えば，その後半部分の第4，5，6節に相当すると解される部分が全く欠落し，しかもそのことに関するなんらの言及もなされていない</u>のである。ここに，エンゲルス編の現行『資本論』第2巻第3篇の隠された最大の問題があるということができよう。

後にも論ずるように，第8稿を基礎に『資本論』第2巻第3篇第21章における「第3節　蓄積の表式的叙述」において，両部門の均等発展を想定した表式のもつべき意義を充分に把握しえずに終った理由も，第2部初稿の「第3章のプラン」の第4節にける論述内容をエンゲルスが全く理解しえていなかった（或いは，その存在を認識してさえもいなかった）ことによるといえよう。

第2巻の編者エンゲルスの「序言」で述べられているように，第2部の初稿

は「多かれ少なかれ断片的な論稿」であり「利用はできなかった」としてかたづけられ，とくにその第3章の後半部分の，結節たる「再生産過程の攪乱」へと連らなり展開されてゆくべき注目すべき論述が事実上全く無視されてしまい，そのこととも関連して，第2部第2稿の再生産論においては，A 単純再生産，B 拡大再生産を含む第1節のほかに第2節が構想されていた――すなわち，第2稿第3章は二節構成であったということがその目次から推察されるという点についても，なんらの言及もなされていない。第2稿の第3章が上記の意味で二節構成であったということを，現行『資本論』の第2巻第3篇に即して言えば，第20章「単純再生産」，第21章「蓄積と拡大再生産」の他に，いま一つの章を設けるほどの重要な内容を含む論述部分が，マルクスにおいて本来は構想されていたということに他ならない。この点の認識が殆どなかったために，現行『資本論』第2巻第2篇第16章の註32の「覚え書」に記されているところの，「生産と消費の矛盾」によって社会総体としてみた「商品資本の，したがってまた剰余価値の実現」が「限界づけられ制限される」といった内容の論述が「次の篇」すなわち第3篇に属すべき問題だとするマルクスの指示に強い異和感をもつ論者が依然としてなお跡を絶たないといったような事情も生じたかとおもわれる。現行『資本論』第2巻第2篇の註32で「次の Abschnitt で」と書かれていたのは，第2稿においては「次の Kapitel で」すなわち「第3章で」となっていたわけであるが，そのように書き記すにさいして，マルクスの念頭にあったのは，第3章の，とりわけ第2節に予定されていた論述内容ではなかったかと推定される。それは，さきにも述べたように，初稿第3章のプランでいえば，後半部分の第4，5，6節――「再生産過程の攪乱」を結節とする一連の論述部分――であった。そう考えれば，註32の叙述の最後に記されている指示書きの趣旨も異和感なく受け取れるであろう。だが，第2部第2稿は，第3章第1節 A「単純な規模での再生産」が書き了ったところで中断してしまい，B「拡大された規模での再生産，蓄積」は表題だけで本文は全く何も記されておらず，そうした論述にもとづいて展開されるべき第2節は，表題も本文も書かれていない。ただ，第3章は，1）と2）の二つ

の部分——「章」の下位概念であるからこれを「節」とすれば,——《二節構成》であったということが,目次から明瞭に読みとれるだけである。

6 第2巻第2篇註32の叙述内容の再確認

　最後に第2巻第2篇註32の叙述を掲げて,その論旨を再確認することをもって,ひとまず本稿をしめくくることにしよう。その叙述は第2部第2稿118ページからとられたものであるが,それは次のように述べられたものである。——

　　「資本主義的生産様式における矛盾。商品の買い手としての労働者は市場にとって重要である。しかし彼らの商品——労働力——の売り手としては,これを価格の最低限に制限する傾向。——さらに次の矛盾。資本主義的生産がその全潜勢力を発揮し,限界点に達するまで生産する時期は,過剰生産の時期となって現われる。何故ならば,生産の潜勢力は,それによって剰余価値が生産されるだけでなく,実現もされうるようには,決して充用されえないのだからである。——商品資本の実現（商品の販売）,したがってまた剰余価値の実現は,社会の消費欲求によってではなく,その大多数の者がつねに貧困であり,またつねに貧困のままであらざるをえないような一社会の消費欲求によって,限界づけられ制限されているのである。等々。とはいえ,これらすべての事柄は次章に入ってから論ぜられるべきことである。」

資本主義的生産様式そのものの基本性格に根ざす「生産と消費の矛盾」によって社会総体としての商品資本の従ってまた剰余価値の実現が限界づけられ制限されるということが基本的論旨であることは,一読して明らかであろう。第2稿における叙述とエンゲルス編の現行『資本論』第2巻におけるそれとの間には,いくつかの表現上の差異もあるが,その基本的論旨そのものには変りはない。念のため両者の原文を掲げて対比検討してみることとしよう。「さらに次の矛盾。」とあるところから掲げておこう。（『資本論体系』第4巻の第Ⅱ部「論

210　第2部　再生産論の課題

点」の9「拡大再生産の構造と動態〔Ⅱ〕」，293ページにもこの両者の原文が掲げてあるが，草稿からの引用文に二個所ほどセミコロンであるべきところがコロンやコンマになったままで誤植が訂正されていない個所があるので，本書においてこの機会に訂正しておくこととする。）

A　„... Fernerer Widerspruch :① D. Epochen, worin d. kapit. Production alle ihre Potenzen anstrengt, up to the mark producirt, turn out as periods of overproduction ;② weil d. Productionspotenzen **nie** so weit anzuwenden, als dadurch nicht nur *Mehrwerth* producirt, sondern *realisirt* werden kann ;③ d. Realisation (Verkauf d. Waaren) d. Waarenkapitals, also auch d. Mehrwerths aber *begrenzt*, *beschränkt* ist nicht durch d. *consumtiven* Bedürfnisse d. Gesellschaft, sondern durch d. *consumtiven* Bedürfnisse einer Gesellschaft, wovon d. große Mehrzahl stets arm ist u. *arm* bleiben muß. etc. Diese ganze Geschichte jedoch gehört erst in d. nächste Kapitel.]"（第2部第2稿，118ページ）

B　„... Fernerer Widerspruch :① Die Epochen, worin die kapitalistische Produktion alle ihre Potenzen anstrengt, erweisen sich regelmäßig als Epochen der Überproduktion ;② weil die Produktionspotenzen nie soweit angewandt werden können, daß dadurch mehr Wert nicht nur produziert, sondern realisiert werden kann ;③ der Verkauf der Waren, die Realisation des Warenkapitals, also auch des Mehrwerts, ist aber begrenzt, nicht durch die konsumtiven Bedürfnisse der Gesellschaft überhaupt, sondern durch die konsumtiven Bedürfnisse einer Gesellschaft, wovon die große Mehrzahl stets arm ist und stets arm bleiben muß, Dies gehört jedoch erst in den nächsten Abschnitt."（『資本論』第2巻ヴェルケ版318ページ）

両者を対比して先ず目につくのは，up to the mark producirt がエンゲルス版では全く省略されている点や，アンダー・ラインを付した叙述部分のなか

に nicht nur Mehrwert producirt, sondern realisirt werden kann；とある その Mehrwert がエンゲルス版では mehr Wert となっている点であろうが，後者の点は「より多くの価値が，したがってまた剰余価値が……」といった趣旨のことを言おうとしたものと解するとすれば，決定的なミスだとも言えないかもしれない。しかし，アンダー・ラインを付したこの個所のくだりは剰余価値の生産とその実現との乖離ないしは背反を言おうとしたものと解されるので，そのマルクスの論旨を鋭く表現するにはやはり草稿の原形のままの方が良いであろう。なお，その次のくだりの，「商品資本の，したがってまた剰余価値の実現」は社会の絶対的な消費欲求によってではなく，その大多数の者が貧困であらざるをえないような特定の社会の消費欲求によって「限界づけられているのだ」ということを述べようとした論述において，草稿では単に「社会の消費欲求によって限界づけられているのではなく……」となっていたのをエンゲルス版では「社会一般の消費欲求によって限界づけられているのではなく……」と überhaupt という語を補っているのは，むしろ適切な措置といってよいであろう。「資本主義的生産がその全潜勢力を発揮する時期は，きまって，過剰生産の時期となって現われる。」という，この引用文の最初のくだりの中に，「regelmäßig 決って」という語を補ってあるのも適切であろうかと思われる*。

> * 但し，草稿文のなかの "turn out as periods of overproduction" の turn out の微妙な語義が伝わるものとなっているかどうかは，わからないが。(この点については『資本論体系』第4巻294ページの註記を参照されたい。)

なお，アンダー・ラインを付した叙述のなかのゴチック体にしてある nie はやはり，前段の叙述との対応からして，エンゲルスのように nie と読むのが適切であろうかと考える。「資本主義的生産がその全潜勢力を発揮し，限界点に達するまで生産する時期は，(決って)過剰生産の時期となって現われる。」と述べ，それを承けて「何故ならば」として，「生産の潜勢力は，それによって剰余価値が生産されるだけでなく実現もされうるようには決して充用されえないのだからである。」と述べ，さらにどうしてそういうことになるのか，どう

して剰余価値の生産とその実現が乖離ないしは背反することになるのかが，セミコロンの後にくる文で，「商品資本の実現，したがってまた剰余価値の実現」は社会の絶対的な消費欲求によってではなく，「社会の大多数者」すなわち生産者大衆が「貧困のままであらざるをえない」ような，そういう特定の一社会の消費欲求によって「限界づけられ，制限されている」からである，と論述が進められているのである。この一連の文章の自然な流れを，そのまま普通に読めば，問題とされているその個所は，やはり，ことさらモスクワのＭＬ研解読文のように nur と読むのではなく，エンゲルスのように nie と読むべきではないか，と考えられるのである。なお，„Fernerer Widerspruch:" で書き始められているこの文章が，全体として，「生産と消費の矛盾」によって社会総体としてみた「商品資本の，したがってまた剰余価値の実現」が「限界づけられ，制限される」ということが述べられていることは極めて明白であることも，以上の検討からしてすでにおのずから明らかとなったかとおもわれる。ここに論じられているのは，「その限界をなすものがあたかも社会の絶対的な消費能力ででもあるかのように」無制限的に，生産諸力を発展させ生産を拡大しようとする資本主義的生産様式に固有の「衝動」と社会の大多数の成員が貧困であらざるをえない社会の消費欲求すなわち資本主義的な消費需要の制限との間の「矛盾」であり，それを第 2 部第 3 章の論理次元に固有の問題視角から究明しようとする意図を表明したものと受け取るべきであろう。第 2 部第 2 稿第 3 章第 1 節 B において「拡大された規模での再生産」における価値・素材補塡運動と媒介する貨幣流通・還流の態様，それを規定する諸条件を拡大再生産表式の展開のもとに解明した後に，節を更め，第 2 節において，「再生産過程の攪乱」を結節とする不均衡化過程の動学として展開しようとしたものかと解される。だが，第 1 節の B と第 2 節は，共に書かれなかった。

　最晩年の作たる第 2 部第 8 稿の拡大再生産論は，第 2 部第 2 稿第 3 章の第 1 節 B に対応すべき内容を論述対象とするものであってそれに止まり，その基礎上に展開されるべき同第 2 稿第 3 章の第 2 節の問題領域までをその射程範囲内に収めるものではなかった。現行『資本論』第 2 巻第 3 篇第 21 章に収めら

れている第8稿の論述内容とそれに含まれる問題点については，とりあえず，『資本論体系』第4巻の第Ⅰ部「原典解説」第3篇「社会的総資本の再生産と流通」第21章「蓄積と拡大再生産」（同書，118-59ページ），および第Ⅱ部「論点」Bの8「拡大再生産の構造と動態〔Ⅰ〕——ローザ・ルクセンブルクの見解を手がかりとして——」（同書，271-85ページ），9「拡大再生産の構造と動態〔Ⅱ〕——マルクス再生産論の内在的検討を通じて——」（同書，286-316ページ）等の拙稿を参照されたい。「再生産論の課題」については，まだいくつかの論ずべき重要問題があるので，いずれまた別稿において論じたいと考えている。

〔補説〕『資本論』第2巻第2篇註32の論述内容の理解について

　『資本論』第2巻第2篇第16章の註32の論述内容をどう理解すべきかについては，すでに本文において充分に論述したところであり，つけ加えるべきことは余りない。久留間鮫造氏と私との間で行われた論争においては，その個所の論述内容そのものはほぼそういうことであるとしたうえで，その意味では共通認識の前提のもとに，そうした論述が『資本論』第2巻の第3篇「社会的総資本の再生産と流通」において論じられるべきだとするのが果して妥当かどうかについて交わされたのであった。矛盾や不均衡の問題は第2巻第3篇では「論じえないし，論ずべきではない」としてこれを全面否定するのが久留間説であり，それに対して私見は，一定の方法的限定のもとにではあれ，その論理次元に固有の問題視角から，資本主義社会の基本性格そのものに根ざす矛盾によって生ずる不均衡の問題・「実現」の問題は，第2巻第3篇の再生産論において「論じうるし，論ずべきである」としたのであった。この論争は，『資本論』全体系のうちに第2巻第3篇の再生産論はどういう位置を占めるべきものであるかを根本的に問うものであり，「再生産論の意義と限界」という「講座派・労農派」以来の旧くして新しい問題を更めて根底から問い直すような，双方共に譲りえない大論争となってしまった。このなかの論点の一つが第2巻第2篇註32の末尾に記されていた「次のAbschnitt」の問題であったが，これは第2部第2稿の当該個所に記されて

いたのは大谷氏の想定に反して「次のKapitel」であったことが草稿の調査にもとづき判明したことによって最終的に決着のついた問題となった。だが，この問題に決着がついたということは，「不均衡の問題は，第2部第3篇においては論じえないし，論ずべきではない」という説そのものに根本的な再検討を迫るものでもあった。私としては，この点の共通の認識のうえに立って，さらに問題を一歩進めてゆくような，前向きの発展的な議論が展開されることを願っているのだが，その後，大谷氏は，本書210ページに前掲の第2部第2稿の文章のうちのアンダー・ラインを付してある叙述部分のゴチック体にしてあるnieはモスクワのML研の解読文におけるようにnurと読むべきだとし，そうすれば問題のこの文章全体の意味が従来の解釈とは異なったものとなってくるであろうという趣旨の主張を展開されている。その論旨は必ずしも明快ではなく，どうも腑におちない所があるのだが，折角の問題提起なので，ともかくじっくりと検討してみることにしよう。

「『信用と架空資本』の草稿について（上）」（『経済志林』第51巻第2号，1983年）と題する論稿の「付論Ⅱ」において，大谷氏は先ず，マルクスの筆跡のなかのnieとnurとnunは，それだけを見たのではいずれとも容易に判別しえないものであるとして，その一例として第2部初稿の次の文章を掲げている。第2部初稿第3章の第7節（第3章プランの第4節）「並行，上向的進行での段階的序列，再生産過程の循環」の最終個所の叙述，拙論「再生産論の課題〔Ⅱ〕」（『商学論纂』第43巻第1号，2002年2月刊）の29ページ（本書179ページ）に掲げてある，<u>「生産と消費」の「両契機の内的関連」と「相互に対する疎外」という矛盾が「恐慌の根拠（Grund）」をなす</u>ということを端的に述べた論述の冒頭の叙述部分である。

> 「個人的消費は，しかし，再生産過程の不可欠で内在的な契機ではあるが，消費と生産とは**決して**同一のものではないし，また個人的消費は決して資本主義的生産様式の規定的かつ先導的な動機(モティーフ)では**ない**。(Obgleich aber die individuelle Consumtion nothwendiges und immanentes Moment des Reproductionsprocesses, sind Consumtion und

Production in keiner Weise identisch und ist die individuelle Consumtion **nie** das bestimmende und angebende Motiv der capitalistischen Productionsweise.）」（Ⅱ/4.1, S.371.）

　大谷氏は，上掲の独文のゴチックにしてある nie が，「モスクワの ML 研保有の解読文」では，「はじめ nur と読み，それを nun と訂正している」という事実を指摘し，「内容からみて nie でなければならないことが明らかである」はずのこの nie が，モスクワでの解読では nur→nun→nie と変わったというこの事実から，マルクスの文字，とくにこの nie のような文字がいかに判読しにくいものであるかを述べられている。しかし，大谷氏が指摘されたこの事実は反面では同時にまた，<u>「モスクワの ML 研保有の解読文」</u><u>は，文章の前後のつながりや全体としての流れへの留意，とりわけ経済学的</u><u>な内容の読みとりが不充分なままに行われているおそれが充分にある</u>ことを，われわれに知らせているようにおもわれる。nie と nur とを読み違えては文意が正反対になるおそれがあるだけに充分慎重でなければならないことは言うまでもないことだが，こういう nie と nur のような文字の判読は，モスクワの ML 研所属の解読者よりもむしろ，互いに絶えず手紙のやりとりをしていたマルクスの盟友であったエンゲルスの方がマルクスの書き癖も良く知っていたであろうし，その判読が正しいであろう確率がより大きいと考えるのが普通ではなかろうか。マルクスがエンゲルスにその遺稿を托したのは，そういうことをも含めての判断ではなかったかとおもわれる[*]。だが，大谷氏は，当面の問題の『資本論』第2巻第2篇註32の元草稿の第2部第2稿118ページの前掲引用文 **A**（本書 210 ページ）のアンダー・ラインを付した文のゴチック体にしてある nie を前記の例示の場合と全く同様に nur と読んだ「モスクワの ML 研保有の草稿解読文」と現行のエンゲルス版の当該個所・前掲引用文 **B**（本書 210 ページ）のアンダー・ラインを付した部分とを並記して，あたかも前者すなわち nie ではなく nur と読んだ ML 研の解読文が正しく，エンゲルスの解読は誤っていたかのような印象を読者に与えるような論述を展開されている。今回もまた，その議論の運びはいかにもや

やこしく，審判泣かせの曲りくねったくせ玉とも評すべきものであるが，よく注意して読みさえすれば，おのずから問題の所在が見えてくるであろう。

* マルクスの草稿の筆跡や略記法を「解読できるのは，生きている人間のなかで，私ひとりなのです」と述べている，1884年2月5日付のラヴローフ宛，また，同年6月20日付のベッカー宛，等々の手紙に記されているエンゲルスの文を見れば，この点は充分に納得できるのではないかと思う。（早坂啓造『《資本論》第Ⅱ部の成立と新メガ』（2004年刊）の「序論」第1章参照。）

大谷氏はその文章のくだりだけをとり出してエンゲルス版のその部分とを対比するという手法をとって議論を展開されているが，先ず検討されなければならないのは，nieではなくnurと読んだ場合の，「何故ならば」として承ける前段の文とのつながり，ないしは対応であろう。「資本主義的生産がその全潜勢力を発揮する……時期は，過剰生産の時期となって現われる。」という前段の文に，「……何故ならば，生産の潜勢力は，それによって剰余価値が生産されるだけでなく，実現もされうる限りにおいて，充用されるのだからである。(. . . ; weil d. Productionspotenzen **nur** soweit anzuwenden, als dadurch nicht nur *Mehrwerth* producirt, sondern *realisirt* werden kann ;)」となるのでは，前後の文章のつながり具合がいかにも不自然であろう。モスクワのML研の解読文のようにnieをnurと読んだのでは「文意が前後撞着する」と『資本論体系』第4巻294ページに註記したのは，こうした理由によってである。やはり，ここはエンゲルスのようにnieと読むべきであろう。どうも「モスクワのML研の解読者」はnieをnurと読みとる癖があるようだが，この場合もやはり，「ここは内容からみてnieでなければならないことは明らかである」（前掲，大谷論文44ページ）と言うべきなのである。nieと読んだ場合の前後の文章のつながりについてはすでに本文で充分に論述した。

なお，大谷氏はnieと読んだ場合にはアンダー・ラインを付したこの叙述部分（前掲引用文**B**の②）は，「価値とそれに含まれている剰余価値とを度外視して生産力を絶対的に発展させる傾向」（MEW, Bd. 25, S. 259.），「生産の無制限的な増加に向って突進する生産方法」（Ibid, S. 260.）が語られている

ことになる，と断定的に述べられているが，どうしてそういうことになるのか全く不可解である。

　さらにまた，拡大鏡で見たりしていろいろと検討してみたその結果，「こ̇こ̇だ̇け̇を̇と̇っ̇て̇み̇れ̇ば̇ nur と読むほかはないだろうという判断に達した。しかし，前後関係から nie と読むべきだということになったときに，nie と読むことは絶対にできない，と主張することができるほど確実なものではない。」（前掲誌，45ページ）とも述べている。まことに慎重かつ謙虚である。是非そう願いたいものだが，しかし一転して，「そこで文脈が問題だ」として，この個所のエンゲルスの文章にはどうも構文上「不自然のものが感じられる」とし，「そうだとすると，ここでの nie はエンゲルスの解読の誤りということになるだろう。」（同上）と断定されている。このあたりの大谷氏の論理のはこびはまことに独特で，筋違いで飛躍した論法としか評しようがない。マルクスの草稿の文を nie と読んだ文意はそのままで構文上少し書き改めたエンゲルス——彼は語学にも堪能な教養人としても知られていた——の独文の文章に「構文上不自然なものが（大谷氏には）感じられる」からといって，「nie と読む」こと自体が「誤りだ」とまで断定的に言えるだろうか？　そのような強引な論法で，nie ではなく nur と読むべきだと強弁してみても，既述のように，nur と読んだ場合のその個所の叙述の，「何故ならば」として承けている前段の文章（引用文 A の①）との文意のつながりの「不自然」さ，前後撞着の方が，はるかに決定的であるようにおもわれる。

　いや，そもそも nur と読む場合のその叙述は，「（生産される）剰余価値が実現されうる範囲内でのみ生産の潜勢力は充用される」ということを内容とするものであって，それは実は，資本制的生産の論理としては成立しえない命題なのである。それ故に，nur と読んだその命題こそが第2部註32の「覚え書」の主要部分をなすものであり，また「次の篇」に属するとされた問題に他ならないとする大谷氏の結論は，氏の再生産論理解そのものの限界を露呈するものと言うべきであろう。

　最近おこなわれた「マルクス・エンゲルス研究者の会」（2002年5月25日，於立

教大学）のレジュメにおいて大谷氏はこの論点に関して，「ところが草稿では〔この部分は〕次のようになっている。」として前掲の nur と読んだ草稿の文を掲げ，「エンゲルス版との決定的な違いは，同版では nie となっているところが草稿では nur だという点である。」として，いつのまにか nur と読むのが当然だ，草稿にはそう書かれているというように，さらに断定的な論調となっている。その部分だけをとり出してみれば，そうも「判読できる可能性もあるかもしれない」と，新日本出版社文庫版の訳文に付された註記に記してあるような限定的な記述に止めるべきであろう。その個所の訳文そのものをそのように変えてしまうべきではない。

　新 MEGA の編集をわが国の研究者たちが手がけており，それはそれで極めて結構なことであり，貴重な仕事であるとは思うが，nie と nur のようなこの種の文字の解読については特定の考えによって一方的に決めてしまうようなことのないよう，充分慎重にしていただきたい。この個所に限らず一般的にいって，（それぞれに根拠のある）複数の解読が可能である場合には，その都度その旨を註記すべきであろう。

(2002. 8. 20 執筆，10. 10 加筆)

Ⅳ　再生産論の課題〔4〕
──再生産論と恐慌論の関連に関する諸説の検討──

　富塚良三・吉原泰助編『資本論体系』第9巻の上巻（1997年，有斐閣刊）の第Ⅰ部「恐慌・産業循環論の体系」（筆者稿）を主要な検討対象とする「質問・コメント」の特集号が，「マルクス・エンゲルス研究者の会」の機関紙第40号として，2003年9月に発刊された。本稿は，同誌に掲載された諸論稿に記されている主要な諸論点をとりあげ，それらにできるだけていねいにお答えし，また発展的な議論となるよう心掛けながら，或る程度まで自由に積極的に自説を展開したものである。同趣旨の論稿は前掲誌の第44・45合併号に発表したが，本稿はそれをさらに拡充し，また一部整序したものである。

序説　再生産表式の基礎範疇

　①　第一論文として掲げられている後藤康夫氏の「戦後論争における富塚体系の位置」と題する論稿の大半は，前掲『資本論体系』9-1の第Ⅰ部「恐慌・産業循環論の体系」のうちの第2章「発展した恐慌の可能性──潜在的恐慌の内容規定の拡大──」の，B「表式分析による全般的不均衡化の内的論理の析出」の部分の，後藤氏独自の観点からする要約に費やされいるのだが，その終わりに近い個所において，私が拡大再生産表式の積極的展開を通じて「生産と消費の矛盾」を「動態的に」把握し展開しようとした，その「意義は，決定的である」としてひと先ず肯定的に評価されるが，しかしその反面においては，

そもそも「再生産論は〈全般的不均衡化の内的論理の析出〉のための分析基準」（富塚）なのか，それとも「社会的総資本の運動形態，並にその運動に内在的なるところの矛盾——即ちその理想的な照応の仮定の下においてさえも内在的なるところの対抗的な矛盾——を総括するための基礎理論」（山田盛太郎）なのか，と問題を提示し，そこに「山田説の発展的継承」をめぐる「基本的対抗」なるものの根があるかのように述べられているのである。

しかし，これはいささか前後撞着と評すべき論述の仕方ではないであろうか？

拡大再生産表式の積極的展開を通じて「内在的矛盾」を「動態的に」把握するということはすなわち，社会的総資本の総＝流通・再生産過程の運動態様を「その運動に内在的なる矛盾とともに総括把握する」ということに他ならないのであって，そこに「基本的対抗」を読みとろうとするのはそもそもおかしなことではないかとおもう。なお，そのことはまた，「再生産論が〈全般的不均衡化の内的論理の析出〉のための分析基準」としての意味をもつということともなんら背反することではないのである。むしろ逆に「全般的不均衡化の内的論理」を解明しうべきものとして拡大再生産表式の展開がなされうるかどうかこそが，決定的に重要なのである。そこにこそ，再生産論が不均衡動学の体系の不可欠の一環としての意義をもちうべきものとなりうるかどうかの「分岐点」があるのである。「山田説の発展的継承」とは，第2部第3篇の論理次元の問題としては，本来そういうことでなければならないであろう。

② 「理想的な照応の仮定の下においてさえも内在的なるところの対抗的な矛盾」とは，正確にはどういうことを意味するのであろうか？「資本の〈総再生産過程＝総流通過程〉の分析」にさいしての「理想的な照応の仮定」とは，言い換えれば「理想的な均衡の想定」ということ，すなわち，価値・素材の両面から見た真の意味での「均衡」状態が持続しているということであろう。拡大再生産過程がそういう意味での「均衡過程」として展開されてゆくその過程は，拡大再生産表式としてはどういう「諸条件」——〈reale Bedingungen〉，

「現実的ないしは実在的な諸条件」——が充たされてゆくものとして画き出されるべきものであろうか？

「〈山田説の発展的継承〉をめぐる基本対抗」なるものについては，すでに吉原泰助氏編『講座　資本論の研究』第3巻（1982年，青木書店刊）所収の論稿「恐慌論体系の構成——諸説の批判的検討を通じて——」において，かなり詳細に論じてあるので（同書，281-92ページ），それを参照願うとして，ここでは『再生産過程表式分析序論』においてその問題がどう把握されていたのかを，検討してみることとしよう。

山田氏は，『分析序論』の本論に先立つ「序論第二　表式の基礎範疇」の〔A〕「表式と範疇」において，「二部門への総括は，生産力の発達の程度を示す基準をなしている。……素材視点。二部門分割。生産力表現。この三者の相互関連は銘記すべきである。」（『山田盛太郎著作集』第一巻，78ページ）と記されている。

この表現は，「価値視点。C＋V＋M。生産関係表現。」と並置する形でなされているのであるが，「生産力の発達の程度」すなわち生産力水準は，「二部門への総括」＝「二部門分割」すなわち部門構成のみにおいて表現されるのではなく，資本の有機的構成と剰余価値率においても，すなわちC・V・Mの比率構成においても，かくして，この相対応すべき総生産物W′の価値的構成と素材的構成との連繫において表現されるとすべきであると考えられる点において，山田氏の表現はやや不適切であろうかとおもわれるが，しかし，「再生産表式の基礎範疇」を確定するにさいして，「素材視点からする二部門分割」すなわち部門構成が，「生産力発展の程度」を表現するものであることを，端的に指摘したものとして，評価されるべきであろう。

資本の有機的構成，剰余価値率，部門構成は，相連繫する諸要因として，生産力水準に照応すべき生産諸力の社会的編成の態様を表現するものとされるべきものであろう。したがってまた，再生産表式を展開する場合のその表式を構成する基礎的諸範疇の比率関係は，所与の生産力水準に照応すべきものとして「或る一定の比率関係（ein fixes Verhältnis）」を保つべきものとされなければな

らない。生産部門間の技術的＝経済的連繋を表示するものとしての部門構成は，資本の有機的構成や剰余価値率などの諸要因とともに「生産力の発達の程度」に照応すべきものとして，――「再生産過程の弾力性」による許容度の範囲内においてはともかくとして――生産力水準が変化しない限り原則として不変と想定されるのが再生産表式の展開においては妥当であるとされなければならない。したがって，「理想的な照応」の想定の下に展開されるべき均衡的拡張過程の表式展開は，本来，両部門均等発展の表式としてなされるべきであろう。（この点については，本書第2部Ⅱの第5節，とくに172-3ページを見られたい。）

　マルクスが第2部第8稿において「蓄積による拡大された規模での再生産」の表式展開を行おうとして先ず試みたのが両部門の均等発展表式であったということは，この観点からして充分に理由のあることであったのである。

　だが，その両部門均等発展表式の展開は，やがて本文において――とくに第3節の第4，5項において――見るように，所与の生産力水準に照応すべき社会的総資本の総生産物 W′ の価値的・素材的構成から割り出されてくる余剰生産手段（ならびに追加雇用労働者用の余剰生活手段）を過不足なく吸収すべき大きさとして「均衡を維持しうべき蓄積総額」が決ってくる，そしてその蓄積総額の剰余価値総額に対する割合として「均衡を維持しうべき蓄積率」が決ってくる，その関係が把握しえず，そうした関係とは全く無関係に両部門均等発展の蓄積率を任意に50％と仮定してしまったために，失敗し挫折してしまったのであった。

　そこでいわば苦しまぎれに，いずれかの部門（事実上はその大半が部門Ⅰであったが）の蓄積率を任意に例えば50％というように先ず仮定し，次いで両部門間の相互補塡がうまく進むように他の部門の蓄積額が決ってくるものとして，いくつもの表式を――文字どおりに，手さぐりの暗中模索として――展開してみたなかから割合ましでまとまったものをエンゲルスが拾い出し，多くの計算間違いなどを正し苦心して整序し，作成したものが現行『資本論』の第2巻第3篇第21章第3節「蓄積の表式的叙述」の「第一例」および「第二例」として掲げられているものなのである。その結果，本来は最も重要視されるべ

きであった両部門の均等発展表式——マルクスが先ず最初に展開を試みたその表式——は，一般には，表式展開の単なる失敗例として全く顧みられず，あたかも，エンゲルス編の現行『資本論』第2巻第3篇第21章第3節において「第一例」および「第二例」とされている表式のみがマルクスの拡大再生産表式を代表するものであるかのように見做され，そのように一般に理解されてきたのである。山田氏の『分析序論』の本論第2章「拡張再生産」の第一「表式に表現された運動諸形態」のA「表式と運動」，同書のまさに核心部分をなすと見るべきこの論述個所における表式展開の方法もまた，上記「表式　第一例」，「第二例」のそれを——極めて精密・的確にではあれ——そのまま忠実に踏襲したものに他ならない。しかし，それは，さきにみた同書「序論」に「表式の基礎範疇」として提示された方法的観点に照らして決して妥当な表式展開の方法ではなく，事実上，蓄積率決定における部門Ⅰ→部門Ⅱの一方的な規定関係・その結果としての跛行的な拡張過程の展開を想定するものに他ならず，そうした「総＝再生産・流通過程」の「運動形態」の把握のなかには，いわゆる「内在的矛盾」すなわち「生産と消費の矛盾」が介在する余地は実はないのである。ブハーリンが「生産部門間の技術的＝経済的な関連性」把握の重要性を強調しながら，言うところの「動的均衡」の条件としては単なる「部門間均衡条件」としてそれを把握するに止まり，「労働力の価値以下への労賃の低下」によるその均衡条件式の不等式への転換をもって「全般的過剰生産恐慌」の発生根拠だとする，機械論的な過少消費説に止まらざるをえなかった根本的な理由はまさにそこにあるというべきであろう。そうしてまた，山田盛太郎氏の理論もまた，そうした理論的難点からは基本的にはまぬがれえてはいないということを，われわれは率直に認めなければならない。「発展的継承」を行うには，継承すべき理論そのものの内在的な検討が先ずなされなければならないのである。

　『分析序論』に示された山田氏の再生産論には，以下の二点の難点がある。
　第一には，再生産論は，$W'\cdots W'$循環形態を方法的基準とする再生産過程の解明であるという点の指摘がなされていないこと。第二には，拡大再生産表式

の展開にさいしての両部門の蓄積率の決定が，上述したように，「表式　第一例」および「第二例」としてエンゲルスによって掲げられている表式展開の方法をそのまま忠実に踏襲するに止まっている点である。

だが，第一の難点は，「播種」からではなく「収穫」から，すなわち「前貸」からではなく「回収」から出発し，それをもって了る，そうした方法的観点からするケネーの「経済表」の発展的改作としてのマルクスの「経済表」(1863年)のもつ意義を強調されていることによって，事実上において回避ないしは解決されえていると見做すことができると言えようし，後に別稿「再生産過程」(『経済学小辞典』，1951年岩波書店刊所収)においては簡略ながらも関説されている。事実また，さきに見た「序論第二」[A]における「表式の基礎範疇」に関する注目すべき発言は，まさしくそうした方法的観点が山田氏において明確に定立されていたことを物語るものであると言えよう。しかし，それ故にまた，エンゲルスによって「表式　第一例」および「第二例」として提示され，爾後，マルクス経済学者たちによってマルクスの拡大再生産表式の展開方法そのものとして，一般に理解され継承されてきた，第二の難点のもつ重要な意味が率直に認識されなければならないと考えられるのである。

1　川鍋正敏氏の見解について

川鍋正敏氏の《「恐慌の可能性」と「現実性」》と題する論稿は，再生産論を過度に重視する――と氏が考えられる――所説のすべてに対する批判的見解を述べられたものであり，また論述の仕方はいわばモノローグのような形をとっているので，或いはことさらの反論などは期待されていないのかもしれないが，しかし主として，『体系』第9巻上巻第Ⅰ部「恐慌・産業循環論の体系」を念頭において所見を述べられたものであろうかと解されるので，ここに筆者の所見を対置し，またそれに関連して諸々の問題について或る程度まで自由に議論を展開することにする。

① 先ず,「再生産論を基本的枠組みとする閉鎖的な完結した体系としての恐慌論の構築」という特徴づけが『資本論体系』第 9 巻上巻第 I 部「恐慌・産業循環論の体系」で展開されている論述内容に対して向けられたものであるとすれば,それは全くの誤解である。恐慌論体系における再生産論のもつ意義,その重要性を強調することは,それから一元的に恐慌・産業循環論の全体系が展開されるべきだと主張することを意味するわけでは決してない。そうした誤解は,当面の第 I 部「恐慌・産業循環論の体系」の「序章『資本論』体系と恐慌論体系」を, Vorurteil なしに,もう一度ていねいにお読み下されば,直ちに氷解するはずである。氏がその論稿において強調された恐慌論全体系の在り方に関する方法論的な指摘に対する答えも,すでにその「序章」のなかに大半は記されている。したがってそれをもう一度くり返して記す必要はないであろう。

その「序章」において私は,『経済学批判要綱』の知見を得る以前の,『資本論』＝「資本一般」説の制約のもとに「固有の恐慌論」というべきものはプラン最終項の「世界市場と恐慌」を論ずる次元においてはじめて展開されるべきものであり,そこにいたる「中間の箇所」で恐慌が解明されるはずのものではないとされた,その旧久留間説ともいうべき立論（宇野弘蔵氏が批判の対象とされたのはそれである）と,『要綱』を手にとられたのちの立論とを区別してあつかい,『マルクス・レキシコン』恐慌の篇に記された恐慌論の全体系の構成は,①「商品流通のもとで現われる恐慌の可能性」,②「資本の流通過程のもとでの,恐慌の可能性の一層の発展」,③「恐慌の可能性を現実性に転化させる諸契機」,④「世界市場と恐慌」,⑤「産業循環」となっており,マルクスが構想していたであろうとして私が掲げた構想と大枠において類似した構成となっているのであるが,第一に,②の「一層発展した恐慌の可能性」＝「潜在的恐慌の内容規定の拡大」をどういうものとして把握すべきかについて,第二に,④と⑤,すなわち,「周期的産業循環」と「世界市場恐慌」とが,マルクスがそう構想していたであろうとして私が掲げた構成と逆の順序となるべきであるとされているのは何故であるか,の二点が問題となるであろう。第一の問題点

が，これから検討しようとする，川鍋正敏，大谷禎之介，前畑憲子氏などの，『レキシコン』の編纂に大なり小なり関与した諸氏の諸説を検討するにさいしての主要なテーマとなるであろうが，第二の，④と⑤，すなわち，「競争および信用」の論理次元に属すべきとされる「周期的産業循環」とプラン最終項に位置すべき「世界市場恐慌」との順が『レキシコン』においては入れ換わっているのは何故かについて，充分な論議がつくされ，充分に納得のいく説明がなされているのであろうか？　また，「固有の恐慌論」というべきものはプラン最終項の「世界市場恐慌」を論ずる次元においてはじめて展開されるべきものだとされた当初の主張すなわち旧久留間説との関係は，一体どう理解すべきであろうか？　という点に大きな疑問が残る。その疑問は，「経済学批判」全体系のプランに関する旧久留間説が，『要綱』などの知見を得てのちどのように修正されたか，またはされなかったか，についての久留間氏自身の見解が充分に明確にされないままに終わっていることと密接に関係しているようにおもわれるのである。この論点について，上記の諸氏とくに川鍋氏の見解をお聞かせ願いたい。マルクスはその最晩年にいたるまでもなお，絶えまなく変動する世界市場の動向を注視し，「『要綱』の執筆へと彼を踏み切らせたとき志した〈世界市場恐慌〉の解明という最終目標を展望しつつ追究し続けているのである。」（前掲誌，第40号15ページ）と川鍋氏は記されている。その指摘に私もまた強い共感を覚えるが，それだけにまた，川鍋氏自身の「世界市場恐慌論」の内容をお聞かせ願いたいのである。すべて現行『資本論』の枠内でかたづくと考えている「再生産論」一辺倒論者にすぎない，などと，いささか乱暴にわれわれをきめつけてしまったりしてこと足れりとしないで，「周期的産業循環」論や「世界市場恐慌」論についての氏自身の，積極的見解を提示していただきたい。

　今回，「恐慌・産業循環論の体系」を書くさい，もっとも苦心し多くの時間と労力を費やしたのは，第3章「恐慌の必然性――可能性の現実性への転化――」の論述において「信用」の要因をどのように位置づけるべきか，という問題，さらには，「競争および信用」の論理次元に属すべき第4章「周期的産業循環」における，「合法則的な周期性をもった運動過程」の「次の経過局面

への移行の論理を内包するものとしての・各循環局面の構造と動態」についての論述をどう具体的に展開すべきであるか，であり，さらには，第5章「世界市場恐慌」のA「機械制大工業の〈突発的・飛躍的な拡張能力〉と世界市場」，B「再生産の諸条件と対外貿易」，C「世界市場恐慌の発現態様」の論述展開であった。この第4章の論述は拙著『恐慌論研究』第4章「産業循環」において，また第5章「世界市場恐慌」の論述は同書同章の「結節　総括——世界市場恐慌への展望——」として，すでになされてはいるが，それらをさらに明確化し，また新たな論点をも組み入れながら発展させるべく，私なりに全力をつくした。(但し，『体系』の論述では，紙幅の都合上，産業循環の局面転換の論述にさいして，前掲拙著ではなされていたツガン・バラノフスキィやシュンペーターなどの諸説の紹介と批判の箇所を割愛せざるをえなかったので，できれば『恐慌論研究』の当該部分も参照されたい。)これらの論述のどの点がおかしいか，どの点が不充分であるかについて，ご自身の積極的な見解を提示し対置しながら一歩踏み込んだ論評をくわえていただきたいのである。そうした議論でないと，到底productiveな論争にはなりえないであろうかと私は考える。

　周期的産業循環論は，マルクス経済学の立脚点に立ってこそ充分に内容あるものとして展開されうる。市場メカニズムすなわち市場における競争メカニズムはつねに一様に作用するのではない。それは均衡化側面とともに不均衡化側面をもつ。周期的産業循環の各局面ごとの市場条件と競争態様の在り方については，『体系』9-1の第Ⅰ部第4章の叙述を見られたい。なお，同『体系』9-2の第Ⅱ部のB-3「産業循環に関する諸学説」(松橋透氏稿)およびB-4「産業循環の理論的考察を巡る諸論点」(広田精孝氏稿)をも是非とも併読されたい。さらには，同書9-2の第Ⅲ部「現代資本主義の諸相と諸学説」の最終稿である〔付論2〕「ケインズ的不均衡累積理論とマルクス的不均衡動学理論——ハロッド＝ドーマー・モデルの意義と限界——」(松橋透氏稿)をも読まれるならば，マルクス的な不均衡動学の理論のポスト・ケインズィアンのantinomy-theoryなどに対する優位性の根拠を知ることができるであろう。ましてや，いまや有識者たちによって「一種のイデオロギー」たるにすぎないとされる新古典

派の,「セー法則」の現代版などは，たとえ大学やマス・コミなどにおいて predominant な力をすでにもっていようとも，本来は，問題とするには足らないものなのである。「周期的産業循環」論や「世界市場恐慌」論についての，マルクス経済学者たちの，また社会科学的な問題意識をもつ先進的な近代経済学者を交えての，もっと前向きの発展的な，実りある論争が展開されることを切に期待し念願する。

② なお，恐慌・産業循環論の全体系の在り方を論ずるにさいして久留間氏が『マルクス・レキシコン』の栞の第6号および第8号で強調されている，「産業循環論を展開する前の，抽象的な理論の段階での恐慌の一般的な解明」として，「恐慌の可能性の現実性への転化」についての論述がなされなければならない，とする注目すべき指摘——それは，「資本そのものが資本制的生産にとっての制限となる」という意味での,「恐慌の可能性の現実性への転化の内的必然性の解明」という私見と相対応するものと私は考えるが——を，どのように考えられるかについての川鍋氏の見解をお聞かせ願いたい。《「恐慌の可能性」と「現実性」》と題する川鍋氏の論稿においては，そうした肝要な論点が欠落しているようにおもわれる。そのため氏の論稿は，茫漠としてとらえ難い，諸論点の並記に終わっているような印象を与えるものとなってしまったのではなかろうか？「『資本と利潤』の章での Ergänzung を要する」とする，その論理次元の議論こそがそれであり，同時に逆にまた，そうした議論を内実あるものとして基礎づけるものとして，その意味においてそれへの不可欠の一環をなすものとして,「資本としての資本に固有な・資本の商品および貨幣としての単なる定在のなかには含まれていないものとしての，資本の形態諸規定」から生じてくる限りでの「潜在的恐慌の一層の発展」(Mw. II 26.$_2$ S. 512, II/3.$_3$, S. 1133)，すなわち，社会的総資本の総商品の「価値ならびに剰余価値の実現」がそこではじめて問題として現われてくるところの，「総＝流通・再生産過程」の「reale Bedingungen」に係わる・「恐慌の reale Möglichkeit」の問題も論じられなければならない，とするのが私の見解である。この久留間説

と私見との共通点と分岐点について，川鍋氏などの諸論者の見解をお聞かせ願いたい。この問題は，『体系』9-1，序章の(3)，（同書，19-25 ページ）において，かなり詳細に私見を述べているので，再度ご検討願いたい。

『体系』のその箇所には，恐慌の問題について或る程度までまとまったマルクスの見解が記されているとして古くから研究者たちによって重要視されてきた，『剰余価値学説史』第 2 巻第 17 章「リカードゥの蓄積論，それの批判」，61～63 年草稿，第 3 分冊，ノートⅩⅢ「h. リカードゥ，蓄積論」からの長文の引用を掲げて，「資本の商品および貨幣としての単なる定在のなかに含まれる」ものとしての形態諸規定「ではなく」，それとは区別されるものとしての，「資本としての資本に固有な・資本の形態諸規定から生じてくるかぎりでの，潜在的恐慌の一層の発展」を問題にするのだとしているのを，かなりていねいに論述したつもりであるが，川鍋氏はそうしたマルクスの叙述の趣旨を敢えて無視するかのように，個別諸資本の「再生産過程」すなわち姿態変換運動相互の「絡み合いと縺れ合い」の関係，すなわち「一方の資本の商品形態から貨幣形態への転化に他方の資本の貨幣形態から商品形態への再転化が対応しなければならず……一方の資本の生産過程からの離脱は他方の資本の生産過程への復帰に対応しなければならない」という「資本の商品および貨幣としての単なる定在のなかにふくまれる」（この圏点は川鍋氏が独自に付したもの）諸形態のうちに『資本論』第 2 巻「資本の流通過程」において展開されている「発展した恐慌の可能性」を読みとるべきだとされているのである（前掲誌，第 40 巻 12-3 ページ）。個別諸資本の諸「再生産過程」の絡み合いと縺れ合いの関係と社会的総資本の「総＝流通過程または総＝再生産過程」の区別を認めず，後者は単に前者が社会全体に広がったものにすぎないかのように捉えようとする久留間説——そうした見解のもとに，『レキシコン⑥』・「恐慌」Ⅰの Ⅶ，「資本の流通過程のもとでの，恐慌の可能性の一層の発展（恐慌の抽象的形態が資本の流通過程において受けとる内容規定）」の諸項目が立てられているのである——が，依然としてなお頑強に主張されているのである。これは，まことに驚くべきことのように思われる。

そうした久留間説が決して妥当ではありえないのは，前掲のマルクスの論述に照らして明らかである。

では，何故そうした捉え方が不適切なのか？ それは，そうした捉え方では，社会総体としてみた「生産と消費の均衡」の問題が入ってこないからである。その要因が《条件》として入ってこなければ，社会的総再生産の問題が，言い換えれば総資本の総生産物の「価値ならびに剰余価値の実現」の問題が，明確に問題として浮かび上がってこないのである。「資本と資本との交換」，「資本と所得（レヴェニュー）の交換」，「所得と所得との交換」，これら三つの相互転態の流れの交錯・連繋の態様，それを規定する諸条件を総括把握するのが表式を用いての再生産論の固有の課題であり，それは個別諸資本の姿態変換の絡み合いと縺れ合いの関係の単なる社会的総計としては把握しえない問題なのである。肝要なこの点を理解しえないし，理解しようとしないところに，久留間氏の再生産論把握には重大な欠落があると言わざるをえない。『資本論』第2巻の全体を「資本の変態の考察」が行われているものとして，すべて一様に一括して把握したうえで，「そこでは「現実的恐慌」の「抽象的な形態」が提示されているにすぎない」（前掲誌，40号，12-3ページ）としてかたづけてしまおうとする川鍋氏の見解も，上記の久留間説をそのまま踏襲したものであろう。単なる個別諸資本の「formell な」すなわち「形態的」ないし「形式的」な「再生産過程」の考察とは異なって，「現実的（レアール）再生産過程の考察」が行われるところの再生産論の固有の意義は全く看過されている。そうした把握においては，「再生産の諸条件」も一般的な意味での単なる生産諸部門間の比例的均衡 Proportion と同義のものとして捉えられ，ただそれが大まかに二つの部類に分けられただけのものであるにすぎないとされる。「消費過程の資本主義的再生産過程にたいする現実的関係（das wirkliche Verhältniß）は，第3章（後の第3篇）の考察に属する。」（II/4.1, S. 182.）と述べているマルクスの文言も，事実上において，全く無視されるのである。

③　川鍋氏稿においては，信用・信用制度の役割が重要視されなければなら

ないことがとりわけ強調され，商業信用の役割，銀行信用の役割などについてそれぞれ適切な指摘がなされている。そのこと自体については，もちろん私もなんらの異存もない。信用制度ないしは信用機構は，本来は資本制的拡張過程の展開を助長し推進する有力な要因として作用するものであるが，しかしやがて資本制的生産の内在的諸制限を超えての拡張過程を，「過剰取引・過剰生産・過剰信用」を強力に推し進める要因としての役割を果たすものとなり，ついには恐慌の爆発となるであろうことはよく知られていることである。では，そもそも「資本制的生産の内在的諸制限」を規定するものはなんであるのか？ 再生産過程の拡張を強力に推進する要因であった信用が，突如としてその反対の要因に転化するのは何故か？ また，どういうメカニズムを通じてであるのか？ それを解明することこそが肝要なのであり，そうしたことが明らかにされなければ，信用の役割を充分に解明したことにはならない。そういう問題意識のもとに，『体系』9-1，（上）の第Ⅰ部の拙論の第3章のF「〈恐慌の必然性〉の論定，その(3)——現実資本の過剰と貸付資本の不足——」ならびに第4章「周期的産業循環」のそれに対応すべき当該箇所の叙述は書かれたものである。もちろんまだまだ不充分なものではあろうが，私なりに力をつくして書いたものであるので，充分にご検討のうえ論評され且つ貴見をお聞かせ願いたい。

④　上の②および③の点と関連するのだが，川鍋氏稿においては，その註記の2)において，『資本論』第3巻第5篇第30章「貨幣資本と現実資本Ⅰ」のなかに記されている「恐慌の究極の根拠」に関する叙述が引用され，また，それと「同様の趣旨」が記されているものの「一例」だとして，『要綱』の〔Ⅲ〕「資本に関する章」（ノートⅣ）の第2篇「資本の流通過程」の，「資本の再生産と蓄積」の問題の考察に入ってゆくその序章ともいうべき箇所の叙述のなかの一断片が掲げられて，「マルクスの恐慌問題の考察における骨組は『要綱』以来一貫して不変」だとされている。マルクスがその恐慌論において，『要綱』以来，一貫した問題観点と立論構想をもっていたとされる点，それ自体は全く同感である。だが，氏が「一貫して不変」だとされるその「骨組」は，私見と

は根本的に異なる。氏の主張の要点は，全般的過剰生産恐慌を規定するものは，（さきに②で見たように）氏が再生産論の主要内容だと考えている「生産諸部門間の均衡」の問題などではなくて，「産業資本と貸付可能資本との間」にある「矛盾」である，というにある。そうしたうえで氏は，「再生産論で論じられている部門間不均衡から生じる恐慌の可能性は，総じて生産在庫の過不足に現われる部分的恐慌にすぎず……今日いう在庫調整によって克服・解決されうる困難である。」（前掲誌40号16ページ）と断定されている。これは，久留間説を採用する論者のなかでも最も先鋭で過激な主張というべきものであろう。大谷氏や前畑氏などはその「困難」が「必然的に」生ずるという点を認識することが大切なのだとしきりに強調されているが，その「困難」たるや，たかだか「在庫調整」でまにあうようなものであるにすぎない，ということになる。これが，全機構的な実現問題の解明こそが再生産論の課題であることを認識しえないこと，或いは認識しようとしないことの論理的帰結なのでもあろうか。

　だが，マルクスの再生産論は，決してそのようなものではない。その点は，さきに本稿の②でも概略論じたとおりである。

　しかしそのように述べるだけでは，ただ単に私見を対置しただけに止まり，説得的とは言えないかもしれないので，以下に少しく立ち入って，氏が引用された『資本論』第3巻第5篇第30章からの叙述のマルクスの本来の意図と，『要綱』のその箇所の叙述の内容について検討してみることとしよう。

　「一見したところでは，全恐慌が信用恐慌および貨幣恐慌としてのみ現われる。」ところから，貸付資本の不足によって生ずる信用恐慌こそが全恐慌の主因であるのだとか，或いは，なんらかの事情による「現実資本」と「貸付資本」との背離によって再生産過程の突然の収縮と攪乱が生じ，ついには全面的な恐慌にいたるのだ，起点は信用にこそある，といったような考え方がとられがちであり，実際また，そうした諸学説は学説史上，極めて広汎にみられるといってよいであろうが，そうした考え方は問題の根因を捉えていないという意味で誤りである。少なくともマルクスはそうした考え方をしてはいない。

「再生産過程の全関連が信用に立脚するような生産制度のもとでは，信用が突然に停止されて現金払いしか行われなくなれば，明らかに恐慌が，支払手段を求める激しい殺到が生じざるをえない。だから，一見したところでは，全恐慌が信用恐慌および貨幣恐慌としてのみ現われる。また実際，問題となるのは手形の貨幣への転換の可能性だけなのである。しかし，これらの手形の多くは現実の売買を表わしているのであって，この売買が社会的必要をはるかに越えて膨張することが，結局のところ全恐慌の基礎をなしているのである。」(K. III, S. 507.)

「社会的必要をはるかに越える現実的売買の膨張」，すなわち，資本の資本としての価値増殖に対する固有の諸制限を越えての過剰生産および過剰取引こそが，「全恐慌の基礎をなす」のである。これが，マルクスの確固不動の視点である。

先ずこの点を確認しておいてから，川鍋氏が引用された『資本論』第3巻第5篇第30章「貨幣資本と現実資本I」における「恐慌の究極の根拠」に関する周知の命題を展開した文章が，どういう文脈の下にどういう意図をもって記されたものであるかを見てみることとしよう。

と言っても，ことさらひねった解釈をしようとするのでない限り，答えは割合簡単である。

すなわち，『資本論』第5篇の当該箇所において，マルクスは，再生産過程が円滑に流れ「還流の容易さと規則正しさとが維持されている」限り，信用は持続し，再生産過程の拡張と共に，またそれを促進しつつ，膨張してゆくが，再生産過程の流動性が失われてゆき市場に供給過剰が生じてきて「還流の容易さと規則正しさ」が失われてくるや否や，信用は収縮し，貸付資本の需給は逼迫してくる。こうして再生産過程が停滞し，現実資本が過剰となるまさにそのとき，そのことによって，貸付資本の不足が生じてくる。したがって，再生産過程の停滞を「生産資本の不足のせいにすること以上にまちがったことはない。まさにそのときにこそ，生産資本の過剰――一時的に収縮した再生産規模に照らしての，また麻痺した消費に照らしての過剰――が現存するのである。」

(K. III, S. 500.)と論述してから，それなら，その再生産過程の停滞・攪乱はそもそも何によって生ずるのであろうか？として，「恐慌の究極の根拠」に関する周知の論述が展開されているのである。

「全社会が，生産資本家たちと賃労働者たちだけで構成されているものと考えてみよう。さらに，次のような価格変動を度外視することにしよう。すなわち，総資本の大きな部分が自己の平均的な割合で補塡されることをさまたげるような，また，ことに信用制度によって発展する再生産過程全体の一般的連関のもとではつねに一時的な一般的停滞を引き起こさざるをえないような，価格変動は度外視しよう。同じく，信用制度によって助長される空取引や投機的取引も度外視しよう。そうすれば，恐慌は，種々なる諸部門における生産の不比例（Disproportion）からと，資本家たち自身の消費と蓄積とのあいだの不釣合い（Mißverhältniß）からのみ，説明されうるであろう。しかし，実際のところでは，生産に投じられた諸資本の補塡は，その大きな部分が非生産的諸階級の消費能力に依存する。他方，労働者たちの消費能力は，一部は，労賃の諸法則によって，一部は，彼らが資本家階級のために利潤をもたらすように充用されうる限りにおいてのみ充用されるということによって，制限されている。あらゆる現実の恐慌の究極の根拠（der letzte Grund aller wirklichen Crisen）は，依然としてつねに，一方では大衆の貧困であり，他方では，あたかも社会の絶対的消費能力によってのみ限界が劃されているかのように生産諸力を発展させようとする資本主義的生産様式の衝動である。」(K. III, SS. 500-1.)

上掲の論述の最後のくだりは，エンゲルス編の現行版では，「あらゆる現実の恐慌の究極の根拠は，依然としてつねに，あたかも社会の絶対的消費能力だけがその限界をなしているかのように生産諸力を発展させようとする・資本主義的生産の衝動と対比しての，大衆の貧困と消費である。」となっている。川鍋氏の引用文では，その肝要な箇所が「すべての現実的恐慌の究極の根拠は……大衆の貧困と消費制限である。」としてあって，「資本主義的生産［様式］の衝動」についての叙述部分が全く割愛されている。しかしこれを割愛してし

まうと,「恐慌の究極の根拠」に関する命題が単なる過少消費説のそれと異ならないものとして受けとめられてしまうおそれが充分にあるし, また,「資本家たち自身の消費と彼らの蓄積とのあいだの不釣合い（Mißverhältniß）」も, 資本家たちの単なる消費制限の側面に関する命題としてのみ受け取られてしまうおそれがあるので, 極めて不適切であろうかとおもわれる。「生産の無制限的拡大」・「生産諸力の無制限的発展」への「資本の内的衝動（Trieb）」は, すなわち,「価値増殖を自己目的とする・資本の蓄積衝動」（それが「過剰蓄積」への内的傾向を規定する）に他ならないのであって, 上記の二つの命題は相呼応するものとしてこれを受けとめることができる。なお,『資本論』第2部の初稿は, 第3部草稿の執筆途上, 第4章の終わりに近い箇所で一旦中断されて, 1864年の11月下旬から1865年の半ば頃までに書き上げられ, 以後, 引き続いて第3部のいわゆる主要草稿が書き進められていったと推定されるよしであるから, 当面の第3巻第5篇第30章の叙述が書かれるさいには, その第2部初稿第3章「流通と再生産」の第7節（同稿末に記されている第3章プランでは第4節）で論述されていた, 生産諸部門の連繋に関する把握は, すでにマルクスの頭のなかに刻印されていたと考えてよいであろう。そうだとすると,「種々なる諸部門における生産のDisproportion」も, 単なる一般的な意味での「生産諸部門間の不均衡」としてだけではなく, 技術的・経済的連繋をもった生産諸部門間の比例均衡の破壊という意味を含んだものとして, これを捉えることができるであろう。複線的な流れをその構造のうちに含みながらも, 全体として, 最終消費生産物へと帰結し結実してゆくべき,「段階的序列」をなす生産の流れについて論述してのちに, 消費が社会的再生産の基底的・決定的要因をなすことを指摘し, そのうえで,「生産と消費の矛盾」が「恐慌にとっての根拠（グルント）」をなすとする論述 (II/4.1, S. 371.) を展開している。（本書第2部IIの第5節。）かくして,「生産諸部門間の比例均衡」と社会総体としてみた「生産と消費の均衡」とを重ね合わせて捉える視点は, すでに論述の基底にある。こうした観点から読めば, 一見したところでは, 恐慌を規定する諸要因のやや無造作な併記のようにも見えるマルクスの前掲の論述は, 実は極めて論理

的な推論と諸要因の内的連繋の把握によるものであることが分かるであろう。

なお，「労働者たちの消費能力は，一部は，労賃の諸法則によって，一部は，彼らが資本家階級のために利潤をもたらすように充用されうる限りにおいて充用される，ということによって制限されている。」とある文言の後半部分は，前半の「労賃諸法則による制限」を単に言い換えたものではなく，「少なくも充用資本量の増大につれて利潤量を増加させるような搾取度」が維持されうるかどうかが雇用量増大の，したがってまた労働者層の消費需要増大の，資本制的限界をなすということの指摘 (K. III, S. 266, II/4.2, S. 329.) と関連づけて理解されるべきであろうかとおもわれる。当面の「貨幣資本と現実資本 I」での論述の少し前の箇所で「消費の限界は，再生産過程自体の緊張によって拡張される。」(K. III, S. 499, II/4.2, S. 539.) とある叙述との対応からしても，そう解しうるであろう。すなわち，簡潔な表現によって，「労働者たちの消費能力」の資本制的増大限界が述べられているのである。

それは，「現実資本と貸付資本の矛盾」なるものを，それこそが「現実的恐慌」の「根拠」をなす，といったようなことを論定しようとしたものではない。

なお，現実資本の過剰と貸付資本の不足との，この両者の関係を，単純な時系列的な因果関係としてとらえようとするのは不適切であろう。再生産過程の流動性が失われてゆくということはすなわち現実資本の過剰が顕在化しつつあることに他ならず，他方，再生産過程の流動性が失われ，「還流の容易さと規則正しさ」とが失われてゆくにつれて俄かに貸付資本の需給逼迫が生ずるのであって，前者は市場利潤率の低落において後者は利子率の昂騰において，表現される。こうして，<u>現実資本の過剰と貸付資本の不足とは併存し且つ相互往反的に激化しあい</u>，全面的な崩落へと雪崩れ込んでゆくこととなるのである。

なお，こうした点について，より詳細には，『資本論体系』9-1，第Ⅰ部第4章「周期的産業循環」117-24ページを参照されたい。

⑤　最後に，川鍋氏が「マルクスの恐慌問題の考察における骨組は『要綱』

以来一貫して不変」だとされ，その「一例」をなすものとして掲げられている『要綱』のなかの一文の本来の趣旨はどういうことであったかについて，私見を述べることとする。

　引用されている文章は，『経済学批判要綱』の〔Ⅲ〕「資本に関する章」（ノートⅣ）の第2篇「資本の流通過程」の，「資本の再生産と蓄積」の問題の考察に入る，その序章とも言うべき叙述のなかの一断片である。そもそも「過剰生産は，資本の立場からして，可能かつ必然か否か」をめぐる古典派恐慌論争を，主としてジェームズ・ミルおよびリカードゥ対シスモンディを中心に考察した論述のなかでのリカードゥに関する叙述部分からの引用である。氏の引用においてはその論述の前段部分が省略されているため，文意がやや読みとりにくいかとおもわれるので，その省略された部分をも含めて引用してから，その叙述における，本来のマルクスの論旨はどういうことであったのかを検討してみることとしよう。

　「過剰生産は可能かつ必然か，否か」に関するリカードゥの見解を，マルクスは次のように紹介し且つ批判している。——「〔リカードゥは言う。〕生産そのものが生産費用によって規制されるのであるから，生産が自己自身を調節するのであり，ある生産部門が価値増殖をしないならば資本はそこからある程度まで引き上げられて，資本を必要とする他の地点に投じられることになるのだ，と。だが，こうした均衡化の必然性自体が不均等・不調和を，したがってまた矛盾を前提することは別としても，——全般的過剰生産恐慌においては，矛盾はさまざまな種類の生産的資本の間にではなく，産業資本と貸付けうる資本との間に——すなわち，生産過程に直接に含まれたものとして現われる資本と，貨幣として生産過程の外に（相対的に）自立して現われる資本との間にあるのである。最後に，均衡的な生産 *proportionate production*（これはすでにリカードゥなどにもある）は，適正な比例関係に自らを配分しようとするのが資本の傾向であるという限りにおいてのみ言えることなのであって，また同じく，資本は剰余労働 Surplusarbeit を無際限に追求する……のであるから，均衡を乗り越えて突き進もうとするのも，資本の必然的な傾向なのである。」(Ⅱ/

1.2, S. 325.『資本論草稿集』2, 22 ページ。)

　この論述の意味内容を正確に把握するためには，それがどういう意図のもとでの，どういう文脈において表現されたものであるかをしっかりととらえることが大切である。

　ジェームズ・ミルは，「需要・供給の形而上学的均衡」説を展開した論者として，いわゆる「セーの法則」を唱えた J. B. セーと共に，よく知られた経済学者であるが，リカードゥもまたその「法則」を支持する点において，彼らと共通の陣営に属していた。そうした考え方の根本的な誤りを，「資本の再生産と流通」の問題の考察に入ってゆくにさいして，先ず根底的に明らかにしておこうというのが，ここでのマルクスの意図するところであった。

　前掲のリカードゥを論じた叙述のすぐ前の箇所で，ジェームズ・ミルなどの，「一般的に過剰生産があるのではなくて，ある財貨ないしは若干の財貨では過剰生産が，その他の財貨では過少生産があるのだ」とする論法に対して，「この場合またもや忘れられているのは，生産する資本が要求するのは特定の使用価値ではなくて，価値それ自体 Wert für sich, つまり貨幣だということ，——しかも流通手段の規定にある貨幣ではなく，富の一般的形態としての貨幣，すなわち一面から見れば資本の実現の形態としての，他面から見れば資本の最初の休眠状態への復帰の形態としての貨幣だということである。」(II/1.2, S. 324. 前掲『草稿集』21 ページ。) と指摘している，それと同様の内容が，リカードゥの理論に即して，再度論述されているのである。すなわち，「生産における資本の価値増殖が直接に流通における資本の価値実現を措定するのかどうか，生産過程において措定された資本の価値増殖が，それの現実の価値増殖であるのかどうか，という問題」が，ジェームズ・ミルの所説に即して，次いでリカードゥの理論に即してと，くり返し論述されているのである。この極めて重要な問題の理解が欠落しているのが，「セー法則」を是認し，「需要は顧慮せずに供給だけを眼中に置いている経済学者たち」，——そうしたサプライ・サイドだけを見る経済学者たちは，現代においてもなお依然として predominant な存在として多数見うけられる。すなわち「新古典派」の経済学者たち

がそれである。《general glut》の問題をめぐる古典派恐慌論争におけると全く同様に，現代においてもなお，彼らが「正当派経済学(オーソドックス エコノミックス)」だとされているのである。——このような誤った諸説を根本的に批判するものとして，当面のリカードゥに関するマルクスの論述の真意が正確に把握されなければならない。

問題は，「全般的過剰生産恐慌においては，矛盾はさまざまな種類の生産的資本の間にではなく，産業資本と貸付可能な資本との間に——すなわち，生産過程に直接に含まれたものとして現われる資本と，貨幣として生産過程の外に（相対的に）自立して現われる資本との間にあるのである。」とある叙述から，「全般的過剰生産恐慌」においては生産諸部門間の不均衡の問題はほんの付随的な問題にすぎず，「産業資本と貸付可能資本との間の矛盾」こそがその主要な規定的要因をなすものであると，ここでマルクスが論述しているのだと解釈してよいかどうかである。

川鍋氏はそのように解して，この『要綱』の叙述はさきに検討した『資本論』第3巻第5篇第30章「貨幣資本と現実資本Ⅰ」における「恐慌の究極の根拠」に関する論述と「同様の趣旨」を述べたものであり，こうしてその叙述は，「マルクスの恐慌問題の考察における骨組は『要綱』以来一貫して不変ということの一例」をなすものだとされている。（前掲誌40号，15ページ。）

だが，こうした解釈は，二重の意味で不適切であるかとおもわれる。第一に，すでに見たように，前記の「恐慌の究極の根拠」に関する論述は，「現実資本と貸付貨幣資本との〈矛盾〉？」を，「現実資本の過剰」と「貸付貨幣資本の不足」とが併存し且つ相互に激化し合うその関係自体を論述したものではなく，そうした事態を生じさせる再生産過程の突然の停滞・攪乱を究極において規定している諸要因は何であるかを明らかにしようとしたものであるからであり，そして第二に，当面の『要綱』の文章も，一見したところではさきに述べたようにも読めるかもしれないが，前後の文脈との関連からしても，また，この文章自体としても，その文意はもっと基礎的なことがらの指摘に重点がおかれていたようにおもわれる。「産業資本と貸付可能資本との間」にある「矛盾」

の箇所の原文は „der Widerspruch ... zwischen dem industriellen und loanable Capital" であるが，... zwischen dem industrial Capital und loanable fund と書くべきところをそのように略記したのであろうし，文意の重点は，それに引き続いて書かれている文言，――生産過程内にある資本と「貨幣として，生産過程の外に……自立して現われる資本」との間にある「矛盾」に置かれているようにおもわれる。すなわち，ジェームズ・ミル批判にさいして述べられていた，「価値それ自体 Wert für sich……富の一般的形態としての貨幣」，すなわち「一面から見れば資本の実現形態としての，他面から見れば資本の最初の休眠状態への復帰の形態としての貨幣」といったような文言とほぼ同様のことを指摘していたように解される。前記の文脈の下でのリカードゥ理論の検討にさいして，ここで突然に貸付貨幣資本の問題が飛び出してくるというのも，額面どおりには受け取りにくいかとおもわれる。ここでのマルクスの視線は，もっと基底をなす問題に向けられていると解すべきであろう。

さて，生産諸部門間の均衡の問題をどうとらえるべきかについて考察しておこう。

「資本は，均衡的な生産 Proportionate Production の，絶えざる措定 Setzen であると同様に，絶えざる止揚 Aufheben でもある。」(II/1.2, S. 326,『草稿集』2.23 ページ。）資本の運動は，この両側面を同時にもつことが把握されなければならないことをマルクスは強調しているのである。だが，「均衡化の必然性 Notwendigkeit der Ausgleichung」――「生産は同時に且つ一斉に，同じ比例関係において in derselben Proportion, 拡大されなければならないというこの要請は，資本そのものからは決して出てこない・外的な要請を資本に課する。ある生産部門での所与の均衡からの逸脱は，同時に，あらゆる生産部門を，しかも等しくない比率で，所与の均衡から追い出す。」(II/1.2, S. 326,『草稿集』2.23 ページ。）こうして，絶えざる不均衡の均衡化の過程として，生産諸部門間の比例均衡が維持されてゆくこととなる。

マルクスは，リカードゥ理論の批判的検討に初発した「均衡的な生産」に関する論述を，シスモンディおよびマルサス，とくにシスモンディの古典派批判

の論点提示などを念頭におきながら，さらに論歩を進め，社会総体としての「生産と消費の均衡」の問題視点から，とりわけ労働者階級の消費制限の問題に焦点を合わせながら，次のように論述している。——「或る生産は他の生産を動かし，かくして，他の資本の労働者のうちに消費者をつくりだすのであるから，個々の個別諸資本にとっては，生産自体によって生み出される労働者階級の需要は〈十分な需要〉であるかのように見え」，こうして "die *richtige* Proportion"「適正な釣合い」ないしは「正常な均衡」が乗り越えられてしまうこととなる。機械・原材料等の「生産で消費される物に対する，生産自体によって作りだされる需要」についても全く同様である。「支払をし，交換価値を措定するものとしてのこれらの需要は，生産者が彼ら自身相互のあいだで交換しあっているかぎりは，適切かつ十分なものである。〔だが，〕最終の生産物が直接的な最終の消費でその限界につきあたることになると，これらの需要が不十分であったことが明らかとなる。適正な釣合い die *richtige* Proportion をのり越えて駆りたてるこの仮象 Schein もまた，資本の本質に——競争のところで詳しく展開するように，現実には資本は，相互に反撥しあい，相互に全く無関係な，多数の諸資本であるという，資本の本質に——もとづいている。……諸資本が最終的に資本として価値増殖しうるために相互に交換し合わなければならない適正な（想像上の）釣合い die *richtige* (eingebildete) Proportion は，彼ら諸資本相互の関連の外部によこたわっているのである。」(II/1.2, SS. 333-334,『草稿集』2. 35-37 ページ。)

こうして，さきには「均衡的な生産」が維持されるためには，「生産は，同時に且つ一斉に，同一の比例関係において拡大されなければならない」とされた，《生産諸部門間の比例均衡》の問題は，いまや社会総体として見た《生産と消費の均衡》の観点から，さらに一歩掘り下げて把握され，「最終の生産物」と「直接的な最終の消費」との均衡によって究極的に規定されるところの・「諸資本が最終的に資本として価値増殖しうるために相互に〔生産・〕交換しあわねばならない正しい（想像上の）釣合い」として把握しなおされており，その "die *richtige* (eingebildete) Proportion" は，現実の競争過程にある個

別諸資本相互の関連の「外部によこたわる」ものとして現われ，相互に自立的で反撥しあう・多数の諸資本としての資本によって不可避的にのり越えられるものとされる。こうして，すでに『要綱』において，「生産諸部門間の比例均衡」と社会総体として見た「生産と消費の均衡」との両面から，この両面を重ね合わせてとらえる視点から，均衡的な拡大再生産過程とはどういう諸条件を充たすべき過程であるかを把握しうべき基礎視点が，現実の蓄積過程においてはそれが不可避的にのり越えられるであろうことの認識とともに，提示されているのである。

　さらにマルクスは，最終消費需要の最も規定的な要因である労働者階級の消費需要の制限性について，「資本は，……剰余労働が剰余価値として実現しうるその範囲で，またそのかぎりにおいてだけ，必要労働を措定する。」こうして，「剰余労働およびそれの剰余価値としての実現」によって「労働力能（Arbeitsvermögen）の措定」すなわち雇用が条件づけられ，したがってまた「交換の範囲（die Sphäre des Austauchs）」すなわち市場も狭められるのだが，資本はまた「労働者の消費を労働力能の再生産に必要なものに圧し下げ……必要労働の剰余労働にたいする比率関係を最小限に切り下げようとつとめる」のであって，かくして，「労働者の交換能力」は限界づけられ，「交換部面」・市場はさらに狭められ制限されることになる。「正常な均衡」ないしは「適正な釣合い」の成否如何がそれによって基本的に規定され，制限される関係をこのように論じ，ここにマルクスは資本の本質そのものに根ざす根本的な矛盾をみてとる。「資本は，その本性上から，労働と価値創造にたいして制限を——それら［労働と価値創造］を無際限に拡大しようとする資本の傾向と矛盾する・制限を——措定する。そして，資本は，それに特有な制限を措定するとともに，他方では，いかなる制限をも乗り越えて突き進むのであるから，それは生きている矛盾（der lebendige Widerspruch）なのである。」(II/1.2, S. 334.)

　「**生きている矛盾**」に関する論述で総括される以上の一連の論述こそが，さきに見た『資本論』第3巻第5篇第30章「貨幣資本と現実資本Ⅰ」における「恐慌の究極の根拠」の命題で結ばれる論述と相対応するものであろう。

IV 再生産論の課題〔4〕 243

　以上のような論述のうえに，マルクスはさらに論点を掘り下げ，社会的総資本の総生産物の価値的・素材的相互補塡運動を総括把握する再生産表式の原型をなすものと見做しうべき，原料，機械，労働者用必需品，資本家用剰余品の事実上4部門分割の方法による表を掲げ，その表によりながら，以下のような注目すべき論述を展開している。そのマルクスの表を少し整理した形で表わしたものを『体系』9-1, 46ページに掲げてあるので，それを参照願うとして，ここでは，「均衡を維持しうべき蓄積率」の概念を敢えて提示し，それを基準として「過剰蓄積」の概念を明らかにしようとした筆者の思考の想源となった，『要綱』におけるマルクスの論述を再度掲げて，川鍋氏稿に関連しての私見の表明を終わることとする。

　「価値増殖（Verwertung）」の本旨は，「より大なる価値増殖」の自己目的としての追求にあるとし，「蓄積のための蓄積」が資本制的生産の本質に他ならないとしてのち，以下のような含蓄に富む論述が展開されている。──

　　「全般的過剰生産は，……〔単に商品が〕消費に対して過剰に生産されたために生ずるのではなく，消費と価値増殖との間の正しい比率関係（*das richtige Verhältniß zwischen Konsum und Verwertung*）を保つには過剰に，すなわち価値増殖に対して過剰に生産されたために生ずる。

　　別言すれば，生産力発展の或る与えられた地点では……生産物が原材料・機械類・必要労働・剰余労働に対応する部分に分割され，そして最後に，剰余労働そのものが消費に帰する部分と再び資本となるもう一つの部分とに分割されるところの，或る定まった比率関係（ein fixes Verhältniß）が生ずる。資本のこの内的・概念的な区分は，交換においては，ある規定され制限された比率関係……が，諸資本相互間の交換にとって生ずる，というように現われる。……交換は，それ自体としては，これらの概念的には相互に規定された諸契機に恣意的な定在を与える。これらの諸契機は，相互から独立して存在する。それらの内的な必然性は，それら相互の恣意的な外観を暴力的に終わらせるところの，恐慌において現われる。」
　(II/1.2, SS. 353-4.)

恐慌の問題に関するマルクスの問題意識とその立論の基本的な骨格構造は，『要綱』以来一貫して不変である。その意味においては川鍋氏の前記の発言に賛成であるが，しかしその内容は，以上に論述したところから明らかであるように，大きく異ならざるをえないのである。

2　大谷禎之介氏の見解について

大谷禎之介氏の「再生産論と恐慌論との関連をめぐる若干の問題について」と題する論稿において提示されている論点のうち，直接私に向けられたものは三点，報告者として出席していた市原健志氏などに向けられたもの二点の計五点であるが，第一，第二の論点は実はすでに決着のついた問題であり，いまさら力んで論ずる気にもならないが，しかし一般の読者からすれば，あんなにも大谷氏が力を入れて論じているのだから，それには当然答えなければならないと思われるかもしれないので，最少限必要な限りにおいてお答えしておくことにする。

① 大谷氏が最も力を入れ迫力のある書き方で論じておられるのは，例の『資本論』第2巻第2篇註32の，一般には「生産と消費の矛盾」による「実現」の問題を論じていると解されている叙述に関するものである。大谷氏は前掲誌第40号所載のこの論稿においてはじめて，もう30年近くも前に反論の余地もない事実として指摘され，久留間鮫造氏も当該箇所のML研の解読文をとりよせ，それによって確認されていたことを公式に認められ，「氏の推論が誤りであることが明らかとなった」ことを確認された。すなわち，前記の註32の最後の，これは「次のAbschnittにおいてはじめて論じられるべきことである。」とあるその「次のAbschnitt」は第2部第2稿の当該箇所においては「次のKapitel」と記されていたことが，1976年1月14日付の福田川八重子女史の私への返信に記されていた調査報告によって判明し，したがって「次のAbschnitt」はやはり今までどおり第2部第3篇を意味することが明らかと

IV 再生産論の課題〔4〕 245

なったのであり，それを今回の論稿においてはじめて大谷氏自身もまた公式に認められたというわけである。

しかし，そうなると，「不均衡や攪乱の問題は第2部第3篇では論じえないし，論ずべきではない」という主張そのものが撤回されなければならないということになる。そこで大谷氏は，註32で論じられている内容そのものが「生産と消費の矛盾」による「実現」の問題を論じたものではないということを「論証」すべく一工夫をされるのである。すなわち以下の文中のゴチックにしてある nie を nur と読むことによって，この文章の意味を事実上変えてしまおうという試みを敢えてされるわけである。モスクワの ML 研の解読文においては，この文字は nur と読まれている。それに依拠して大谷氏は，当該文字はエンゲルスのように nie と読むべきではなく nur と読むべきだと強く主張され始めたのである。そうした主張はすでに「『信用と架空資本』の草稿について（上）」（『経済志林』第51巻第2号，1983年）から始められていたのだが，nie と読むのは「エンゲルスの誤解読」だというその主張の論調は次第に強烈になりますます断定的となってきており，前掲誌40号の論稿においては「エンゲルス版で nie となっている語が草稿では nur であったことを重視しなければならない。この違いは文意を決定的に変更するからである。」とし，私が「この違いを無視してマルクスの文言を自説の論拠にしているのは〈我田引用〉である。」とまで記されるようになった。だが，問題の箇所の nie が nur となっているのは ML 研の解読文においてであって，マルクスの草稿においてではない。余りにすごい剣幕でまくし立てられると読者もついそのように思ってしまうかもしれないが，冷静に事実を見てもらわないと困る。

下記の A は第2部第2稿の当該箇所の原文の Fernerer Widerspruch「更に次の矛盾」とある語以降の文，B は現行『資本論』の第2巻第2篇註32の文のそれに対応する部分である。（本書第2部「再生産論の課題」〔3〕の第5節203-4ページの引用と重複するが，行論の都合上，また読者の便宜上，再度ここに掲げておくことにする。）

A 　„... Fernerer Widerspruch :[①] D. Epochen, worin d. kapit. Produc-

246 第2部 再生産論の課題

tion alle ihre Potenzen anstrengt, up to the mark producirt, turn out as periods of overproduction ;② weil d. Productionspotenzen **nie** so weit anzuwenden, als dadurch nicht nur *Mehrwerth* producirt, sondern *realisirt* werden kann ;③ d. Realisation (Verkauf d. Warren) d. Waarenkapitals, also auch d. Mehrwerths aber *begrenzt, beschränkt* ist nicht durch d. *consumtiven* Bedürfnisse d. Gesellschaft, sondern durch d. *consumtiven* Bedürfnisse einer Gesellschaft, wovon d. große Mehrzahl stets arm ist u. *arm* bleiben muß. etc. Diese ganze Geschichte jedoch gehört erst in d. nächste Kapitel.]"（第2部第2稿, 118ページ）

B „... Fernerer Widerspruch :① Die Epochen, worin die kapitalistische Produktion alle ihre Potenzen anstrengt, erweisen sich regelmäßig als Epochen der Üerproduktion ;② weil die Produktionspotenzen nie soweit angewandt werden können, daß dadurch mehr Wert nicht nur produziert, sondern realisiert werden kann;③ der Verkauf der Waren, die Realisation des Warenkapitals, also auch des Mehrwerts, ist aber begrenzt, nicht durch die konsumtiven Bedürfnisse der Gesellschaft überhaupt, sondern durch die konsumtiven Bedürfnisse einer Gesellschaft, wovon die große Mehrzahl stets arm ist und stets arm bleiben muß, Dies gehört jedoch erst in den nächsten Abschnitt." (MEW, Bd. 24, S. 318.)

当該箇所の草稿原文全体の訳を掲げておくと、それは、以下のごとくである。

「資本主義的生産様式における矛盾。商品の買い手として労働者は市場にとって重要である。しかし、彼らの商品——労働力——の売り手としては、これを価格の最低限に制限する傾向。——さらに次の矛盾。資本主義的生産がその全潜勢力を発揮し、限界点に達するまで生産する時期は、過剰生産の時期となって現われる。何故ならば、生産の潜勢力は、それによって剰余価値が生産されるだけでなく、実現もされうるようには、決して充用されないのだからである。——商品資本の実現（商品の販売）、した

がってまた剰余価値の実現は，社会の消費欲求によってではなく，その大多数の者がつねに貧困でありまたつねに貧困のままであらざるをえないような一社会の消費欲求によって，限界づけられ制限されているのである。等々。とはいえ，これらすべての事柄は次章に入ってから論ぜられるべきことである。」

「価値増殖を自己目的とする」資本制的生産様式の本質そのものに根ざすところの，「生産と消費の矛盾」によって社会総体としての商品資本の，したがってまた剰余価値の実現が限界づけられ制限され，全般的過剰生産をもたらすことになるであろうということがその基本的論旨だということは，一読して明らかであろう。第2稿におけるマルクスの叙述とそれに若干の構文上の改訂をほどこしたエンゲルス編の『資本論』の叙述とは，マルクス原文でのMehrwerthがエンゲルス版ではmehr Wertとなっている等の差異はあるが，その基本的論旨そのものにおいてはなんら変わりはないのである。

「再生産論の課題〔Ⅲ〕」(『商学論纂』第44巻第2号，2002年12月刊)の29-30ページ（本書，210ページ）に掲げられた第2稿からの上記の文は，『『資本論』体系』第4巻「資本の流通・再生産」(1990年4月刊)の第Ⅱ部「論点」の拙稿「拡大再生産の構造と動態〔Ⅱ〕」(同書，293ページ)に掲げられたものと同文である。『体系』第4巻のその箇所では，原文の... weil d. Productionspotenzen **nie** so weit anzuwenden, が「ML研究所の解読文では... **nur** so weit anzuwenden, となっているが，そのnurはやはりnieでないと文意が前後撞着するかとおもわれる。」という註を付しただけで，前掲の大谷氏の論稿については何もふれなかった。ことさら「無視した」というわけではないが，「エンゲルスの誤解読」だと主張するその大谷論稿の唯一の，といってよいであろう根拠は，ML研の解読文ではnurとなっているということにつきるとおもわれたからである。それに，いずれ草稿研究者のなかから疑義が表明されることになるであろうと考えていたからでもある。

なお，「再生産論と恐慌論との関連について(二)——久留間教授の公開回答状(二)に対する再批判——」(『商学論纂』第19巻第1号，1977年5月刊)におい

て私が大原社会問題研究所に所蔵されている第2部第2稿のマイクロフィルムの公開措置を「希望」した（同誌，39ページの註，本書第1部Ⅲ，91ページの註）のに応じて，同研究所は早速そのような措置をとられた。『体系』第4巻の前記箇所を記すさいしては，当該箇所のコピーの原寸大のものと拡大したものとが届けられ，私なりにそれを検討した。画像がやや不鮮明であったが，それにしても聞きしにまさる難物であった。しかし，nie so weit anzuwenden, の nie とそのすぐ下の行の nur Mehrwert producirt の nur とはどう見ても相互にはっきりと異なった二つの文字であり，この両者が全く同じ文字であり，共に nur だとはとても読めないし，またそのように読んだのではこの文章全体としてすっきりと意味の通ったものにはならないであろうと判断した。

1990年刊の『体系』第4巻の当該箇所の文責はもちろん執筆者の私にあるが，そうした判断をするさい，市原健志氏がアムステルダムの社会史国際研究所に留学中にマルクスの草稿のオリジナルからのコピーを直接に見て当該箇所を解読したさい，問題の文字を nie と読んでいたという事実報告は，私にとって大いに参考になった。更めてここに記して感謝の意を表したい。やはりこの文字は nur ではなく nie なのである。

仮りに百歩譲ったとしても，新日本出版社刊（文庫版）に付された註記に記されているような，その部分だけをとり出してみるならばそうも読める「可能性もあるかもしれない」，といったような極めて限定的な記述に止めるべきであろう。いや，さらに良く考えてみるならば，その部分だけをとり出すとしても，そう読むのは実は，理論的な観点からして，全くの誤りなのである。何故ならば，「再生産論の課題〔Ⅲ〕」の末尾（上掲『論纂』第44巻第2号，38ページ）において，また同稿〔Ⅳ〕（同上誌，第44巻第6号）の本文のしめくくりの箇所（同誌，206-7ページ）においてより詳細に，指摘したように，その文字を nie ではなく nur と読む場合には，その叙述は，「<u>（生産される）剰余価値が実現されうる範囲内でのみ生産の潜勢力は充用される</u>」ということを内容とするものとなってしまうのであって，資本制的生産の論理としては決して成立しえない命題に転化してしまうからである。それは，「セーの法則」と事実上にお

いて同様の内容をいわば逆の方向から述べたものに他ならず，実は，「再生産過程の攪乱」がそれによってもたらされる・「実現」の問題そのものが成立しえないということを言っていることになってしまうからである。この点を認識することは極めて重要である。

あくまでも，再生産論に関する久留間説を固持しようとされることによって，大谷氏はとんでもない迷路に入り込んでしまいつつあるかに思われる。

ことのついでに指摘しておきたいが，「市場原理主義」的発想とは「セー法則」の全面支配をその内容とするものであって，それは，学説というよりは，スティグリッツ氏なども言うように一種の「イデオロギー」に類するものに他ならないのである。恐慌論がマルクスの全理論体系の核心をなすべきものとされるのは，言い換えれば，マルクス経済学は「セー法則」の全面的・体系的批判に他ならないということであろう。このことは，再生産論はどういう問題を解明することをその固有の課題とするかということにも深く係わってくるのである。すなわち，拡大再生産過程そのもののなかに，やがてはその全面的な「攪乱」をもたらさざるをえないような不均衡要因が胚胎し，拡大過程の進行に伴って潜在的に成熟してゆく，その内的メカニズムを再生産論に固有の問題視角から解明することこそがその固有の課題なのだと見るべきか，それとも「再生産論においては不均衡や攪乱の問題は論じえないし論ずるべきではない」としてそのような問題はすべて〈競争および信用〉の論理次元に属する問題だとしてしまうか，の分岐点がここにあるのである。後者の立場をとる場合には，「好況過程は矛盾の累積過程である」と言葉として言ってみても，どうしてそうなのか，どういう内的メカニズムによってそうなるのかの理論的解明は一切なされえず，ただ事実過程の現象記述がなされるだけであろう。そうした現象記述でこと足れりとするのは，本来のマルクス経済学の在り方では決してないと私は考える。

前記のような次第で，私としては，前掲第2部第2稿の草稿原文118ページの②としてあるアンダー・ラインを付した箇所のゴチックにしてある...**nie so weit anzuwenden**, の nie は，そのすぐ下の行の左端近くの... nur Mehrwerth producirt, の nur とは明らかに異なった文字であって，やはりエンゲルスのように nie と読むべきであり，そう読むのが正解であるということは，1990年刊の『体系』第4巻第Ⅱ部「論点」欄の拙稿「拡大再生産の構造と動態〔Ⅱ〕」の当該箇所（同書, 292-4ページ。）の記述をもってすでに決着ずみの問題と考えていたのだが，その後，2002年5月25日に立教大学で行われた「マルクス・エンゲルス研究者の会」において大谷氏によってその問題がむし返され，それに私が「再生産論の課題〔Ⅲ〕」（2002年12月刊の『論纂』44巻2号）の〔補説〕で応えるという形で再燃しているわけである。

それにしても，どうして草稿研究者のなかから nie を nur と読み替える大谷氏の見解に疑義の表明がなされなかったのだろうか？ さきの立教大学での「マル・エン研」にもそうした研究者がかなりの人数出席されていたはずであるのに異論はおろか質問さえも出なかったというのは一体どうしたことであろうか？ といぶかしく思っていたのだが，2003年9月の「びわ湖会議」なる会合の席上で大村泉氏によってその箇所の nie を nur と読む ML 研の解読，それによるヴァーシナ作成のテキストは明らかに誤りであることが，電子映像による鮮明な画像によって指摘された。そしてさらに，同年10月17日の「マル・エン研」において，大野節夫氏と大村氏による鮮明な画像の紹介とそれによっての「nur と nie との差異，特に語尾のrとeとの表記（書き方）の違いについての詳細な説明」がなされ，この点については反論らしい反論も全くなく「出席者全員が納得」していたよしである。これで，nie を nur と読み替えようとする大谷禎之介氏の見解は無理であり，エンゲルスではなく ML 研の解読こそが「誤解読」なのだということがはっきりしたわけである。

前掲「マル・エン研」誌41号所載の大野・大村両氏の論稿は，前記の研究会での報告をさらに拡充したものである。とくに大野氏の優れた草稿解読能力にもとづく指摘は極めて的確であり，有益である。また大村氏がこの箇所はエンゲルスのように nie と読むのが全く正しく，そこにはなんらの問題もないとするフォルグラーフ氏の見解を紹介されているのも，適切で有効的であるかとおもわれる。

なお，大谷氏の『マルクスに拠ってマルクスを編む』(2003年9月，大月書店刊)と題する書物の「あとがき」に記されている内容は，2002年5月の研究会で大谷氏が話したことを再確認しただけのものであるが，その研究会ではなんらの反論も質問さえも出なかったことから自信(?)をえてか,「エンゲルスによってnurがnieと読まれ,それによって意味の逆転が生じていたことが，多くの研究者によってはじめて明確に意識されることになった。」とまで書き記している。そうしたことが,大村・大野両氏に「対岸の火事」だとしていつまでも傍観してもいられないといった気持ちに駆り立てたのであろう。実際，そうしたドグマがまかり通ったのでは,原草稿の忠実な再現を原則とするはずの新MEGAの編集にも差し支えが生ずるであろうからである。大野氏は前掲誌41号の論稿において，nieをnurと読み替える大谷氏の「読み方」について，それは「〔次のAbschnittが草稿では次のKapitelであったことが判明したことにより〕いったん破綻した自説を主張するために，エンゲルスを悪者にしてnieをnurと訂正し，マルクス草稿を理解しがたいものに改変する危険性をもって」(同誌50ページ)いるものであるとし，原典ないしはマルクスの原稿そのものを「自説でもって改作してはならない」(同上)と強く主張されている。全面的に同感である。「エンゲルス版でnieとなっている語が草稿ではnurであったこと」を「無視してマルクスの文言を自説の論拠にしている」のは「我田引用」だとは(前掲誌40号26ページ)まことに恐れ入る。原典改竄に類する結果となるであろうとして，それに疑義を表明する者を，逆に論難攻撃するのは容認し難い。

しかし，大谷氏はこうした両氏の批判にも全く屈する様子もなく，「nieかnurか——マルクスの筆跡の解析と使用例の調査によって——」と題する長大な論稿を『経済志林』第71巻第4号，2004年3月刊に発表して，あくまでも自説を固持し続けようとされるのである。

マルクス草稿の筆跡の解析は以下のような方法によって行われている。ヴァーシナ作成のテキストのうち第2部第2章の草稿102-29ページまでの28ページのなかからnie, nun, nurの三つの文字の使用例を探してみると，nieが

15, nun が 25, nur が 162 あるとし，これらの使用例の草稿における対応語を，大原社会問題研究所が所蔵する第 2 稿のフォトコピーの拡大した画像によって拾い出し，拾い出されたそれらの文字を一語ごとに切り採って，nie, nun, nur の順に並べ，それらの個別に分離された文字の画像を類別表示する。他方，nie か nur かとして問題となっている当該の一語の写像を掲げてこれを Fig. X. とし，<u>その Fig. X. は 162 個だとされる nur の使用例のなかのどれであるかを当ててみよ</u>，と読者にせまるのである。

　気の弱い人はずらりと並んだこの文字の画像群の列を見ただけで抵抗する気力が無くなり，「以上の筆跡解析によって，当該の一語は nur と書かれていたことを確定できたと確信している。」これによってまた，モスクワの ML 研の解読者が「エンゲルス版に引きずられることなく，… nur と読んだことが正しく，それを引き継いだヴァーシナ女史の措置が正しいことが示された」のだ，といったような大谷氏の断定的な発言を容認し，首肯する者も何人かはいるであろうかとも思われる。しかし，そうした「論証」方法は，以下の二点において疑問がある。

　第一に，鮮明度が劣ると自ら認める大原社研所蔵のフォトコピーを敢えてなお用いている点。第二に，類別並記された画像群は，ML 研の解読によって草稿のなかからそれに対応する文字を拾い出し，前後の関係から切り離して一語ごとにとり出し，それらを ML 研の解読に従って nie, nun, nur に類別したものであり，したがって読者は否も応もなく，前提されている ML 研の解読を追認させられることになる。そういう仕掛けになっている，という点である。

　この第二の点に関連して前掲誌 42 号所載の論稿において大野・大村両氏は猛反撥をし，そうしたやり方，すなわち ML 研の解読を批判しているのに ML 研の解読を前提した設問をしてくるそのやり方自体がまさに Provokation ではないかとして，それに答えること自体を拒否し，逆に別に問題を両氏の側から提示してその解答を大谷氏に迫られている。

　それも，充分に正当性をもった一つの論争方法ではあろうが，私は，逆に，

Ⅳ　再生産論の課題〔4〕　253

大谷氏の手に乗って，氏が自ら提示した問題にすなおに（？）答えることで，充分に反論できると考える。

　大谷氏の「筆跡の解析」は以下のような手順で進められている。すなわち，「iの上の点とuの上の反った弓とは，〔マルクスの草稿では〕ほとんど区別のつかない点で書かれている」ので，「nieとnunの二語については，多くの場合，文脈のなかで判読するほかはないように思われる。」このnieとnunとの二語の語尾のeとnとは，ドイツ文字の筆記体ではもともとよく似ているので，iの上の点と$ŭ$上の反った弓形の横線とが殆ど区別し難いように書かれているとすれば，概ね上記の大谷氏の判断されるとおりであろう。但し，はっきりと弓形に反った横線ではなくiの上の点だと確認しうる場合もあるということも，予め念頭においておく必要がある。

　さて，大谷氏は論を進めて162個だとされるnurは五つのグループに類別されうるとし，そのそれぞれのグループごとの特徴を分析したうえで，最後にこれらのいずれのグループに属するものであっても「語末が下から上に跳ねあがる曲線で終わっていることが認められる」とし，そうした特徴づけを念頭においてFig. X.がその五つのグループのなかのどれであるかを特定されたい，と読者に設問されるのである。氏は言う。──「もし，この162個のなかから……この語だけを異質のものとして簡単に探し出すことができるとすれば，それがnurであることは疑わしい，nurではないのではないか，ということになるであろう。しかし，読者が探り当てられたFig. X.の語が，それの属するグループの他のnurと，さらには161個の他のnurと，共通の特徴〔すなわち，語末が下から上に向かって描かれた曲線である，或いは下から上に跳ねあがる曲線で終わっている，という特徴〕をもつことを認められるのであれば，これはnurと読むほかないのである。」（『経済志林』第71巻第4号29ページ）と。

　見られるように，氏のきめ手は語末が「下から上に向かって（跳ねあがるように）描かれた曲線である」か，それとも「ほぼ水平の横向きに進んだあと，やや下に向かう線で終わっている」（同誌，19ページ）かにある。Fig. X.は，明らかに語末が「下から上に向かって跳ねあがる曲線で終わっている」。したが

ってこれは「nur と読むほかはない」と読者は考えてしまうかもしれない。こうして見事に，nie は nur に転化してしまったかにも見える。

だが，ほんとうにそうであろうか？　問題の箇所の nie をそれが記されているもとの文のなかにもどして，とくにその文字のすぐ後に記されている文字の形との関係に注目しながら，もう一度よく観察してみよう。そうすれば謎はおのずから解けるはずである。そういう方法によって解をえ，私は3月25日付の以下のような大谷氏宛の手紙を書いた。

　　拝復　労を厭わぬ御論稿，大いに参考になりますが，やはり説得力はないように思います。Fig. X. は Fig. nur 090. ではないですか？　その文字の中央の上に記されているのは ˙［i の上の点］であって ˘［ŭ の弓形の横線］ではないと，大原社研所蔵のフォトコピーのいくらかぼやけた映像によっても判定できるとおもいます。語の末尾がはね上がっているようになっているのは，次の 𝑓𝑤 すなわち so weit の so の s につながる動きとしてそうなったものと解されます。やはりこれはエンゲルスのように nie と読むのが妥当であろうかと私は考えます。

　　『体系』第9巻（下）のグラビアは第2部第2草稿 S. 118. の下部8行をカットしたものですが，［　］内の文の下から4行目の右端に記されている ... nie so weit anzuwenden, の nie がそのすぐ下の行の左端近くに記されている ... nur Mehrwerth producirt の nur と同一文字であり，ともに nur だとすることは到底無理ではないでしょうか？　その「一筆書き」の nur は貴稿の p. 26 に nur の「第4グループ」として記されている Fig. nur 091. ではないですか？　ひき続いて書かれた同一文節のすぐ近くの箇所に著しく異なる書体の二様の nur がマルクス自身によって書かれたと考えるのは，やはり極めて不自然であろうかと私は考えます。前記の『体系』9-1 のグラビアはオリジナルからのコピーを縮刷したものですが，拡大鏡でみれば両者の違いは明瞭です*。原寸大のコピーも手もとにありますが，それだとさらによくわかります。やはり前者は nie，後者は nur です。……

＊　『体系』第9巻のグラビアは上・下巻とも市原健志氏の担当によるものである。オリジナルからのコピーの入手はアムステルダムの「社会史国際研究所」のJ. Rojahn 氏の御厚意に最終的にはよるものであるが，そのさい，大村泉氏にお世話になったよしである。感謝の意を表したい。

　大谷稿において，当該の文字が nur となったのは，さきにも述べたように，先ず ML 研の解読によるヴァーシナ女史のテキストのなかから nie, nun, nur の三文字を拾い出し，次いでマルクスの第2稿のなかからそれらに対応する文字を拾い出して切り取り，そのようにして文の前後から切り離された各文字を nie, nun, nur に類別し，さらに nur を五つの部類に類別してそれらの各部類の特徴づけとそれらに共通する特徴——それは，「語末が上に向かって上っていく曲線で終わっていること」だとされる——を析出し，「確認」するという手順で行われたからである。

　だが，Fig. X. とされた問題の語の末尾が右上がりになっているのは，上掲の手紙で述べたように，次の so weit の so の s のドイツ文字筆記体のシュッと上にあがってから直線で落下してくる文字を書くペンの動きにつながるものとしてそうなったにすぎない。この文字全体がいくらか右肩上がりになっており，とくに語尾が跳ね上がったようになっているのは，そういうことによるものである。その点を考慮するならば，この語は，大谷氏によって nur の「第2グループ」とされた文字群のなかの周辺のどの文字とよりも，nie のなかの Fig. nie 01. や Fig. nie 07. および Fig. nie 15. などに近似していると言えよう。なお，Fig. X. の中央の上部に記されている点は，Fig. nie 07. などのそれと同様に，i の上の点であってドイツ文字筆記体の $\breve{u}$ の上の弓形に反った横線ではないことが割合はっきりと読みとれるであろう。

　以上の理由からして，この文字はやはり，互いに手紙のやりとりをしたりしてマルクスの文字を読みなれていた盟友エンゲルスがそうしたように，nie と読むのが妥当なのである。

　さきにも記したように，大谷氏はその論稿の29ページ，「筆跡解析」の最終箇所において，氏によって162個だとされている nur の文字群の中から Fig.

X. とされたその「語だけを異質のものとして簡単に探し出すことができるとすれば、それが nur であることは疑わしい、nur ではないのではないか、ということになるであろう。」と記されていた。そうであるならば、「読者」である私がいとも「簡単に」それを探し出せたのであるから、氏は問題のこの文字はやはり nie であって nur ではないと、きっぱりと認められるべきであろう。

前掲誌 41 号および 42 号での大野・大村両氏による批判・反論も極めて有効であるが、答えを拒否し逆に設問をつきつけるという形をとった反論は、それはそれで妥当性ないしは正当性は充分にあると私は考えるが、第三者の醒めた目には「両論併記」のような形で受けとめられるに止まるおそれが充分にあるので、「屋上屋を架す」ということになるかもしれないが、敢えて私見も発表しておくこととした。

なお、「使用例の調査」といういま一つの論点、すなわちマルクスの書き物のなかには nur so weit…, als ないしはそれに類する文章は氏によれば「15箇所」ほど見つかったが、「nie so weit…, als… という表現」は、「ただの一つも見つからなかった」（前掲論稿 33 ページおよび 44 ページ、圏点は大谷氏）というかなりに断定的な指摘は、本当かどうかという論点である。この論点については前掲誌 42 号所載の大野氏の論稿（同誌に再録された第 41 号別冊の 12 ページ）に、nicht soweit… als という表現の具体的な事例を問題の第 2 部第 2 稿 118 ページに比較的近い箇所に見出してそれを指摘し、大谷氏の「断言が虚言であることはあきらかである。」という指摘がなされているので、いま一つのこの論拠もまた決して確かなものではないことが判明したわけである。

こうして、nie を nur と読み替えて前掲に所載の『資本論』第 2 巻第 2 篇註 32 の叙述のなかの引用箇所の②のくだりの文意を全く逆の意味内容に変えようとする大谷氏の試みが失敗に終わったことはもはや明らかとなったであろう。

大谷氏はさらに、上記の註 32 の叙述のなかには「生産の無制限的拡大」・「生産諸力の無制限的発展」への「資本主義的生産様式の衝動」についての論

述が全く見られないなどとも論じているが,「衝動 (Trieb)」という言葉こそそこに記されてはいないとしても,前掲245-6ページの引用文のなかの①の叙述は,それと全く同様の意味内容のものと解してよいとするのが通常の読み方であろう。

　以上によって,上掲の註32の叙述が「生産と消費の矛盾」による「実現」の問題を論述したものであることが,もはや疑問の余地もなく明らかとなったといってよいであろう。大谷氏はどうしてそこまで無理をして,ツガン・バラノフスキィ説と限りなく近い——ただ,「必然的に」生ずる部門間比率の変化には「困難とフリクション」が伴うと,「必然的に」という言葉が添えられているだけの違いしかない——再生産論を固持しようとされるのであろうか？「弘法にも筆の誤り」という言葉もあるではないか,大原社研在職中以来のかつての恩師を私もあまり悪くは言いたくないのだが,この論点だけは誤っているとおもう。

　② 大谷氏が前掲誌40号の論稿で提示している私見批判の第二の論点は,第2部初稿第3章「流通と再生産」の結節「再生産過程における攪乱」に付された „Zu betrachten ch. VII. Buch III." という覚え書を「これ［再生産過程の攪乱］は,第3部第7章で考察すべきである。」とする,原文にはないinを勝手に読みこんだ,大谷訳を批判して,そうした訳は,「再生産過程の攪乱」の問題は第2部第3章「流通と再生産」においては論ずべき問題ではなく,第3部第7章で考察すべき問題だ,という意味内容に受けとられるであろうが,そのような解釈は,その「覚え書」のすぐ後に記されている第3章のプランの内容に照らして誤りである。そのプランには,7.「第3部への移行」と題する節が新たに設けられているが,その節の直前に第6節として再度「再生産過程の攪乱」と題する節が立てられており,第3部へ入ってゆく前に「再生産論」の論述を総括するものとして「再生産過程の攪乱」の問題を論ずるというのが,マルクスの本来意図するところであったことが明瞭に読み取れるからである。こうしたことをふまえるならば,大谷訳が誤訳ないしは不適訳であること

は蔽うべくもなく明らかであるというのが私の指摘であったのだが,氏によればそれもまた私の「我田引用」だというわけである。

　nieかnurかの第一の論点にせよ,また上記の第二の論点にせよ,「我田引用」(なんとも野暮ったい造語だが)だと言われて当然なのは,一体,どこの誰なのであろうか？

　この第二の論点については,「再生産論の課題」と題する私の一連の論稿の〔Ⅰ〕に該当する『商学論纂』第42巻第5号(2001年3月刊)の論稿(本書の第1部Ⅰ),ならびに,それに対する大谷氏の反論・『経済志林』第70巻第3号(2002年12月刊)所載の論稿に対する再批判・「再生産論の課題」〔Ⅳ〕(同上『商学論纂』第44巻第6号,2003年6月刊。本書には,第2部Ⅰの末尾に,補論として肝要なその一部のみを掲載。)を参照されたい。

　③　以上の第一,第二の論点は,再生産論と恐慌論の関連についての重要な論点に係わる問題であるが,第三の論点は,伊藤武氏を庇うべく長々と記されてはいるが,とるに足りない瑣末な問題にすぎない。

　第三の論点として提示されているその問題というのは,「第2稿には根本的な誤り」があり,「第2稿と第8稿との間には決定的な断絶がある」かのように言う伊藤武氏の見解に対して,私が,エンゲルスは第2部への「序言」のなかで,反面では,「第2稿は第2部の論稿のうちで或る程度まで完成している唯一のもの」であり,「最後の改訂のための覚え書」において「第2稿が基礎にされなければならない」とマルクス自身が「明言している」ことを伝えているのである。「根本的な理論的誤り」をしていると自ら考えているものを「基礎にせよ」と言うであろうか？(「再生産論の課題」〔Ⅱ〕,『論纂』第43巻第1号,18ページ,本書第2部Ⅱの〔補説〕163ページ)と指摘したさいに,「すぐ次に述べる」としてあった,その次のパラグラフで述べられていることに関説しなかったことが何か重大な手落ちであるかのように言いたて,「第2稿が基礎にされなければならない」というマルクスの指示書きは「第5稿〜第8稿が書かれる前に書かれたものである」ことをしきりに強調されているが,それがどうし

IV 再生産論の課題〔4〕 259

て私の伊藤氏への指摘に対する反論になるのであろうか？ 前記の明言をしたのはマルクスであり，それを伝えたのはエンゲルスである。私は，そのマルクス自身の第2稿評価に注目すべきではないか，と言っているのである。

ところで，エンゲルスが「最後の改訂」と呼んだのが「1877年以降のマルクスの第5稿～第8稿の作業段階」をさすとするのは，そのとおりであろう。その意味での「最後の改訂」のさいに「第2稿を基礎にしなければならない」と述べられているわけである（前掲誌40号30ページ）。そうした大谷氏の発言には全くなんらの異存もない。しかし，そう言っていながら，伊藤氏の発言に同調すべく急に次のように言い出すのである。「第5稿に着手する直前についてはそう言えても，第8稿を書いている時期については，〈覚え書〉でのマルクスの言明はなんの意味ももたないことは明らかである。」（同上誌31ページ）と。しかし，それは大谷氏が勝手にそう言うだけであって，マルクス自身がそう言っているわけでは決してない*。こうしたご都合主義的な発言を平気でするのを，「〈我田引用〉と呼ばずして，なんと呼んだらいいのであろうか。」

* なお，「第1稿でなく，第2稿で」と言っているのも，大谷氏が勝手にそう付け加えて言っているにすぎない。第2部の第1稿は，それはそれでまた充分な検討に値するマルクスの貴重な遺産である。とくにその第3章「流通と再生産」の蓄積論に関する論述は極めて重要である。とくに第5～9節（末尾に記された第3章のプランでは，第3～6節），とりわけ第7, 8, 9節（同プランでは第4, 5, 6節）は，第2部第2稿第3章の空白の第2節に収められる予定であったかと解されるが，極めて注目すべき内容を含むものである。（前掲拙論「再生産論の課題」の〔II〕〔III〕，本書第2部のII，IIIの，それぞれ第4, 5節を参照されたい。）

大谷氏は，「第2部の第5稿から第7稿までにかけて資本の循環，とりわけ貨幣資本の循環についての研究が深められたことではじめて第8稿が書けたのであって，第1稿や第2稿では未解決であった問題を第8稿では解いていることを重視すべきだ」という伊藤氏の主張に全面的に同調ないしは追随されているようである。この叙述からすると，貨幣資本の循環がとくに重視され，それの研究が第5, 6, 7稿の順に次第に深められていったかのように受け取られるであろうが，第6稿は四つ折り判で17ページ，第7稿は二つ折り判で僅か7

ページにすぎないものであって，後者すなわち第7稿は，現行『資本論』第2巻第1篇第1章「貨幣資本の循環」の書き始めの導入部の箇所（ヴェルケ版31-2ページ）と第1節「第1段階，G—W」および第2節「第2段階，生産資本の機能」の前半部分（ヴェルケ版32-42ページ）に使用されており，前者すなわち第6稿は，同章同節の後半部分と第3節「第3段階，W′—G′」の前半部分（ヴェルケ版42-5ページ）に使用されているだけである。第7，6稿ともその殆どすべてが（但し，第6稿は第7稿と重なる部分を除くすべてが）使用されているよしであるが，<u>両稿を合わせても第1篇第1章「貨幣資本の循環」の前半部分をなすにすぎない</u>。それ以降の第1章第3節「第3段階，W′—G′」の後半部分および同章のしめくくりをなす第4節「総循環」は「第5稿による」ものであり，さらに同篇の第2章「生産資本の循環」，第3章「商品資本の循環」，第4章「循環過程の三つの図式」すなわち第1篇の資本循環論の残りの主要部分のすべて（ヴェルケ版45-120ページ）は，二つ折り判56ページ（実質54ページ）からなり，「まだ殆ど仕上げられていない」とされる第5稿を素材として，「第2稿を基礎に」，エンゲルスの手によって「印刷に付しうるものに仕上げられた」とされているのである。

問題は，そのようにしてでき上がった現行『資本論』第2部第1篇のとくに第1章「貨幣資本の循環」において，<u>第2稿のそれに比して，どういう点において決定的に重要な問題が新たに提起され解明されているのかを</u>，具体的にさし示す必要があるということである。ただ漠然と「貨幣資本の循環についての研究が深められた」と伊藤氏および大谷氏のように言うだけでは，なんのことかよく分からない。

いや，そもそも，W′…W′の商品資本循環ではなく，G…G′の貨幣資本循環論の「完成」をもって，再生産論の本格的展開の視点確立のための決定的要因をなすものであるかのように論ずるのは，一体何故であるかが私には全く理解できない。貨幣資本として投下され，価値増殖された貨幣の形態で復帰してくる貨幣資本の循環形態は，自立化した価値の自己増殖運動たる資本の本質を端的に表現する形態であるが，それは個別資本の循環・再生産運動を把握するの

に適合的な形態ではあっても，社会総体としてみた資本の再生産過程を総括的に把握するには適合的な形態ではないとするのがマルクスの考えである。伊藤氏は，貨幣資本の循環形態の視点から捉えた個別諸資本の循環・再生産の社会的総計がすなわち社会的総資本の再生産・流通に他ならないというように再生産論を理解しようとしているようであるが，それはW′…W′循環形態による「総＝流通・再生産過程」の総括把握たる再生産論の固有の方法的観点と分析視角，それに対応する固有の課題を理解しえない謬見にすぎない。この点については，『資本論体系』第4巻「資本の流通・再生産」の第Ⅱ部「論点」欄所収の拙論「拡大再生産の構造と動態〔Ⅱ〕」のＡ「第2部第3篇の分析視角と課題」(b)「W′…W′循環形態による〈総＝流通・再生産過程〉把握」（同書，289-90ページ）を見られたい。この再生産論に固有の方法的観点の理解なしに，議論をいくら重ねてみても無駄であろう。

　通常，G…G′循環形態の視点から社会的総流通の問題を捉えようとする論者は，ジェームズ・ステュアート――T. R. マルサス――J. M. ケインズの系譜で展開されてきた「有効需要」論の立場に立つものとされるのであるが，伊藤氏の場合はそうした問題意識すらなく，ただ貨幣還流の問題把握の重要性を強調するだけである。貨幣還流は，総資本の総生産物W′の各構成部分の価値的・素材的相互補塡運動の不可欠の媒介要因として把握されることによってのみ，その本来の態様において，すなわち「総＝流通・再生産の reale Bedingungen」と不可分に絡み合うものとして，把握されうるものとなる。それによってまた，総有効需要の構造の問題も浮かび上がってくる。そこにマルクス再生産論のもちうべき，他の追随を許さぬ固有の意義があるのである。この点を理解しようとせず，ただ個別諸資本の循環・再生産の単なる社会的総計として問題を把握しようとする無概念的な立論態度に固執しようとすることに一体何の意味があるというのだろうか？　例えば，伊藤氏は，恐慌・産業循環の問題について，また現下のその変容された発現態様について，どう考えられるのであろうか？　そうした問題の分析・解明について全くなんらのかかわりもない，まさに「奇説」ともいうべき特異かつ独自の見解で，ただひたすら他者を

論難し「批判」し続けることは，無意味であろう。それを無条件に支持しようとする大谷氏の態度もまた理解に苦しむ。

④　以上のほか大谷稿において，以下の二点が提示されている。

すなわち，第一に，『資本論体系』第9巻，上・下巻執筆者のうち，「均衡蓄積率」・「均衡蓄積軌道」の概念を定立することが「過剰蓄積」を検出するのに必要であるとする論者たちに対して，〈蓄積率が絶えず変化していくというのが「資本主義の現実の姿」であり，その蓄積率の変化の結果として「部門間比率を含む社会的再生産の諸要素の配置」も絶えず変化するはずであるから，「均衡蓄積軌道」などという「仮想の軌道」を思い描いたり，それを「理論的基準」として「過剰蓄積」を検出するといったようなことが，資本主義的生産の理論的分析にとってどういう意味をもちうるであろうか。〉という質問である。

では，大谷氏に問いたい。部門Iの蓄積率・蓄積額が先ず任意に決定され，次いで，部門間均衡条件を充たすように部門IIの蓄積額が，したがってまた蓄積率が決定されるというようにして，部門間均衡条件を充たしつつ拡大再生産が進行してゆくとされる，その過程は，「仮想的な」過程であるのか，それとも現実の蓄積過程の「姿」をそのまま反映する過程であるのか，お答えいただきたい。肝心のこの点を曖昧にしたままで他者の立論を見下すような態度で批判しようとするのは不当であろう。逆に，この点を自ら徹底的に考えつめてゆくことによって，どういう問題意識の下に，どういう意図をもって，敢えて「均衡を維持しうべき蓄積率」の概念を定立しなければならないと考えるにいたったかが分かってくるであろうかと思われる。

私は，上記の過程こそが「仮想的な」過程であると考える。しかも二重の意味で「仮想的な」。第一に，先ず部門Iの蓄積率・蓄積額が任意に決定され，次いで部門間均衡関係が維持されるように部門IIの蓄積額・蓄積率が受動的に決定されるというような，部門I→部門IIの蓄積率決定のメカニズムが現実に作用するというようなことはありえないであろうし，第二に，そうしたメカニ

ズムによって決定されることによって生ずるであろう蓄積率の部門間較差は不可避的に両部門の跛行的・不均等的な拡大をもたらすであろうからである。部門Ⅰの蓄積率が高ければ高いほど，またさらに高くなってゆけばゆくほど，両部門の蓄積率較差が大となってゆき，したがってまた，ますます跛行的で不均等的な拡大が展開されてゆくことになる。こうした過程もまたいわゆる「部門間の均衡条件」さえ充足されていれば「均衡過程」だと考えるのであろうか？そう考えるのだとすれば，それこそまさに徹底した「均衡理論」であり，ツガン・バラノフスキィ説そのものである。そうした「理論」において欠落しているのは，社会総体としての「生産と消費の均衡」の視点であり，また最終生産物へと結実してゆくべき「段階的序列」をなす・生産諸部門間の技術的＝経済的連繋の視点である。

　失敗に帰したとはいえ，第8稿において先ずマルクスがその展開を試みようとしたのは両部門の均等発展の表式であったということのもつ意味を充分に考えなければならない。この第8稿における両部門の均等発展表式こそが，『要綱』から61〜3年草稿を経て第2部初稿第3章へと一貫して流れるマルクスの基本的思考の延長線上にあるものに他ならないのである。

　大谷氏が暗黙の前提としているであろう，「表式　第一例」および「第二例」の表式展開の方法の下に画き出される拡大再生産過程を，そのまま現実の拡大過程であるかのように受け取り，しかも，そこでは部門間均衡条件が充たされているのであるからそれは均衡過程であるとする，そうした発想，そうした理論装置においては，部門Ⅰの自立的発展も過剰蓄積もありえない。過剰蓄積の累積過程，すなわち不均衡の潜在的激化過程も，そうした観点に立つ人の目には，「蓄積率の変化」に応じて「部門間比率を含む社会的再生産の諸要素の配置」が変化してゆく過程としてのみ映るにすぎない。「生産と消費の矛盾」の基礎上での「過剰蓄積」こそが「全般的過剰生産恐慌」をもたらすのだとする『経済学批判要綱』以来一貫してマルクスによって堅持されてきたはずの基本的視点は，こうして事実上において完全に捨て去られてしまうのである。俗耳にも入りやすく，一見したところ如何にも「現実に即している」かのようにも

見えるかもしれないが，それは，実は，マルクスの本来の理論に全く背反する思考であるにすぎない。単なる「現象過程」としてそう見えるにすぎないものをそのまま「現実の均衡過程」だと思い込むそうした分析欠如の思考によっては，「過剰蓄積を検出」することなどはじめからできるはずもない。いや，実はその実体は過剰蓄積過程であるものが，「現実過程」としてはまさにその反対に万事好調の「均衡過程」として現われ，目に映るのであるから，「現実に即した」とされるその思考においては，全くなんらの問題もないはずである。

　第2部第8稿の拡大再生産論の展開にさいして先ずマルクスが展開しようとした両部門均等発展の表式（それは幸いにも，エンゲルス編の現行『資本論』第2巻第3篇第21章にも削除されずに，掲載されている），すなわち筆者が『資本論体系』第4巻「資本の流通・再生産」の第Ⅰ部「原典解説」の3「蓄積の表式的叙述」のA「両部門の併行的発展の想定による拡大再生産表式の試み」として解説し，またそれに対応する第Ⅱ部「論点」の拙稿「拡大再生産の構造と動態〔Ⅱ〕」の当該箇所，C「拡大再生産の基本構造」において，まさにそれこそが「基本表式」とされるべきであったと強調した，その<u>マルクスの均等発展表式</u>を端数の出ない別の数値例によって実際に展開してみたのが拙著『恐慌論研究』の拡大再生産表式であり，その表式から析出される蓄積率がすなわち「均衡を維持しうべき蓄積率」・「均衡蓄積率」であった。そして，その「均衡蓄積率」が年々ないしは毎期維持されてゆく蓄積過程がすなわち「均衡蓄積軌道」に他ならない。したがって，「均衡蓄積率」・「均衡蓄積軌道」という概念をうち出したからといってマルクスの理論と背反する何か特別なことを主張したということではない。ただマルクスがその展開を試みようとして失敗し挫折してしまったその表式を実際に展開し，<u>本来はマルクスの基本表式たるべきであった均等発展表式のもちうべき意義</u>を鮮明にし強調したにすぎないのである。現行『資本論』において「第一例」，「第二例」として掲げられている表式は，均等発展表式の展開に<u>蓄積率の決定が恣意的であったため失敗した</u>マルクスが文字通りに手探りの暗中模索のなかで作り出したいくつもの諸表式の試みのなかから割合まとまった二つだけをエンゲルスが選び出し整序したも

のであり，既述のように，いずれも両部門の蓄積率の決定の仕方に根本的な問題があると言わざるをえないものなのである。

　生産力水準が不変の場合の拡大再生産過程の表式は，両部門の均等発展の表式でなければならず，したがってまた，両部門の資本の有機的構成が同じ場合は，両部門の剰余価値のうちの蓄積に充てられる分，これをMαとすれば，そのMαのMに対する割合Mα／M，その意味の蓄積率α′は両部門均等でなければならない。そのMα／Mすなわちα′の値は，社会的総資本の総生産物W′の価値的・素材的構成によって規定される余剰生産手段$\varDelta P_m$の額によって決定される。すなわち，$\varDelta P_m$を過不足なく吸収すべき蓄積額Mαが均衡を維持しうべき蓄積額であり，その剰余価値M総額に対する比率　Mα／M＝α′がすなわち「均衡を維持しうべき蓄積率」・「均衡蓄積率」である。

　本来は拡大再生産の《基本表式》とされるべきであったマルクスの表式の数値例によって，この蓄積率の規定関係を説明しよう。

　総生産物W′の構成は，下記のごとくであると想定されている。

　　Ⅰ　4000 C＋1000 V＋1000 M＝6000 ⎫
　　Ⅱ　1500 C＋　376 V＋　376 M＝2252 ⎬ 合計 8252
　　　　　　　　　　　　　　　　　　　　⎭

　余剰生産手段とは両部門の不変資本の補塡に要する額を越える，その意味において余剰な生産手段をいうのであるから，それは

　　Ⅰ 6000－（Ⅰ 4000 C＋Ⅱ 1500 C）＝500 $\varDelta P_m$

である。それはまた，二部門間の関係としては

　　Ⅰ（1000 V＋1000 M）－Ⅱ 1500 C＝500 $\varDelta P_m$

として表わされる。

　この余剰生産手段を過不足なく吸収すべき蓄積額Mαの社会総計は

　　500 Mc＋125 Mv＝625 Mα

である。両部門の資本構成は4：1であり，生産力水準が不変のまま蓄積が行われると想定される当面の場合には蓄積分の資本構成もまた元資本の資本構成と同じく4：1でなければならないからである。

　これが均衡を維持しうべき蓄積の総額であり，それの剰余価値Mの総額に

対する比率がすなわち均衡蓄積率α'に他ならない。その値は

　　500 M α/1376 M＝45.4％

である。

　両部門が均等に並行的に発展する場合の配列は，下記のようになる。すなわち

　Ⅰ　4000 C ＋ $\boxed{\text{1000 V}}$ ＋ 363 Mc ＋ $\boxed{\text{91 Mv＋546 M}\beta}$ ＝6000
　Ⅱ　$\boxed{\text{1500 C}}$ ＋　376 V ＋ $\boxed{\text{137 Mc}}$ ＋ 34 Mv＋205 M β ＝2252

両部門の併行的発展が想定されているのであるから，両部門の蓄積率は共に等しく45.4％であり，また蓄積額の両部門間の比率は元資本のそれと同じでなければならない。こうして生産力水準が不変の場合の蓄積は，部門構成になんらの変更をもたらすことなく均斉に進められてゆくこととなる。

　これが，生産力水準によって規定されるべき総生産物 W' の価値的・素材的構成＝「総生産物諸要素の機能配列（Funktionsgruppierung）」が不変の場合の，均衡的な蓄積の進展の態様を表現する表式展開なのである。

　　Ⅰ（1000 V＋91 Mv＋546 M β）＝ Ⅱ（1500 C＋137 Mc）

で，いわゆる「部門間均衡条件」が充たされていることも明らかである。

　以上のような態様において蓄積が進行してゆく場合には，価値・素材の両面からする真の意味での均衡が保たれながら社会的生産の拡大が進められてゆくこととなる。最終消費財へと結実してゆくべき「段階的序列」をなす生産の流れもなんらの滞りもなく進展してゆき，「生産と消費の均衡」と真の意味での「部門間均衡」も共に保たれながら，蓄積が進行してゆくのである。これが「均衡蓄積率」であり，「均衡蓄積軌道」なのである。それは単に「仮想」されたものでも「仮空」なものでも決してない。先ずそうした過程，すなわち richtig な比例関係が保持されてゆく過程を均衡過程として把握し特定したうえでなければ，一体どのようにして「部門Ⅰの自立的発展」や「過剰蓄積」が検出されうるというのであろうか？　そうした視点が全く欠落しているならば，《均衡過程》から乖離して進行してゆく過剰蓄積の累積過程も，ただ単に加速してゆく蓄積率の上昇に伴って部門間比率も上昇してゆく過程としてのみ，表

面的ないしは現象的に把握されるにすぎない。こうして<u>不均衡の潜在的激化の過程</u>も，そうした局面にある個別諸資本の目に映るのと全く同様に「万事好調」な過程として見えるにすぎない。そうした資本制経済の「現実」把握の空洞化した視点は，マルクスの分析視点とは本質的に異なるものである。

　マルクスが先ず両部門均等発展の表式を展開しようとしたこと自体は，決して誤りではない。かねてより鶴田満彦氏などの人たちも指摘されているように，所属する部門によって蓄積率が異なるという想定，また，一方の蓄積率が任意に決定され次いで他方の蓄積率が「部門間均衡」を充たすように受動的に決定されるというような想定は極めて奇妙であり不自然であるという点からしても，またより基本的には生産諸部門間には所与の生産力水準に照応すべき一定の技術的・経済的連繋があり，生産力水準が不変の場合は原則として不変とするのが当然であるという点からしても，両部門の蓄積率が同時に且つ均等に決定されるとする想定こそが唯一の妥当な想定なのであり，両部門均等発展の表式をマルクスが展開しようとしたこと自体は，決して誤りではない。その表式展開が失敗に終わってしまったのは，<u>総生産物 W' の価値的・素材的構成によって規定される余剰生産手段を過不足なく吸収すべき蓄積総額決定の論理</u>，したがってまた<u>蓄積率決定の論理</u>を把握しえなかった点にある。

　この点は，大谷氏が提示した第二の論点と関連する。

　⑤　この第二の論点は，市原健志氏に対する「質問」というかたちで提示されているものであるが，その叙述は，言っている内容は比較的簡単なことなのだが，第2部第8稿の65, 67ページの叙述を引用しながらの推論の仕方は余り論理的とは言えない，かなりに分かりにくい——しかも，重要な箇所で誤記？としか思えないような文言が記入されている——ものであって，研究会の場でいきなりこの第8稿の叙述部分を読み上げながら，自信満々の調子でやられては，市原氏もなんと答えればよいのか，その対応に苦慮されたことと思う。

　大谷氏がそこで引き合いに出している第8稿からの引用文は，拡大再生産表

式のいわゆる「第二例」——「資本主義的生産が，またそれに照応して社会的労働の生産力が，すでに著しく発展」していることを前提したものとされている表式である。

$$\left. \begin{array}{l} \text{I．} 5000\,C+1000\,V+1000\,M=7000 \\ \text{II．} 1430\,C+\ 285\,V+\ 285\,M=2000 \end{array} \right\} =9000$$

　この場合も，部門Ⅰが剰余価値の半分を蓄積し残る半分を消費するものとして，また手探りの両部門間の相互転態の態様が考察されている．その途上での叙述部分がここで引き合いに出されているわけである．引用文は二つであるがいずれも似たような内容のものであり後のものの方が論旨がすっきりと表現されているようにおもわれるので，それを掲げておく．なお，この箇所の叙述は第8稿67ページのものと現行『資本論』第2巻ヴェルケ版512ページの当該箇所のものと殆ど同文であり，現行のものの方がより読みやすくなっているようにおもわれるので，ここでは現行のものを掲げておくことにする．大谷稿に掲げられている訳文は，間違った「〔筆者挿入〕」がいくつも，しかも大事な所に書き込まれたりしているためもあってか，奇妙に分かりにくいので，それとひき比べて読んでもらうためにも，敢えてそうしておくことにする．なお，その箇所での論旨を，それを元のありのままに読みとってもらうため，前段のパラグラフも記しておく．

　要するに，ここで述べられていることは，以下のようなことである．すなわち，部門Ⅰと部門Ⅱとは，それぞれの剰余生産物を，自部門のだけでなく，他部門の追加不変資本および追加可変資本としても，相互に供給しあわなければならない，ということである．

　　「こういうわけで，ⅠはⅡの追加不変資本を自分の剰余生産物のなかから供給しなければならないのであるが，Ⅱはそれと同じ意味でⅠの追加可変資本を供給するのである．可変資本を問題にするかぎりでは，Ⅱは，その総生産の，したがってまたことにその剰余生産物の，より大きな部分を必要消費手段の形態で再生産することによって，Ⅰのためにも自分自身のためにも蓄積するのである．

増大する資本の基礎上で生産が行なわれる場合には，Ⅰ(V+M)は，ⅡC・プラス・剰余生産物のうち資本として合体される部分・プラス・Ⅱでの生産拡張のために必要な追加不変資本部分に，等しくなければならない。そして，この拡張の最小限は，それなしにはⅠ自身での現実の蓄積をすなわち現実の生産拡張が実行できないという大きさである。」(K. Ⅱ. S. 512.)

大谷氏は，上掲の文の後段のパラグラフで述べられていることはつまり

$$Ⅰ(V+M) = ⅡC + ⅠMc + ⅡMc$$

ということであり，この両項からⅠMcをさし引けば「部門間均衡条件」がでてくるとし，さらに，「ここでマルクスが〔Ⅰの〕剰余価値[1]のうち〔Ⅰの不変〕資本としてふたたび合体される部分〔=ⅡMc[2]——筆者挿入〕・プラス・Ⅱでの生産拡大のために必要な追加不変資本部分〔=ⅠMc[3]——筆者挿入〕と書いているものがいわゆる〈余剰生産手段〉であることはあきらかである。」とし，さらに最後に，「マルクスはこの部分について，〈この拡大の最小限は，それなしにはⅠ自身での蓄積（実体的蓄積）が実行できない拡大である〉と述べている。」として，やや意味不明なマルクスの文言を（どういう意味内容のものと解してか）駄目押しのような感じで付け加え，そのうえで，「なお，伊藤武氏も著書『マルクス再生産論研究』のなかでほとんど同様のことを指摘されている。」とし，「市原氏の言われるところの富塚氏の〈重要命題〉とは，以上のマルクスの論述を別の仕方で表現したものにすぎないのではないであろうか。それとも〈発見〉されたのは，客観的な事態ではなくてそれを表現される富塚氏の〈命題〉だったのであろうか。残念ながら，市原氏からはこの質問にたいする回答を聞くことができなかった。」と，なんとも皮肉たっぷりで嫌みな文言で結ばれている。

* 1)は草稿原文においても現行『資本論』においても，「剰余生産物」，2)はⅠMc，3)はⅡMcでなければならない。大谷稿の引用文においても全く同じ間違いが同じ箇所に記入されている。

大谷氏が引用された上掲のマルクスの叙述は，部門Ⅰの蓄積率が先ず任意に

50%と決定され，次いで部門間均衡関係を維持するように部門Ⅱの蓄積額が，それによってまた蓄積率が受動的に決定される，という不自然な想定のもとに，（本来的な均衡過程から乖離した）両部門の跛行的な拡大過程が画き出される，そうした表式展開の過程の論述途上において記されたものである。

そうした不合理な前提の下での論述展開においてであるとはいえ，ともかくも「部門間均衡」が維持されてゆくためにはどのような部門間の相互的諸転態がなされなければならないかとして叙述が進められてゆくのであるから，その叙述過程において，当面の問題の二命題と類似の命題が，結果として事実上，共に読みとれるような文言が見出されるであろうことは，けだし当然ではあろう。しかし，それだからといって，所与の生産力水準に照応すべき総生産物 W′ の価値的＝素材的構成によって規定される・「余剰生産手段」を過不足なく吸収するものとして，「均衡蓄積総額」が，したがってまた「均衡蓄積率」が決定されるということが，確定的な命題として確立しえていたということには決してならないのである。

だからこそ，それこそがまさに「拡大再生産の基本表式」とされるべきであった，いやそれこそが唯一妥当な表式展開であった，というべき，第2部第8稿においてマルクスが先ず最初に試みた，両部門均等発展の表式が，その両部門均等であるべき蓄積率の値を全く任意に，総生産物 W′ の価値的＝素材的構成とは無関係にという意味で恣意的に 50% と仮定してしまったために，失敗に終わったのであった。

この事実と，それがもつ意味を，われわれは充分に明確に認識しなければならないであろう。

大谷氏は，第8稿における拡大再生産論の原文とそれの訳とを並記して発表された，労作『経済志林』第49巻第1，2号（1981年7，10月，法政大学経済学会刊）の「はじめに」と題する箇所において，この問題にふれて次のように記している。――「両部門の蓄積率がともに50%では，過不足のない転換＝補塡は不可能である。どちらかの部門の蓄積率は他の部門の蓄積率によってきまるものとするか，過不足のない転換という前提を置かないことにするか，その

どちらかでしかない。マルクスはここでは後者をとった。しかしその場合には表式を展開してみる意味の過半は失われてしまうであろう。」(同上誌，上，23ページ)と。

見られるように，ここでは大谷氏は，「マルクスが折角作った表式 a)」すなわち両部門の均等発展表式の展開失敗の原因が，蓄積率の値の恣意的な決定にあったこと，この肝心要の点には全く気づかずに，両部門の蓄積率が共に同じ値をとるということに，すなわち両部門の均等発展の想定そのものにあると誤って考えてしまい，「第一例」，「第二例」に見るような蓄積率決定における部門Ⅰ→部門Ⅱの一方的な規定関係，それによる跛行的な拡大過程の想定が「得心のいくもの」だとされてしまっているのである。もし仮りに大谷氏が先の論稿で述べられていた見解を自ら否定し，新たな認識に到達されたか，或いはその途上にあるというのであるならば，それはそれでまことに結構なことであり，われわれとしても大いに歓迎するところではあるが，しかし事のあるべき順序としては，市原氏に嫌みな「質問」をつきつける前に，大谷氏は先ず蓄積率の値の恣意的な決定にではなく両部門の蓄積率が同一の均等発展の想定に誤りがあるのだとした，その発言をこそ先ず訂正ないしは撤回されるべきではなかったかと思う。

以上，病気静養中の市原氏に代わってお答えしておく。

3 大村 泉氏の見解について

次に「〈均衡蓄積総額〉概念は〈過剰蓄積〉を規定できるのか？」と題する大村泉氏の論稿において提示された問題を検討しよう。大村氏稿については高島浩之氏の clear で sharp な手法による分析論文が前掲『マルクス・エンゲルス研究会誌』第 44／45 号に寄せられており，その意味では拙論のこの節はすでに不要なのだが，大村氏が提示された諸論点を手がかりとして，別の角度から私見をいくつか展開してみたいとおもう。

① 大村氏の私見批判は，私の立論においては両部門の資本構成の等しい場合のみが前提されている，というその一点に向けられていると解してよいであろう。その点に着目して，氏は，私の「均衡蓄積総額」の決定に関する論述は両部門の資本構成が等しい場合においてのみ成立するものであって，「一般的には成り立たない」のだとされ，そういう「特定の」前提をはずせば，すなわち両部門の資本構成が等しくない場合には，「余剰生産手段」の量によって「均衡を維持しうべき蓄積総額」を決定することなどはできないのであるし，「一意的に決定できない数値によって過剰蓄積を云々することは正しくない。」（同誌40号，38ページ）と述べられている。

しかし，両部門の資本構成が等しいものと前提して拡大再生産表式を展開するのは，当面の問題にとっては余分な問題——それがどういう問題であるかは後に説明する——が入ってくるのを予め回避しておくためにそうした方法が敢えて採られているのであって，私の立論がそうした前提に依存しなければ成立しないということでは決してない。

現行『資本論』第2巻第3篇第21章第3節「蓄積の表式的叙述」の三つの表式のうち，「第一例」を除く他の二つの表式，すなわちマルクスが先ず最初に展開を試みた両部門の均等発展表式と「第二例」＝「社会的労働の生産力の顕著な発展」を前提し表現した表式とは，前者の部門Ⅰ：部門Ⅱの比率は8：3，後者のそれは7：2と部門構成の高度化を表現しているが，しかし，いずれもそれぞれに両部門の資本構成は等しいものと前提されていることを見ても，そうした想定が「特異な」ものでも「特殊な」ものでもないこと，マルクスやエンゲルスもまたそうは考えてはいなかったであろうことが，分かるであろう。

現行『資本論』第2巻第3篇第21章第3節「蓄積の表式的叙述」に掲げられているのは下記の三つの表式である。

A. $\left.\begin{array}{l}\text{Ⅰ}) \ 4000\,C + 1000\,V + 1000\,M = 6000 \\ \text{Ⅱ}) \ 1500\,C + \ 376\,V + \ 376\,M = 2252\end{array}\right\} = 8252$

B.「第一例」

  Ⅰ) 4000 C + 1000 V + 1000 M = 6000 ⎫
  Ⅱ) 1500 C + 750 V + 750 M = 3000 ⎬ = 9000
  　　　　　　　　　　　　　　　　　⎭

「第二例」

  Ⅰ) 5000 C + 1000 V + 1000 M = 7000 ⎫
  Ⅱ) 1430 C + 285 V + 285 M = 2000 ⎬ = 9000
  　　　　　　　　　　　　　　　　　⎭

B.「第一例」だけが両部門の資本構成が等しくないものとなっているのは，(両部門均等発展表式の場合とは逆に) 先ず最初に

  Ⅰ) 4000 C + 1000 V + 1000 M = 6000 ⎫
  Ⅱ) 2000 C + 500 V + 500 M = 3000 ⎬ = 9000
  　　　　　　　　　　　　　　　　　⎭

と単純再生産の場合の表式を書いてしまい，次いで，両部門の，また総計の，数値は同じままでそれを拡大再生産表式に変えるために，部門Ⅱの資本構成を4：1から2：1に変えるという操作をしたためであろう。

なお，B.「第二例」が「社会的労働の生産力の顕著な発展」を前提し表現するものであるということは，両部門の資本構成が同一とする想定と労働生産力の発展という要因を考慮に入れてくることとが「整合的」ではありえないと，氏のように断定することがやや早計であり，不適切であることを示すものと言ってよいであろう。

また，具体的な事例としても，例えば自動車やテレビなどの電気製品などの，消費財生産部門に属するとしてよいであろう諸産業の技術水準は極めて高く，またそうした諸産業においてさらなる急速な労働生産性の発展が見られるという現今のわれわれの日常的に目にしている事実からしても，そうした想定が一概に「非現実的」だなどとは簡単には言えないであろうことも分かるであろう。

なお，理論的な問題として，生産力の発展に伴う資本構成の高度化と対応的な部門構成の高度化も，例えば両部門の資本構成が共に4：1から5：1に高度化し，それに伴って部門間比率もそれに相応して高度化するという想定も，充分合理的に成立可能であろう。

しかし，だからといって部門Iの資本構成が部門IIのそれよりも高い「第一例」のような場合がありえないなどと言っているわけでは決してない。大村氏によって提示されている当面の問題は，そうした想定の場合においても「均衡蓄積率」・「均衡蓄積軌道」の概念が成立しうるのか？ ということであるが，もちろん成立しうる。この点については，高島浩之氏の下記の論述が極めて簡明的確に解答を与えている。

「富塚氏の立論の根底にある視点，すなわち，資本の有機的構成，剰余価値率，部門構成は，生産諸力の社会的編成を表現するものとして，生産力水準に照応すべきある一定の連繋を保つとする視点からするならば，この場合，総生産物 W′ の価値的・素材的構成＝「生産物諸要素の機能配列」により規定された余剰生産手段 500 ΔP_m（＝Mc）は，社会的資本の構成（5500 C：1750 V）に照応する形で蓄積がなされるとすべきであり，かくして，5500 C：1750 V＝500 Mc：Mv から Mv＝159 と算定でき，蓄積総額 Mα＝500 Mc＋159 Mv＝659 と決定されるのである。この蓄積総額が均衡蓄積総額であり，それを超える蓄積がすなわち過剰蓄積に他ならないのである。」（高島浩之「蓄積率と部門構成―大村泉氏の所説によせて―」『商学論纂』第 34 巻第 4 号，1993 年，268-9 ページ）

上掲の高島氏の論述によって，大村氏の私見批判が成立しえないことは，すでに極めて明白であると言えよう。大村氏は，気鋭の論者のこのつぼを的確に突く反論をま̇と̇も̇に受けとめるべきであるとおもう。或いは，それが受容し難いというのであれば，高島氏の上掲の論述が成立しえないことを高島氏の論述に即して論証しなければならない。それが論争上のルールであろう。

だが，大村氏は高島氏の「問題の処理」は「単純」であるとしてかたづけようとする。しかし，そもそも大村氏によって提示された問題そのものが単純なものであったのであるから，その答えも単純明快であって当然であろう。問われているのは，大村氏の私見批判が私見の理論構造を充分正確に理解したうえでのものであるかどうかであり，高島氏の反論は大村氏の批判は私見の理論構造の誤解の上に立って行われたものであることを端的に指摘したものである。

以上で,「均衡蓄積総額」の決定に関する私の推論は両部門の資本構成が等しいと想定される場合においてのみ成立するのであって,「一般的には成り立たない」,「一意的に決定できない数値によって過剰蓄積を云々することは正しくない」,とする大村氏の論断が不適切であることは,すでに充分に明らかとなったとしてよいであろうが,「高島氏の問題処理」が「単純」だとする大村氏がその根拠づけとして述べられている論述に関して,若干の私見を記し,また,何故両部門の等しい場合を当面の問題の論述にさいして想定しようとするのかの理由についても簡単に説明しておきたい。

　高島氏の問題処理が「単純」だとするさい大村氏がもち出されるのは,「高島氏の問題処理」においては「蓄積(率)と部門構成との現実の時系列的関連を無視して〈均衡蓄積総額〉が算出されている」からだというのである。その「現実の時系列的関連」とは何かについて,下記のような論述がなされている。

　　「部門間均衡を保証する蓄積総額であれ,不均衡に結果する蓄積総額であれ,両部門の蓄積総額は,何よりもまず前期末における各部門の蓄積額の総計として存在する。実在的関連としては,各部門の蓄積率によって規定された各部門の蓄積総額が与えられ,この蓄積総額がいかなる構成で追加資本として充用されるかが明確となって初めて各部門の当期の各部門における資本構成が決定される。当期の各生産部門の資本構成は前期末の当該部門における蓄積の結果であり,当期の社会的生産部門の平均構成は,前期の各部門の蓄積によって生まれた当期期首における各部門の資本構成の平均値としてのみ存在する。当期の社会的資本の平均構成は,各部門の蓄積(率)が与えられ,各部門の蓄積総額が前提になって初めて算出可能であり,現実には平均構成が蓄積総額を規定する関係は存在しないのである。……」（前掲誌40号, 38-9ページ。）

　要するに,ここに記されていることは,現実の蓄積の進行過程をただその現われるがままに表象して,今期の各部門の資本構成は前期の各部門ごとの資本構成と各部門ごとの蓄積額の総計としてのみ存在するのだという極めてあたりまえのことを,いくらか分かりにくい文章で述べているにすぎない。しかし,

それは現実の蓄積過程をただ単に表象に浮かぶままに記述しているにすぎないのであって，そもそも再生産論に固有の分析視角と課題とは何か？ マルクスは一体なんのために再生産表式を展開し，「再生産の諸条件」を析出しようとしたのか？ といったような肝心要のことが完全に忘れ去られている。しかも，さきに引用した大村氏の書き出しの文言からも分かるように，大村氏においては「均衡」の問題は単なる「部門間均衡」の問題にすり変わってしまっており，「均衡蓄積総額」は単に「部門間均衡を保証する蓄積総額」として理解されている。しかも，それぞれの部門ごとの蓄積率によって各個に決まってくるそれぞれの部門ごとの蓄積額の単なる総計として蓄積総額が決まるのだとする，そういう意味での現実の蓄積総額しか念頭になく，したがって「均衡を維持しうべき蓄積総額」や「蓄積率」という問題意識そのものが当初から全面的に否定されているのである。いや，そうした表面的な「現実的」思考のままでは，そもそも再生産表式を定立し展開する，それに固有の方法と意義そのものの把握が不明確だ，ということになってしまうであろう。

② なお，『体系』第9巻の当面の問題の論述にさいしては，両部門の資本構成が等しいとする前提のままで通して論述が展開されており「均衡蓄積総額」を越えて過剰に蓄積が行われた場合には部門Ⅰには需要過剰（生産不足）が部門Ⅱにはそれと同額の需要不足（生産過剰）が生ずることになるが，それは部門Ⅱから部門Ⅰへの資本移動によって埋め合わせられるとしてよいか？ と設問し，否と答えることによって「均衡蓄積総額」の，したがってまた「均衡蓄積率」の概念のもつ意味を明確にしようとする論述を行っているが，部門Ⅰ，Ⅱの資本構成が等しくない場合が想定される場合には，当然のことながら，部門Ⅰに生ずる生産財に対する需要過剰額と部門Ⅱに生ずる消費財に対する需要不足額とは同額ではなくなる。だが，問題の重点は生産財に対する需要過剰の額と消費財に対する需要不足の額とが全く相等しいというところにあるのではなく，前者には需要過剰が，後者には需要不足が生じ，それが部門間資本移動によって処理され「均衡」が成立するとしてよいかどうかにある。この

場合にも答えは明らかに否である。すなわち，重ねて言うが，私見の骨子は，「均衡を維持しうべき蓄積総額」を越えて過剰に蓄積が行われた場合には，たとえいわゆる「部門間均衡条件」が充たされているとしても，価値・素材の両面から見た真の意味での「均衡」は成立しえないのだというにある。この意味での「真の均衡 das reale Gleichgewicht」が維持されてゆく蓄積過程とは，蓄積総額が（所与の生産力水準に照応する・総生産物 W' の価値的＝素材的構成によって規定されるものとしての）「余剰生産手段」を過不足なく吸収し，且つ両部門の均等的拡大をもたらすような蓄積である。この点はすでに1962年刊の『恐慌論研究』以来，一貫して主張され続けているところである。同書前編「恐慌論の基本構成」第2章「発展した恐慌の可能性」の第2節「蓄積率の決定」〔A〕「有効需要の構造と均衡蓄積率」（同書，87-94ページ）を見られたい。なお，両部門の資本構成が等しい場合を想定するのは，社会的総生産を大きく二つの部類に総括・分割する場合にはそうした想定が全く現実にそぐわない想定だとは必ずしも言いきれないであろう＊ということのほかに，とくに理論体系の構成上の問題として，両部門の資本構成が相異なる場合を想定すると当面の次元の問題を論ずるには余分な問題が入ってくることを予め回避するためである。この点についても，すでに同書の91ページにおいて次のように記してある。

「この場合，両部門の資本の増加率を等しからしめ，部門構成を変化せしめぬような両部門の蓄積率の大いさが相等しいとされているのは，両部門の資本構成（および剰余価値率）が等しいものと仮定されているからであるが，両部門の資本構成が相異なると想定する場合にも，それに伴って各部門に平均利潤が配分されるのだとすれば，その平均利潤のうちからどれだけを蓄積にふりむけるかという意味での両部門の蓄積率が相等しくなることが，両部門の資本の増加率を等しからしめ不変の部門構成を維持すべき条件となるのである。」

マルクスおよび『資本論』第2巻の編者であるエンゲルスが，第3篇第21章の第3節「蓄積の表式的叙述」において掲げた三つの表式のうち二つが両部

門の資本構成が等しいという想定がとられているのは，上記のような理由によるものであろうかと考えられる。とくに，「社会的労働の生産力の顕著な発展」を前提し表現するものとされている・表式「第二例」において<u>両部門の資本構成が等しいという想定がとられている</u>ことの意味するところを，充分に考えてみる必要があろうかとおもう。

　　＊　部門Ⅰのなかには相対的に技術水準が低くあらざるをえない原材料部門（例えば，農・牧畜業など）も，かなりのウェイトを占めるものとして，含まれていることを想起されたい。

③　さらにもう一歩議論を進めよう。

大村氏が，両部門の資本構成が等しくない場合にも「均衡蓄積総額」の決定がなされうるとする高島氏の定言を批判すべく，その論稿の3項で掲げられている筆者の二つの文章はいずれも，現実の蓄積総額が均衡蓄積総額を超えた場合には何が生ずるか？　という問いを発して，その場合には部門Ⅰには超過需要が，部門Ⅱには需要不足が生ずると指摘した文章である。その場合には部門Ⅱから部門Ⅰへの資本移動が生ずるとすることによって問題が解決され，かくして部門間均衡もまた維持されることになるであろうとするのが，従来の「第一例」，「第二例」におけるマルクスの表式展開のやり方を踏襲する論者たちの考えである。大村氏もまた，そうした表式展開の方法と思考そのものには全くなんらの疑問をもつことなくその論稿の2項での両部門の資本構成が等しくない場合についての数字例による論述展開をされている。それによってあたかも論証されているかにも見えるのは，拙論の論述展開に即して言うならば，実は，<u>部門間資本移動によって問題が処理されうるとした，その資本移動後の結果現象を，予めそういう事実過程が展開されるかのように，画き出したもの</u>であるにすぎない。それ故にまた，「両部門の有機的構成が異なる場合には，余剰生産手段を過不足なく吸収し両部門間の均衡を維持する両部門の蓄積額の組み合わせは<u>無数に存在する</u>。」（前掲誌，40号，40ページ）ということにもなるのである。しかし，その論法でゆくのであれば，なにもとくに両部門の資本構成が異なる場合をもち出さなくてもよいはずである。両部門の資本構成が等しく

Ⅳ　再生産論の課題〔4〕　279

ても，全く同様の方法をもってする同様の推論と，したがってまた，同様の結論が得られるはずである。それがさきに検討した大谷禎之介氏の論稿の第5項に相当する箇所に見られる論述なのであった（本書269ページ）。大谷氏は，意識してかどうか分からないが，両部門の資本構成が等しいと想定されている「第二例」の場合について，筆者の推論と同様のことが事実上はマルクスによっても述べられているのではないか，だからそれは「富塚氏の発見」だなどということもないではないかと言っていたわけである。両部門の資本構成が等しくない「第一例」のような場合に，現行『資本論』に記されているような蓄積展開が画き出されるとするならば，たとえ「部門間均衡条件」が充たされ且つ同時に余剰生産手段が過不足なく吸収されるとしても，その蓄積総額は，本来の「均衡蓄積総額」とは数値的にも異なってくることになる。かくして，実はそれは過剰蓄積の場合に他ならないことがおのずから判明してくるのである。そうしてまた，両部門の資本構成が等しいと想定されている「第二例」の場合においても，部門Ⅰの蓄積率がまず任意に50％と仮定され，次いで部門間均衡関係が維持されるように部門Ⅱの蓄積額が，それ故にまた蓄積率が決まってくるものと仮定して展開されたその表式の画き出す一方的な部門Ⅰ主導の跛行的な拡張過程は，実は，本来の意味における需給均衡の過程ではない。単なる紙の上の算術計算としてならばともかく，経済の実体過程としては，決してそうではない。もし仮りにそれが本来の意味での需給均衡が維持されてゆく過程であるとするならば，無際限の価値増殖を求める資本の本性からして，任意に決定しうるとされる部門Ⅰの蓄積率はいくらでも高くなりえ，したがってまた部門間蓄積率較差もまたますます大となり，ますます急速に蓄積が進展してゆきうるということになるであろう。こうして，「部門Ⅰの自立的発展」も「過剰蓄積」もありえないということになる。「蓄積のための蓄積，生産（拡大）のための生産（拡大）」が果てしもなく続けられてゆくことができるのであり，それ故にまた「全般的過剰生産恐慌」などということはありえないという，「セーの法則」の容認の上に立つリカードゥの定言，それと全く同様のことを表式を用いて「論証」してみせたツガン・バラノフスキィ説は正しかったのだ

ということにならざるをえない。論理的に考えようとするならば，当然そうであろう。〈競争と信用〉の論理次元にゆけばそうでないことが言えるなどと主張してみても，問題先送りの，弱々しい発言にしか聴こえない。いや，「貸付貨幣資本の不足」などはツガンもまた，シュピートホフやシュムペーターなどと同様に，最後の切り札としてもち出すところである。ヒックス『景気循環論』における反転の規定要因が「労働力天井」（労働力の物理的不足）と「金融天井」（貸付資金の枯渇）であるのと同様に，である。マルクス経済学者であると近代経済学者であるとを問わず，そうした諸理論の根本問題は，<u>拡大再生産過程そのもののなかに，反転を規定すべき要因が潜在的に累積されてゆくその内的構造を</u>析出・把握しえないところにある。

4 前畑憲子氏の見解について

　残されているのは，「〈単純再生産から拡大再生産への移行〉についてのエンゲルスの書き入れをめぐって――〈移行〉問題の核心はなにか――」と題する前畑憲子氏の論稿と「恐慌と信用――〈現実資本の過剰〉と〈貸付資本の不足〉をどう説くか――」と題する大友敏明氏の論稿の二篇のみであるが，ここでは前畑氏の見解についてできるだけ短く所見を述べるだけにしてこの稿を了えたい。「信用」の問題を恐慌論体系のなかにどう組み込むべきかについては，本稿の第2節の川鍋氏の見解に関連する論述においてすでに所見を述べてあるし，『資本論体系』第9巻1における第Ⅰ部の第3章「恐慌の必然性」の後半部分において，またその第4章「周期的産業循環」のそれに対応する論述箇所において，さらには第5章「世界市場恐慌」においても相当詳細に論述してあるので，それらの論述を御検討願いたい。

　大谷禎之介氏の『資本論』第2部第8稿の蓄積に関する論述部分の原文とその訳文を並記する形による紹介（『経済志林』第49巻第1・2号，1981年刊所収）によって，われわれは多少の驚きをともなって多くのことを知ることができたが，なかでも注目すべきこととおもわれたのは，いわゆる「単純再生産から拡

大再生産への移行」という問題として一部の論者たちによってひどく重要視されているその叙述は，実はすべてエンゲルスによる書き込みなのであって，マルクスによって記されたものではなく，マルクスは「単純再生産から拡大再生産への移行」という言葉ないしは表現さえも用いてはいないという事実である。この事実からどういうことを読みとるべきと考えるかは人によって異なるであろう。前畑氏のように，そんな事実があろうがなかろうが問題ではない，単純再生産のなかで拡大再生産のための物質的基礎が生産されることが問題なのだ，そのためには「必然的に」部門Ⅱの生産が縮小しそれだけ部門Ⅰの生産が拡大されなければならない，すなわち蓄積率がゼロからプラスの値に変わるのに応じて「必然的に」部門Ⅰと部門Ⅱの比率が変わらなければならない，ということが論じられているのだ，と強く主張される人もいるであろう。しかし，私は，一応 plausible にも聞こえるかもしれないそういう解釈には大いに問題があると考える。「単純再生産から拡大再生産への移行」の問題を過大に重要視しかつそれを一般化して，消費が停滞ないしは減少していてさえも社会的生産の増大は可能であるとし，そうした跛行的な過程もまた均衡過程として成立しうるのだするツガン・バラノフスキィ説の全面的容認に帰結していってしまうことになるからである。蓄積率が独立変数であり部門間比率はそれの単なる従属変数にすぎない，蓄積率が変わればそれに応じて「必然的に」部門間比率も変わる――その部門間比率の変化にはまた「必然的に」困難とフリクションが伴うとしても――というように考えてしまうと，再生産論においてはせいぜいのところ部門間資本移動によって（いや，本稿第1節でみた川鍋氏の見解によれば，単なる「在庫調整」によって）処理されうべき，生産諸部門間の不比例ないしは不均衡の問題が論じうるにすぎない，ということにならざるをえない。すなわち，言い換えれば，社会総体としてみた「生産と消費の均衡」の問題が，再生産論の視界から完全に drop してしまうのである。これは決して再生産論の正しい理解ではありえない。「社会的再生産の reale Bedingungen」とは，単なる生産諸部門間の比例均衡のみを意味するものでは決してない。社会総体としての「生産と消費の均衡」をその基底的要因として内包する

ものとしての「総＝再生産・流通過程の reale Bedingungen」を総括把握することこそが再生産論の課題なのである。

　自立化した価値の自己増殖運動体たる資本そのものが過程の主体たる・資本制経済にとっての現実は，絶えざる蓄積過程であり，生産拡大のための生産拡大の過程である。剰余価値の全額が消費支出に充てられると仮定する「単純再生産過程」は，その意味において「一つの理論的抽象」であるにすぎない。それにもかかわらず先ず「単純再生産過程」が想定されているのは何故か？　それは，資本と資本との交換，資本と所得（レヴェニュー）との交換，所得と所得との交換という三つの流れの運動を，それら相互の絡み合いの関係，それを媒介する貨幣回流・還流の態様を，その単純な基本形態において明らかにするためである。そういうものとして想定された<u>単純再生産から拡大再生産への「移行」の過程そのものを表式分析の対象としようとマルクスはしてはいない</u>。「蓄積または拡大された規模での生産」を論ずるにさいして，いきなり「貨幣形態で積み立てられた剰余価値」と共に拡大された規模での生産を行うために必要な<u>余剰の生産手段がすでに生産されていることが前提される</u>として，論述が始められていることからしても，そのことが知られるであろう。──「拡大された規模での生産が事実上すでにあらかじめ始められているということが前提されている。というのは，貨幣（貨幣で積み立てられた剰余価値）を<u>生産資本の諸要素に再転化させるためには，これらの要素が商品として市場で買えるものとなっていることが前提されている</u>からである。」（草稿46ページ，前掲大谷訳33ページ。）

　「単純再生産から拡大再生産への移行」規定だとして一部の論者によって重要視されている文章が実はマルクスによって書かれたものではなくエンゲルスによる挿入文であったことはさきにも記したとおりであるが，その挿入文の前後でマルクスが論じていることの主要点は，拡大再生産が行われるための前提は単純再生産の場合よりも年生産物の価値量が増大しているということではな<u>く</u>，「年生産物諸要素の機能配列」が部門Ⅰに蓄積のための「超過分」を残すような<u>構成になっていること</u>，すなわち部門Ⅰの剰余労働が「<u>拡大再生産の物質的基礎</u>」の生産に<u>すでに充てられている</u>ということである。エンゲルスの挿

入文のすぐ後に記されているマルクスの文章——「したがって、単純再生産——《ただ単に》価値の大きさ《だけ》から見るならば——の内部で、拡大された規模での再生産の、現実の資本蓄積の、物質的基礎 d. materielle Substrat が生産されているということになる。……」（草稿53ページ、大谷訳57ページ）を、ごく普通に読めばそのことはおのずから理解できることであろう。「拡大再生産の物質的基礎」がまだ存在しない場合に「いかにして新たにこれを造りだすか」という問題を論じているのはエンゲルスの挿入文なのであって、第8稿のその箇所の文脈からして、そのこと自体がそこでのマルクスの論述の主題であったのでは決してない。しかるに前畑氏は、エンゲルスの挿入文を「単純再生産から拡大再生産への移行過程」規定だとしてこれを過大に重要視し且つそれを一般化して、事実上は、「消費制限によってなんら制約されることなく社会的総生産は増大しうる」とするツガン・バラノフスキィ説と全く同じ推論を展開し、あたかもそれがマルクス自身の考えであったかのように述べ、私見はそれのまさに「対極にある」ものだと断定されるのである。ひたすら久留間説に盲従しているあいだにいつのまにかマルクス以降の学説史上において、「ありそうもない場合」の想定を一般化する「愚論」であり（K. Kautsky, *Krisentheorien*, N. Z. XX. 2, S. 116, 1902, 1901年～2年、116ページ）、また「不条理」を敢えて主張する「暴論」だ（R. Luxemburg, *Die Akhumulation des Kapitals*, S. 257-9, 1913.）とされているツガン説に限りなく近い説へと近接していってしまったのである。

　単純再生産の場合であれ拡大再生産の場合であれ、再生産表式はそれぞれに均衡状態にあるものと想定して展開される。マルクスが拡大再生産過程を論じようとしたのは、第2部の初稿と第8稿とにおいてだけであるが、そのいずれにおいても、いきなり、蓄積が行われるためには追加不変資本のための余剰の生産手段と追加雇用労働者のための余剰の生活手段とがすでに生産されていなければならないとする叙述から論を起こしていて、「単純再生産から拡大再生産への移行」過程そのものを表式分析の対象としようとはしていない点、充分な留意を要する。第2部の初稿においては、単純再生産から蓄積・拡大再生産

論へと論を進めようとするにさいして，その第3,4節において，「固定資本の作用力（Wirkungskraft）」や「潜在的な力（latente Kraft）」に関して，また同一量の労働者から搾取しうる労働量は多くも少なくもありえ，さらにはその「労働能力」は「可変性（changeability）」をもつこと，総じて資本制的再生産は「弾力性（Elastizität）」をもつことに関する論述がなされている。拡大再生産への移行にも関連すると解される考察はそうした論述に止めて，マルクスは，「第5節，蓄積，すなわち拡大された規模での再生産」において，「剰余価値の資本への再転化の reale Bedingungen」について，「剰余価値のうち生産資本に転化されるべき部分は，可変資本と不変資本とに，しかも種々なる生産諸部門に照応する割合において，転化されなければならない。」として，そのためには，追加雇用労働者用の余剰生活手段と追加不変資本用の余剰生産手段とがすでに生産されていなければならないという，さきに見た論述展開がなされているのである（Ⅱ/4.1, S. 354.）。

　しかし，第2部の初稿においては，拡大再生産表式は未だ展開されえず，第6節「蓄積を媒介する貨幣流通」と題する短い限定的な内容の叙述ののち，7) Parallelismus, Stufenfolge, Aufsteigende Lienie, Kreislauf des Reproductionsprocesses. と題する第7節——この表題は，第2部初稿の最終箇所に記された第3章のプランでは，4) Parallelismus, Stufenfolge in aufsteigender Lienie, Kreislauf des Reproductionsprocesses. とより文意が明確に読みとりやすい表現に改められている——が展開され，最終消費生産物へと帰結してゆくべき「段階的序列」（Stufenfolge）をなす生産の流れとそれらの生産の流れの同時的並行的展開（Parallelismus）の様相に関する注目すべき論述がなされている。こうした社会総体としての「生産と消費の均衡」と「生産諸部門間の比例均衡」とを重ね合わせて把握する視点から生産諸部門間の技術的＝経済的連繫が捉えられているのである。だが，第2部の第2稿においても，第1節「社会的に考察された可変資本，不変資本および剰余価値」（この表題は，本文中においては「不変資本，可変資本および剰余価値の社会的流通」と記されている）のA「単純な規模での再生産」に対してB「拡大された規模での再

生産，蓄積」は，その表題のみが記されているだけで本文は何も記されておらず，したがって拡大再生産表式は未展開のままに終わっている。その未展開のままに終わった拡大再生産表式は，マルクスの最終稿たる第8稿の蓄積論においてはじめて展開されようとする。そういうものとして展開を試みられたものが，それこそが唯一妥当な想定のもとに展開されようとした，<u>本来は基本表式とされるべきであった両部門の均等発展表式</u>なのであった。第2部初稿においてすでに確立されていた生産諸部門間の技術的＝経済的連繫——その視点は，本稿の第2節の最終部分においてすでに指摘したように，『要綱』以来一貫した視点なのであった——がマルクスの最終稿たる第8稿においてもなお変わることなく保持されていた，その歴然たる痕跡を，われわれはここに読みとるべきであろう。

エンゲルスは，第2巻第3篇第21章の第3節「蓄積の表式的叙述」をまとめるさい，両部門均等発展表式の展開に失敗したマルクスがやむをえず採った，部門Ⅰの蓄積率を先ず50％と決定し，次いで部門間の均衡が維持されるように全く受動的に部門Ⅱの蓄積額が，それによってまた蓄積率が決定されるとした，そのことによってまた跛行的な両部門の発展が画き出されることとなった，表式展開の試算例を，「表式　第一例」，「第二例」として，あたかも拡大再生産表式の代表例であるかのようにまとめあげるのではなく，両部門均等発展表式が何故に失敗したのかをこそ考究すべきであったのだ。そうすれば蓄積総額およびそれの剰余価値総額に対する比率たる蓄積率の算定は極めて容易になされえたはずであり，「生産と消費の均衡」を維持しつつ所与の生産力水準に照応すべき生産諸力の社会的編成を保ったままでの，真の意味での均衡を維持しうべき蓄積過程の姿を画き出しえたはずである。その上に立脚してこそ，そうした均衡過程が内的・不可避的に不均衡過程に転化すること，すなわち，<u>自立化した価値の自己増殖運動たる資本の本質そのものに根ざすものとしての・「生産と消費の矛盾」の基礎上での「過剰蓄積」こそが全般的過剰生産恐慌をもたらす</u>とするマルクスの命題が，拡大再生産表式の展開にもとづいて明確に論定されうるのである。この視点なくしては，資本制的拡大過程そ

れ自体のなかに不均衡が潜在的に激化してゆくのは何故にまた如何にしてであるかは，決して明らかにしえないであろう。

(2004.10.30 執筆，2005.8.20 再調整)

〔補説〕　再生産論における年再生産は〈発端第一年〉ではない

　　マルクスは「単純再生産から拡大再生産への移行」の過程を表式分析の対象としようとはしなかったという指摘に対しては，或いは，事実としてそうであったとしても，先ずその移行過程を論じてから蓄積過程を──事実上，第一年度のそれとして──論ずべきではないか，という異論をもつ人がいるかもしれない。そうした議論に対しては，下記の『資本論』第2巻第3篇第2章第11節の1における叙述が参考になるであろう。

　　　「年々の再生産を考察する場合──単純な規模でのそれを，すなわち蓄積はすべて捨象して，考察する場合でさえも──，われわれはそもそもの発端から始めるのではない。それは多くの年の流れのなかの一年であって，資本制的生産の生誕第一年ではない。」(K. Ⅱ, S. 450.)

　　単純再生産であれ，拡大再生産であれ，そもそもの発端第一年から論述が展開されるのではない。すでに行われている「多くの年の流れのなかの一年」としての，その年の再生産の態様が論じられるのである。蓄積がなされるためには，「購買なき販売」の続行によってすでに投下しうべき額に達した蓄積基金の積立がすでになされていることと共に，余剰の生産手段と追加雇用労働者用の余剰の生活手段とがすでに生産されていなければならない，とされるのは，そうした理由による。

V　再生産論の課題〔5〕
――総括と展望――

　『資本論』第2部の第1稿から第8稿までの計八篇の諸草稿は，一貫した問題意識と方法的視点のもとに書き記されていると見ることができよう。同様のことを――「方法的次元差」の確定とその観点からする論理(学)的「体系構成」の展開という，本書とはやや異なった問題視点からするものではあるが――，強調した注目すべき最近の著作としては，早坂啓造氏著『《資本論》第Ⅱ部の成立と新メガ――エンゲルス編集原稿（1884-1885・未公表）を中心に――』(2004年4月，東北大学出版会刊)，とくにその第Ⅲ篇の第9章における論述がある。

　これらの『資本論』第2部に関するマルクスの諸草稿のうち第3章（後の第3篇）の再生産論が論じられているのは，第1，2稿と最終稿の第8稿とにおいてであり，蓄積論・拡大再生産論が展開されているのは第1稿と第8稿とだけである。このうち最も注目すべきは，第1稿第3章「流通と再生産」の後半部分において展開されている蓄積論に関する論述内容と問題提示であろうかと考えられるが，エンゲルスは第1稿について「多かれ少なかれ断片的な論稿」であり「利用はできなかった」として簡単にかたづけてしまったため，第2部初稿の後半部分で提示され，示唆されていた，恐慌論にも関連する重要な問題領域の所在が，われわれ一般研究者にも余り認識されてこなかったようにおもわれる。こうした点についてすでに本書第2部所収の諸論稿の各所において指摘したが，本稿においてそれらの論述を総括し，そのうえでさらに一歩を進め

てどのような論述展開がなされうるであろうかについて，所見を述べてみたい。

1　$W'\cdots W'$ 循環と再生産（表式）論

先ず，本書第2部「再生産論の課題」のⅡ，Ⅲにおける論述と対応させるべく，資本循環論から始めることとしよう。但し，紙幅の都合もあり，また論点の拡散を回避するため，現行『資本論』第2巻第1篇「資本の循環」のうち，当面の問題と直接に関係する $W'\cdots W'$ の「商品資本の循環形態」についての論述内容——それは，第2部の諸草稿のうちの第5稿によるものであった——の検討に問題を絞って，それを整序し，さらに掘り下げ明確化して，$W'\cdots W'$ 循環形態によって総資本の運動態様を把握するということはどういうことであるのかを明らかにすることから始めることとしよう。

「播種」すなわち「前貸」からではなく「収穫」すなわち「回収」から出発し，それをもって了る，そうした方法的観点は事実上 $W'\cdots W'$ 循環によるものであるとして，ケネーの「経済表」の意義を高く評価し，それの発展的改作として，1863年に自らの「経済表」を展開した所から，再生産表式論は出発したのであった。

尤も，本書第2部のⅣの第1節⑤で見たように，すでに『経済学批判要綱』の〔Ⅲ〕「資本に関する章」（ノートⅣ）の第2篇「資本の流通過程」の「資本の再生産と蓄積」の問題を考察している箇所において再生産表式の原型をなすものと見做しうる，原料・機械・労働者用必需品・資本家用剰余品の4部門分割の方法による表を掲げて，各部門の生産物の諸構成部分（機械・原料・労賃・剰余価値・その蓄積分）相互間の転換の態様の考察が試みられており，その時点においてすでに再生産論的な問題意識はマルクスのなかに包蔵されていたと推察することができるのであって，それだからこそ彼は，歴史の忘却の彼方からケネーの経済表を呼び戻し，その意義を明らかにすることができたのであるから，その意味では，再生産表式論の構想の出発点は，『経済学批判要綱』にまで遡ると考えるのが，より妥当であるかもしれない。なお，そうした再生産論的な問題把握が，本書243ページに引用した叙述からはっきり

V 再生産論の課題〔5〕 289

と読みとれるように，当初から《恐慌》論と不可分に結びついて展開されている点，充分に留意すべきかとおもわれる。

　拙著『経済原論——資本主義経済の構造と動態——』(1976年，有斐閣刊)の第II篇「資本の流通過程」第1章「資本の循環」の第3節「商品資本の循環」には，貨幣資本の循環形態 $G \cdots G'$ および生産資本の循環形態 $P \cdots P$ と対比しながら商品資本の循環形態 $W' \cdots W'$ の特質を明らかにしようとした叙述がある(同書，205-9ページ)。その叙述部分をここに掲げ，それの最も肝要な個所である部分に若干，加筆訂正して，$W' \cdots W'$ 循環形態がマルクスの再生産表式の方法的基準をなすことによって，社会的総＝流通・再生産過程に固有の問題が浮かび上ってくる次第を，先ず概略説明しておきたい。

　同書の当該個所において，次のような叙述がなされている。——
　商品資本の循環形態は $W'-G' \cdot G-W \cdots P \cdots W'$ であり，その説明的形態は

$$W' \begin{cases} W \\ + \\ w \end{cases} \begin{matrix} \text{———} \\ \text{———} G' \\ \text{———} \end{matrix} \begin{cases} G\text{———}W{<}^{A}_{Pm} \cdots P \cdots W' \\ + \\ g \text{———} w \end{cases}$$

である。$G \cdots G'$ 循環および $P \cdots P$ 循環と比べての $W' \cdots W'$ 循環の特徴点は，以下の諸点にある。
　第一に，$G \cdots G'$ 循環においては $G-W$ および $W'-G'$ の二過程からなる流通過程の間に生産過程が介在し，生産過程が流通過程の媒介項となっており，$P \cdots P$ 循環においてはその逆に $W'-G' \cdot G-W$ なる流通過程が生産資本の更新を媒介する関係となっていたのに対して，$W' \cdots W'$ 循環においては $W'-G' \cdot G-W$ なる流通過程によって循環が開始され，その流通過程によって媒介された生産過程の所産たる W' すなわち商品資本としての資本の再定在をもって循環が終わる。循環の第一形態 $G \cdots G'$ においては資本の貨幣形態における価値増殖が，第二形態 $P \cdots P$ においては生産資本の再定在・生産過程の反復がそれぞれの主題であったのに対して，第三形態 $W' \cdots W'$ においては，資本の流通過程そのものが，——生産過程を媒介し生産過程によって媒介されるところの・

総体としての流通過程が，主題となる。

　第二に，循環の第一形態においては貨幣形態において増殖された資本価値が循環の終点をなすのであるから，それは完全に終結した一事業循環でありうるのに対して，第二形態では「生産資本の単なる再定在としての P」が，第三形態では「商品資本の再定在としての W'」が，循環の終点をなすのであるから，第二形態では生産過程が，第三形態では $W'-G'$ なる流通過程が，直ちに再開始されなければならない。すなわち，第二，第三形態とも「未完結」であり，さらに継続されなければならず，したがって，その循環形態自体のうちに，それの契機として，過程の更新を，「再生産を，含んでいる」(K. II, S. 97.)。

　第三に，循環が更新される場合，その更新された循環の始点は，第一形態においては――G' として増殖された価値の全額が資本として前貸されるとしても――G，第二形態においては――蓄積によって生産資本が価値的＝素材的に増大される場合にも――P であり，第一，第二の両形態とも貨幣資本ないしは生産資本の形態において前貸された資本価値が循環の始点をなすのに対して，第三形態においては，単純再生産であれ拡張再生産であれ，いずれの場合にも，W' すなわち商品形態においてすでに増殖された資本価値が，資本価値とともに剰余価値を未分離の形態においてそのうちに含む商品資本が，循環の始点をなす。$W'-G'$ は資本価値の貨幣形態への復帰 $W-G$ と剰余価値の最初の流通段階 $w-g$ との両者を未分離のままそのうちに含むのであって，$W'\cdots W'$ 循環においては資本流通は剰余価値の流通と当初から不可分の形で展開される。W' が G' に転化して後にはじめて資本流通と剰余価値の流通とはそれぞれに独自の運動を画く。ところで，$W'-G'$ のうちの資本流通部分 $W-G$ は「生産的消費」のための $G-W{<}{\overset{A}{Pm}}$ なる資本流通（貨幣資本の生産資本への再転化）によって条件づけられ，また剰余価値の流通部分 $w-g$ は剰余価値の流通 $g-w$（その一部は追加資本へ転化され，他の一部は「個人的消費」に支出される）によって条件づけられている。しかもその資本流通と剰余価値の流通とが $W'-G'$ の過程において不可分に絡み合っているのである。なお，「生産的消費」の一契機たる $G-A$ は $A-G-W$ を，労働者の個人的消費を条件づけ，

この労働者の個人的消費と剰余価値の非蓄積部分の個人的消費とが個人的消費の総体をなす。かくして，商品資本 W' をもって循環を開始する $W'\cdots W'$ 循環においては，「総商品生産物の消費が資本循環そのものの正常な条件として前提」され，「総体としてみた消費——個人的消費および生産的消費としての——が条件として W' の循環に入りこむ」($K.$ Ⅱ, $S.$ 97.) のである。

第四に，貨幣資本の循環形態における終極の $W'-G'$ が他の貨幣資本の $G-W$ によって条件づけられているかぎりにおいて，また，生産資本の循環形態における終点 P の前提たる $G-W<^A_{Pm}$ が他の生産資本による商品生産によって条件づけられているかぎりにおいて，一貨幣資本の循環は他の貨幣資本の循環を前提し，また一生産資本の循環は他の生産資本の循環を前提するといえるであろうが，しかし，「最後の極を別とすれば，個別貨幣資本の循環は貨幣資本一般の定在を前提するものではなく，個別生産資本の循環は循環しつつある生産資本〔一般〕の定在を前提するものではない。」($K.$ Ⅱ, $S.$ 99.) それに対して，商品資本の循環 $W'\cdots W'$ においては，中間段階たる $G-W<^A_{Pm}$ および $g-w$ において——資本主義的生産の一般的・専一的支配を前提するならば，$G-Pm$ の対象たる生産手段も $G-A$ によって媒介される $A-G-W$ の $G-W$ および剰余価値の消費支出の対象たる消費資料もすべて産業資本の所産でなければならないのであるから，——他の産業資本の W' としての定在を前提する。かくして，$W'\cdots W'$ 循環過程では，「W' が運動の出発点・通過点・終結点として存在」し，W' が「再生産過程の不断の条件」をなす ($K.$ Ⅱ, $S.$ 98.)

以上第三，第四の点からして，この循環形態は，たんなる個別資本の運動形態としてそれを考察するだけでなく，同時に，各個別資本の運動が相互に絡み合い制約しあいながらその部分運動をなすところの・「社会的総資本の運動形態」——それは個人的消費・「所得の流通」と不可分に絡み合う——として，それを考察することを要求する ($K.$ Ⅱ, $S.$ 101.)。実際また，この循環形態を社会的総資本の運動としてとらえるならば，個別諸資本の運動のたんなる社会的総計たる以上の・社会的総資本の運動に固有の諸問題（「個々の個別資本の循環の考察から〔それらの総計として〕その解決がえられるのではなく，個別資

本の循環の考察にさいしてその解決が前提されねばならない諸問題」(K. Ⅱ, S. 101.) を析出することができよう。その場合には, 循環の始点の W' は社会的総資本の総生産物を意味するが, 第四の点として述べた流通の第二段階における「他の産業資本の W'」も, 当初の総資本の総生産物 W' でなければならないとうことになる。そのことによって, 第三の点として論じた $W'-G'$ のうちに含まれる資本価値（不変資本 C ＋可変資本 V）の流通 $W(C+V)-G$ と剰余価値（M）の流通 $w-g$ とがそれぞれ $G-W<{A \atop Pm}$ および $g-w$ によって条件づけられているという関係が,「資本の流通」と「所得の流通」との・「生産的消費」と「個人的消費」との・交錯＝連繫をそのうちに含むところの, この総＝流通の二段階の対応関係の問題が, 社会的総資本の総生産物 W' 自体の価値的・素材的構成によって $W'-G'$ 過程がノーマリィに進行しうるか否かが条件づけられるという問題として, 把握されてくるのである。『資本論』第 2 巻第 3 篇「社会的総資本の再生産と流通」において $W'\cdots W'$ 循環を基準として社会的総資本の総流通＝再生産過程を把握し, 社会総体としてみた「流通の媒介運動」のうちに包蔵されている「再生産の諸条件」を析出しようとするのは, まさにこの理由による。

　$W'\cdots W'$ 循環は, ケネーの「経済表」およびマルクスの「再生産表式」の方法的基準をなすものであった。「$W'\cdots W'$ はケネーの経済表の基礎をなすのであって, 彼が $G\cdots G'$（重商主義が孤立化して固持した形態）に対してこの形態を選び,〔スミスやリカードゥ等の古典派経済学におけるように〕$P\cdots P$ を選ばなかったということは, 偉大で正確な腕前を示すものである。」(K. Ⅱ, S. 103.)

　第 2 部の第 1 稿および第 2 稿においても, $W'\cdots W'$ 循環形態が社会的総資本の再生産過程の把握に適合的な形態であることの要点はすでに把握されており, とくに第 1 稿においてこの問題に関する注目すべき論述が見られることは, すでに本書第 1 部Ⅱの 63-4 ページおよび第 2 部Ⅱの 158 ページにおいて指摘したが,『資本論』草稿第 2 部の「第 2 稿を基礎」として「第 5 稿において新たに提示された諸論点」をエンゲルスが整序したものと解される, 現行

『資本論』第 2 巻第 1 篇第 3 章「商品資本の循環」は，第 2 巻第 3 篇「社会的総資本の再生産と流通」の問題を考えるさいに，極めて重要である。しかし，『資本論』におけるその個所の論述は，第 2 部第 2 稿の当該個所の論述に比べてより濃密でより深く掘り下げた諸論点の提示がなされてはいるものの，それほど容易に順序立てて理解しうるようには書かれてはいないように思われるので，上掲の拙文によってその要点を把握されたい。

さて，準備的考察はこのくらいにして，本題の再生産論，とくに拡大再生産論の問題に入りたい。

2　第 2 部第 1, 2, 8 稿の拡大再生産論
——未完の大著の空白の一章——

マルクスは，1863 年 7・8 月から 1865 年 12 月末までの期間に『資本論』全 3 部の草稿を書いた，とされているのであるから，1864 年の 11 月頃から 1865 年の半ば頃までの期間に書かれたと推定される第 2 部第 1 稿およびその第 1 稿の最終個所に記されている第 2 部の「第 3 章のプラン」は，再生産論とりわけ拡大再生産論の課題を論ずるうえで極めて重要な意味をもつものと考えるべきであろう。それはまさに，マルクスが再生産論において展開しようとした内容のすべてを概略粗描したものであるといえよう。いま一つ重要視されるべきものは，1867 年以降，1870 年頃までの間に執筆されたとされている第 2 部第 2 稿の表紙およびその裏面にわたって記されている，第 2 部の総目次のうちの第 3 章に関する部分である。この第 2 部第 2 稿の目次に記されている第 3 章の構成は，第 1 稿第 3 章に示されたマルクスの論述構想を，より体系的な形に整えたものと解することができるであろう。

この両者とも本書第 2 部Ⅲの第 4 節にすでに掲載されているが，読者の便宜上ここに再録・並記しておく。

第 2 部第 1 稿第 3 章　流通と再生産（*Circulation und Reproduction*）
　1. 流通（再生産）の現実的諸条件

294 第2部 再生産論の課題

2. 再生産の弾力性
3. 蓄積，すなわち拡大された規模での再生産
   3a. 蓄積を媒介する貨幣流通
4. 並行，上向的進行における段階的序列，再生産過程の循環
5. 必要労働と剰余労働　？
6. 再生産過程の攪乱
7. 第3部への移行

第2部第2稿第3章の目次
　第3章　流通=および再生産過程の現実的諸条件（レアール）（*Die realen Bedingungen der Cirkulations- und Reproduktionsprozesses*）
　　1) 社会的に考察された可変資本，不変資本および剰余価値（130-141ページ）
　　　A　単純な規模での再生産（141ページ〜）
　　　　a　媒介する貨幣流通なしの叙述（141-158ページ）
　　　　b　媒介する貨幣流通のある叙述
　　　B　拡大された規模での再生産，蓄積
　　　　a　貨幣流通なしの叙述
　　　　b　媒介する貨幣流通のある叙述
　　2) 〈空白〉

　第2部第1稿第3章「流通と再生産」の末尾に記されていたプランは，本書第2部Ⅰ，128-9ページ等において既述のように，書かれた第1稿第3章の諸節を整理・統合し，新たに「第3部への移行」と題する節が設けられただけであり，内容的にも，書かれた第1稿の草稿とほぼ同様のことを——もちろん，さらなる展開と精密化を意図していたではあろうが——想定していたものであろうかと考えられる。そのうち，単純再生産過程と拡大再生産過程との「再生産の *reale Bedingungen*——現実的ないしは実在的諸条件」の解明を主たる課

題とする第3章プランの第1〜3節と第6節（書かれた第1稿の第9節）の「再生産過程の攪乱」へと総括されるべき第4〜6節（書かれた第1稿の第7〜9節）とは，相連繋するが相互に区別されるべき次元の内容を含むものとすべきであろう。大まかに区分すれば，前者は第2稿の第3章1)に所属し，後者はその2)に所属すべきものといえよう。但し，*„Parallelismus, Stufenfolge in aufsteigender Linie, Kreislauf des Reproductionsprocesses."* と題する第3章のプランの第4節は，第2稿第3章の2)にのみ所属するとすることはできない。それは，均衡的な拡大再生産過程の在るべき態様を，すなわち，生産諸部門間の比例均衡を維持し且つ社会総体としての生産と消費の均衡を保ちつつ蓄積過程が展開されてゆかなければならないという経済成長の本来的な基本原則を明らかにしたものとして，「理想的な照応」のもとでの拡大再生産の表式展開を行うさいの基礎視点をも提示するものであろうからである。先ず第一に，そういう意味において，第3章プランの第4節（書かれた第1稿の第7節）の論述は，同稿の同章第3節の論述を基礎づけるものとして極めて重要な意味をもつものである。マルクスの最晩年の作たる第2部第8稿における拡大再生産表式の展開において，マルクスが何故に先ずもって<u>両部門の均等発展表式</u>の展開を試みようとしたのかを，蓄積率の決定が恣意的であったため失敗におわったとはいえその均等発展表式こそが基本表式とされるべきものであったということを，編者エンゲルスが殆ど理解しえなかったのは，前述のように，「第1稿は，多かれ少なかれ断片的な叙述であって，利用はできなかった」として片づけてしまったからに他ならない。このプランの第4節すなわち書かれた第1稿の第7節の叙述などをエンゲルスは或いは全く見ていなかったのではないかとさえ推察される。エンゲルスが第8稿を「読めるものに仕上げる」べく苦闘したのは1884年であり，自らも体調極めて悪く，しかも回避しえない他の重要な仕事にも対処しながらのことであったと伝えられることを考慮するならば，一概に非難することもできないではあろうが，しかし，その後のマルクス研究への重大な影響を考えれば，まことに残念なことであったと思う。

「直接的な最終消費」のための「最終生産物」すなわち最終消費財生産へと

結実してゆくべき「段階的序列 *Stufenfolge*」をなす生産の流れが順当に進行してゆくためには，序列をなすそれらの生産諸段階のすべての生産が，つねに同時的・併行的に生産技術的に規定された或る一定の比率において，絶えまなく進行してゆかなければならない。この意味での，《*Parallelismus*》によって「連鎖的な生産諸段階の列」の順当な進行が「条件づけられている」のである。

この点を明確に把握しておくことは，価値＝並びに素材の両面からみた「真の均衡」を維持しながら拡大再生産が進展してゆく過程として，「理想的照応」のもとでの拡大再生産表式を展開するさいの基本前提をなす。

単純再生産過程が想定される場合には再生産の条件は $IIC = IV + IM$ という，いわゆる二部門間の均衡条件をもって必要にして充分な条件であるとしてよいであろうが，しかし，拡大再生産過程が想定される場合には $IIC + IIMc = IV + IMv + IM_\beta$ という二部門間の均衡条件だけでは充分ではない。拡大再生産すなわち経済成長が進められてゆく場合に，その生産の拡張総額は最終的な個人的消費需要総額の増加額とどういう割合ないしは比率関係を保ちながら行われてゆくべきであろうか？ が，問われなければならないであろうし，それに照応してまた，部門Ⅰと部門Ⅱとはどういう割合ないしは比率関係を保ちながら拡張されてゆかなければならないか，が問われなければならないであろうからである。単純再生産の場合は $IIC = IV + IM$ が部門間均衡条件であると同時に社会総体としての生産と消費の均衡条件でもある。だが，拡大再生産の場合はそうは言えない。第2部第1稿において，その最終箇所に記されている第3章のプランでいえば　3.「蓄積，すなわち拡大された規模での再生産」に入ってからはじめて，4.「並行，上向的進行における段階的序列，再生産過程の循環」として，生産諸部門間の技術的＝経済的連繋に関する論述の展開がなされたのは，まさにこの理由による。「直接的な最終の消費」のための「最終生産物」へと帰結してゆくべき諸々の「連鎖的な生産諸段階の列」が順当に円滑に進行してゆくためには，その「段階的序列 *Stufenfolge*」をなす諸々の生産諸段階のすべての生産が，つねに同時に，生産技術的に規定された或る一定の比率を保ちあいながら，並行して行われ並行して増大してゆかなければな

らない。

　この個人的消費の対象たる最終消費財生産へと帰結してゆくべき「段階的序列 *Stufenfolge*」をなす生産の流れがすべての生産過程の絶えまない同時的・並列的進行によって，すなわち「並行 *Parallelismus*」によって「条件づけられている」という指摘（II／4.1, S. 368, 訳279ページ）は，極めて重要である。〈生産諸部門間の比例均衡〉と〈社会総体としての生産と消費の均衡〉とを重ね合わせてとらえる視点から，拡大再生産過程が「均衡」を維持しながら進展してゆくためにはどういう諸条件が充たされなければならないかが把握され，それによって同時にまた，その拡大再生産の「均衡の諸条件」が，「価値増殖を自己目的とする資本制的生産の本質・内的本性」そのものによって破壊され，「不均衡の諸条件」に転変する次第が明らかにされなければならないのである。

　そうした論述を展開すべき基準をなすものとして，拡大再生産表式の展開が構想されなければならない。そのような二重の意味をもつものとして，第2部第1稿第3章の第4節の論述は，極めて重要な位置を占めるものとされなければならない。

　前掲の第2部第2稿第3章の目次は，第2稿執筆時における第2部第3章「流通＝および再生産過程の現実的諸条件」の構想を示すものであろうが，それは，1) および 2) という二つの部分——章の下位概念としてこれを節と呼ぶとすれば——二つの節から成っている。この第2部第2稿の第3章が二節構成であったということは，今まで殆ど問題として論じられてこなかったようであるが，しかし，実は極めて重要な問題なのである。というのは，1)「社会的に考察された可変資本，不変資本および剰余価値」は A「単純な規模での再生産」と B「拡大された規模での再生産，蓄積」から成っているが，それは，第2部第1稿第3章のプランの第1〜3節（書かれた第1稿の第1〜6節）を含むにすぎず，残りの第4, 5, 6節（書かれた第1稿の第7, 8, 9節）の重要な意味をもつはずの論述部分はすべて第2稿の 2) に含まれるものと事実上においてされている，と解されるのである。だが，2) は，その表題も本文も指示書

きに類するようなことも，全く何も記されていない。そのためもあってか，そういう考察すべき問題領域の所在さえもが，最近にいたるまで研究者たちによって意識されてこなかったのである。しかし，第2部第2稿の前掲の目次は二節構成であったことを明確に示しているのである。私は，すでに本書第2部Ⅲ「再生産論の課題(3)」の第5，6節において指摘したとおり，この部分こそが「未完の大著」の〈空白の一章〉をなすものであると考えている。主として第2部第8稿による現行『資本論』第2巻第3篇「社会的総資本の再生産と流通」の第20章「単純再生産」は前記第2部第2稿の目次の第3章の1)のAに，第21章「蓄積と拡大再生産」は同じく1)のBに該当するものであるが，第2部第2稿の第3章の2)に該当すべき章は全くないのである。それ故にこそ，久留間鮫造，宇野弘蔵ならびに山本二三丸などの諸氏は，「次篇に属する」とされたその第3篇には全くそうした論述，すなわち「生産と消費の矛盾」による「実現」の問題に関する論述などは見当らないし，また，論ずべきではない，と論じたのであった。『資本論』第2巻第3篇をあたかも完成したものであるかに考えての立論であることは明らかである。だが，第2巻第3篇がそれによる第2部第8稿のうち，とくに「拡大された規模での再生産」の部分は極めて未完成なものであることが，前掲の大谷禎之介氏の労作によって疑問の余地もなく明白に示されたのであるから，実は未完成なものをあたかも完成されたものであるかのように考え，それによって再生産論においては「不均衡や撹乱の問題は論じえないし，論じてはならない」などという論断をするのは，やはり誤っていると言わざるをえない。

　なお，第2部第8稿の表題は *Ch. III) b. II)* とだけ記されている。そのことから，早坂啓造氏は前掲書の第Ⅲ篇第9章249ページにおいて，それは，「その前に書かれた第2稿の表題をそのまま追認し，踏襲することを示している」と解され，「第8稿は基本的に，第2稿の枠内にあって，第2稿を補完するものとして位置づけられているものといえる。」とされている。私は，表題だけからそうした見解に同意するわけではないが，書かれている論述内容からして，第8稿と第2稿との間には，「媒介する貨幣流通」なしの叙述と，ある

叙述とに分けて論ずるという叙述方法上の違いはあれ，断絶はなく，第2稿の前記の目次からも読みとれる構想を「踏襲」するものであり，それの「補完」を意図したものであろうかと考える。そして，第2稿の第3章は前述のように，第1稿第3章の論述およびそれを整序した第3章のプランに示されている論述内容を1），2）に分けてより体系的に整序しようとしたものであろうか，と考える。さきにも述べたように，その1）のAが「単純再生産」，Bが「拡大再生産」であるが，Bは第2稿においては表題が記されているだけで本文は全く書かれていない。そのように途中でとぎれてしまっている論述を，第8稿においてなんとか完成したいものと考えて，先ずAの「単純再生産」に関して「固定資本の貨幣補塡と現物補塡」の問題や「貨幣材料の再生産」の問題などの重要な論点を加え，より充実した内容のものに仕上げてゆき，そして最後に，「拡大再生産」にとりかかっていったのであるが，その表式展開も，先ずもって両部門均等発展の妥当な想定のもとでの展開を試みたものの，社会的総資本の総生産物 W' の価値的・素材的構成によって決定される余剰生産手段を過不足なく吸収すべきものとして蓄積総額が定ってくるという，そうした「均衡を維持しうべき」蓄積総額ならびにそれの剰余価値総額に対する比率たる蓄積率決定の論理が把握されえず，蓄積率はそうした関係とは係わりなく，その意味で全く任意に，したがってまた恣意的に50％と仮定してしまったために，失敗に了り，止むをえず試みられた第1部門の蓄積率を先ず任意に50％と仮定し，次いで部門間の均衡関係が維持されるように第2部門の蓄積額が，その結果としてまた蓄積率が決ってくるというにして，結果として $IV+IMv+IM_\beta=IIC+IIMc$ という関係が成立する，といったような安易で実は不合理な表式展開を試みるにとどまったのであった。このような表式展開——エンゲルスによって，第2巻第3篇第21章「蓄積と拡大再生産」の第3節「蓄積の表式的叙述」において，「表式第1例」，「第2例」として掲げられ，一般には，あたかもそれらがマルクスの拡大再生産表式の代表例であるかのようにうけとられる結果となった——は，すでにローザ・ルクセンブルクが厳しく批判しているように，事実上において，ツガン・バラノフスキィのような議論を容認す

ることとなるものであって，重大な欠陥をもつものであった。この点については，『資本論体系』第4巻所収の拙論「拡大再生産の構造と動態〔Ⅰ〕——ローザ・ルクセンブルクの見解を手がかりとして——」を参照されたい。ローザ説はこの点の指摘においては全面的に正しいと考えられるが，しかし他面，蓄積に当てられる剰余価値部分の実現は非資本主義的領域なしには不可能であるという極論を展開した点において謬っていた。均衡を維持しうべき諸条件を充たすように蓄積過程が進展してゆく，「理想的な照応」のもとでの蓄積率および蓄積軌道を展開することは可能である。だが，資本制経済に固有の「生産と消費の矛盾」，その基礎上での「過剰蓄積」傾向——それは，個々の資本がそれの一動輪たるにすぎない「社会的機構の作用」によって強制される——，これがローザ・ルクセンブルクの終生のテーマたる資本主義の侵略的な外的領域への進出（いわゆる「自由貿易帝国主義」を含めての）を，必然的たらしめているのだ，とするのが正しいのではないかと考える。なお，ローザ・ルクセンブルクについてより詳細には，『資本論体系』第9巻「恐慌・産業循環」の下巻，第Ⅱ部のA-3「ローザ・ルクセンブルクの資本蓄積論と恐慌論の視点」（著者稿）を参照されたい。

3 過剰蓄積の動学的メカニズム

第2部第1稿において，「直接的な最終の消費」のための「最終生産物」へと順次に近づいてゆく「連鎖的な生産諸段階の列」すなわち「段階的序列」をなす，縦に見た生産の流れの他に，例えば石炭が補助材料として機械製造に入り，機械が労働手段として石炭生産に入るというような，相異なる生産過程が相互にそれらの生産諸手段を供給しあう——初稿のマルクスが「屈折」，「交互性」ないしは「循環」とも呼ぶ——相互補塡関係がある。再生産表式の記号表現で言えばICおよびIMcの部門Ⅰ内部での相互転換の部分である。この部分は，「最終生産物」へと順次に結実してゆく諸々の「段階的序列」をなす生産の流れから或る程度まで，相対的に独立した展開をなしうるであろう。そのこ

とは，総＝再生産過程になにほどかの弾力性を与える要因をなすと同時に，部門Ⅰとりわけ（最終消費需要の動向によって間接的にのみ制約されるにすぎない）部門Ⅰ用生産手段の生産部門に過大投資を誘発し，《自立的発展》を生じさせる要因ともなるのである。――「他の部面で完成されるべき生産物の条件であり先行段階であるものだけを供給する生産部面の生産は，いずれも，直接的な需要，直接的生産または再生産に従って行われるのではなく，これらのものが引続き拡大してゆく度合・程度・割合（比率）に従って行われる。そしてかような計算において，目標を大きくしすぎることがありうるのは，自明的である。」（Ⅱ/3.3 S. 1151.）

それが「自明的」であるのは，下記のような独特の加速度機構が作用するからでもある。

最終消費財生産の継続的拡大は，価値額からみてその幾倍もの同部門用の機械その他の労働手段の生産拡張を呼びおこし，それがさらにその部門Ⅱ用労働手段ならびに原材料生産の，部門Ⅰにおける価値額からみて幾層倍もの拡大を誘発してゆくという，加速度メカニズムが不可避的に作用し，しかもそうした拡大過程がひとたび展開され始めるや，前述の部門Ⅰ内部の「交互性」すなわち相互転換が過大投資の相互誘発メカニズムとして働きだし，こうして部門Ⅰの自立的発展に主導されての拡張過程がとどめようもなく展開されてゆくこととなるのである。錯誤投資の累積は単に愚かさからのみ生ずるのではない。それは市場メカニズムの作用によって不可避的に生ずるものである。錯誤投資であったということは，後になってからはじめて判明する。

いま一つの，上記のこととも関連する攪乱要因は，固定資本投資の非対象性と長期の建設期間の介在によるそれの作用の増幅である。

機械その他の工場設備から成る固定資本は，一括して一挙に生産過程に投下され，耐久年限の間はなんらの更新需要も形成することなく一方的に産出能力だけを発揮し続け，その生産物たる商品の貨幣形態への転化に伴って漸次的に「償却基金」として積立てられ，更新期限の到来とともに一括して再投下される，という独得の回転様式をもつ。投下および更新にさいしては大量の「一方

的な購買」要因として現われ，耐久期間の間は「一方的な販売」要因としてのみ作用するという，この相互に背反的な二面性をもつことによって固定資本投資は独特の非対象性をもち再生産過程の攪乱要因として作用する可能性をもつ。マルクスは第2部第8稿においてこの問題をとりあげ，現行『資本論』第2巻第3篇第20章「単純再生産」第11節「固定資本の補塡」において，社会的再生産過程が均衡を維持しながら進行してゆくためには，社会総体としてみた「固定資本の貨幣補塡」（一方的販売による償却基金積立）額と社会総体としての「現物補塡」（更新投資）額とが一致しなければならない，とした。すなわち，前者「貨幣補塡」を d，後者「現物補塡」を f とすれば $d=f$ でなければならない，これが社会的再生産の均衡条件の一つとして加わることを明らかにし，そういう条件が充たされない場合はどういう攪乱が生ずるであろうか，を論じているのであるが，そのさい，そういう条件が充たされえない場合は，拡大再生産過程においては，「無条件的に生じうる」とし，それゆえにまた「まさに興味あるところであろう。」(K. II, S. 462.) としているのである。累進的拡大再生産の進行につれて各部門の固定資本の投下額は年々累増してゆくのであるから，不可避的に $d>f$ となる。そしてまたその差額 $d-f$ ギャップは，年々の累進的蓄積の進展につれて年々累増してゆくこととなるのである。だが，年々蓄積が加速度的に累増していっている間は，この累積してゆく不均衡要因は不均衡として顕在化しない。

年々の（ないしは毎期の）労働によって年々（ないしは毎期）新たに生みだされる価値部分，社会が自由に処分可能な「価値生産物」＝「所得」部分——$V+M$ に対する蓄積分 $M\alpha$ の割合，すなわち $M\alpha/(V+M)$ は，剰余価値率 M/V および蓄積率 $M\alpha/M$ の二要因によって決定されるのであるが，「価値増殖が自己目的」たる資本主義的生産の本質そのものによって，この二要因ともに最大可能な値をつねに求められる〈内的傾向〉があり，しかもその内的傾向は，市場の競争メカニズムのもとで個々の資本に対する不可抗的な〈強制法則〉として作用する——「貨幣蓄蔵」においては貨幣蓄蔵者の個人的狂気と

して現われたものが，資本制的市場経済のもとにおいては「各個の資本がその一動輪たるにすぎない社会的機構の作用となる」——のであって，かくして，「消費と価値増殖との間の richtig な（正常な，或いは適正な）比例関係」を保つには過剰な蓄積が絶えず強力的に推し進められてゆくこととなるのである。

　この過剰蓄積過程は均衡蓄積軌道から上方に乖離した不均衡化過程に他ならないのであるが，直ちには不均衡として顕在化することなく，過剰投資がより大なる過剰投資によって蔽われてゆく独特のメカニズムによって自己累積的に進展してゆく。投資を主導するのは，多くの場合，耐久年限が長くまた長期の建設期間を要する巨大固定設備投資であるが，その長期の建設期間の間は，なんらの生産物をも供給せずに，大量の生産諸手段に対する，また労働者の雇用を通じて生活手段に対する，一方的な需要要因としてのみ作用し続けるのであるから，そうした生産諸手段の継続的需要を通じて関連産業諸部門の拡張と投資を誘発し，逆にそれによってまた誘発され，そうしたそれら諸部門内部での相互誘発を通じて，（価格メカニズムによっても媒介されながら）独特の累積過程（cumulative process）が展開することとなる。しかもそうした部門Iにおける投資増大にともなう雇用増大・消費需要の増大は部門IIの投資と拡張を誘発し，その部門IIの拡張によってまたなお一層の部門Iの拡張が誘発されてゆくのであって，部門I，とりわけ部門I用生産手段部門の自立的発展に主導されての顛倒的な拡張過程は，直ちには限界につき当り強力的調整を受けることなく，絶えずより大なる過剰投資を呼びおこし，こうしていわば上から逆に社会的再生産の規模を引き上げ拡張せしめ，不均衡としての顕在化を先へ先へとおしやりながら，進展してゆくのである。

　だが，不均衡の顕在化が繰延べられてゆくのは，過剰生産をもたらすべきものとしての過剰投資の累加によってである。すなわち，過剰投資がより大なる過剰投資（→より大なる過剰生産）によって蔽われてゆくかぎりにおいて，矛盾の顕在化が回避され，繰延べられてゆくにすぎない。その過程はまぎれもなく〈不均衡の潜在的激化〉の過程に他ならず〈矛盾の累積過程〉に他ならない。それゆえ，ひとたび蓄積速度の急激な減退が余儀なくされるならば，累積した

矛盾は一挙に全面的に顕在化せざるをえない。その蓄積速度の急激な減退は，資本が資本として絶対的に過剰となる，「資本の絶対的過剰生産」によって有効需要増大の資本制的限界が割されていることによって必然的となるのである。だが，そこまで論ずることは，第2部第3篇における当面の論述範囲を越えることとなるであろう。ここでの問題はあくまでも「発展した恐慌の可能性」ないしは「潜在的恐慌の内容規定の拡大」の論理次元での「再生産過程の攪乱」の問題であり，それにとどまる。すなわち，第2部第1稿において提示され，また第2部第2稿において，第3章「流通=および再生産過程の現実的諸条件」の1), 2) の二つの部分——章の下位概念としてこれを節と呼ぶとすれば——二つの節から成っていることがその目次から明瞭に読みとれる，その第2節に該当するであろうかと解される部分の論述内容の問題に限定される，とすべきであるからである。その論理次元内での「恐慌の実在的可能性」の論述として，「再生産過程の攪乱」の問題が論じられるのでなければならない。

「再生産過程の攪乱」を規定する要因としては，第一に，「生産と消費の矛盾」，第二に，「過剰蓄積」への内的傾向，第三に，長期の建設期間を要する「固定資本」投資の，その期間の間なんらの生産物の供給もせず，「一方的な需要」要因としてのみ作用することによる再生産過程への攪乱作用。この三点が第2部第1稿から読みとれるのであるが，これにさらに，固定資本投資の生産諸段階を遡上する独特の波及的・加速度機構の作用を加えることによって，過剰蓄積が何故に直ちには不均衡としては顕在化することなく，「過剰投資がより大なる過剰投資によって蔽われてゆく」という，過剰蓄積の累積過程が，すなわち「不均衡の潜在的激化過程」が展開してゆきうるのかが明らかとなるであろうからである。長期の建設期間を要する固定資本投資の「一方的な需要」要因としての作用は，そうした過程を隠蔽しつつ加速する強力な要因をなす。しかし，やがてその建設が終われば，今度は一方的に産出能力だけを発揮し続けることになる。それでも，他の諸部面での過剰蓄積の累増過程がなお継続している間は，それによって吸収され，直ちには問題が顕在化しないではあろうが，あらゆる生産諸部面の生産諸段階の生産が究極的にはそれに依存する，最

終消費需要の増加は，資本主義的生産の諸制限により，そういつまでも続くものではない。こうして，世界市場をめぐる，産業技術の発展と低賃銀・長時間労働を武器としての（アダム・スミスが批判してやまなかった mercantilism と本質を同じくする）激しい争奪戦が展開されることとなるのである。だが，この問題も，ここでは単に言及しておくにとどめるべきであろう。

最後に，過剰蓄積の動学的メカニズムにおいて生産力の発展がどのような作用を果すかについて，要点を略記しておく。

生産力の発展に伴って，資本構成が高度化し，剰余価値率が上昇する。その資本構成の高度化と対応的に部門構成も高度化する。こうした諸要因の変動によって社会的総資本の総生産物 W' の価値的・素材的構成＝「［総］生産物諸要素の機能配列」もまた変化し，均衡蓄積軌導自体が上方に転位することになる。この部門構成高度化と蓄積軌道の上方転位が部門Ⅰ主導のもとに行われることによって，同部門の自立的発展はより一層強力に進められることになり，かくして部門Ⅰの自立的発展に主導されての顛倒的な過剰蓄積の自己累積的展開が，ますますとどめ難く加速度的に展開されてゆくこととなる。かくして，生産力発展・生産力水準の上昇は過剰蓄積がより大なる過剰蓄積によって蔽われてゆく過剰蓄積の累加過程，すなわち<u>不均衡の潜在的激化過程の内発的で強力な加速要因</u>として作用する。

なお，生産力発展の問題は，新生産技術の導入・普及過程における個別諸企業相互間の競争激化，まさに企業の存立をかけてのそれをこそ問題にすべきであろうが，特別剰余価値 ΔM・特別利潤の成立→消滅（その対極における，<ruby>負<rt>マイナス</rt></ruby>の特別剰余価値の成立→増大）の競争メカニズムの解明は，「資本主義的生産の内的諸矛盾の開展」を論ずる『資本論』第3巻第3篇第15章の論理次元において，「恐慌の必然性」論定の序説部分をなすべき問題の論述として展開されるべきものであるので，ここでは，それを念頭におくべきであるということを指摘しておくにとどめる。この論点については，『資本論体系』第9巻，上巻第1部第3章Ａおよび同『体系』第3巻第2部Ｃの5，ならびに第5巻

第 2 部の 7 の拙論を参照されたい。

〔2007.1.25〕

著者略歴

富塚良三（とみづか　りょうぞう）

1923年　千葉県に生れる
1949年　東京大学経済学部卒業
　　　　大原社会問題研究所研究員，福島大学経済学部助教授を経て，中央大学商学部教授（経済原論および経済学史担当）
　　　　京都大学経済学部（経済原論），同志社大学経済学部大学院（景気変動論），一橋大学経済学部大学院（同上）等の兼任講師
　　　　現在　中央大学名誉教授，経済学博士
主著　『恐慌論研究』1962年，未來社刊
　　　『蓄積論研究―古典学派とマルクス―』1965年，未來社刊
　　　『経済原論―資本主義経済の構造と動態―』1976年，有斐閣刊
編著　『資本論体系』全10巻，有斐閣刊を企画，うち第2, 3, 4, 5巻，1984年～1994年および第9巻上・下巻1997年～1998年を編集・執筆
　　　『講座　資本論の研究』全5巻，福島大学経済学会編，1980-82年，青木書店刊に参画，うち第2, 3巻に執筆

再生産論研究　　　　　　　　　　　　　　　中央大学学術図書 (64)

2007年3月31日　初版第1刷発行

　　　　　　　　　　著　者　　富　塚　良　三
　　　　　　　　　　発行者　　福　田　孝　志
　　　　　　　　発行所　中 央 大 学 出 版 部
　　　　　　　　　　東京都八王子市東中野742番地1
　　　　　　　　　　郵便番号　192-0393
　　　　　　　　　　電　話　042(674)2351　FAX 042(674)2354

Ⓒ 2007　Ryouzou TOMIZUKA　　　　　印刷・大森印刷／製本・法令製本
　　　ISBN978-4-8057-2171-1

本書の出版は中央大学学術図書出版助成規程による